KB064884

외국어로서의
한국어 대우법
교육 연구

외국어로서의

한국어 대우법
교육 연구

김려연 지음

보고사

　한국어의 대우법은 한국어를 학습함에 있어서 가장 중요한 문법 범주 중의 하나로 특히 동방예의지국으로 불리며 예의범절을 중요시하는 한국의 문화와 한국어의 특징을 가장 잘 반영한다. 또한 대인관계에 있어서 원활한 의사소통과 우호적인 관계 수립을 위하여 화자는 상대방에 대한 공손함을 나타내고 예의를 표하며 발화해야 한다. 그러므로 외국인 학습자들에게 한국어 대우법을 교육할 때 문법적으로 간결화한 체계는 물론, 대우법은 화행과도 밀접한 연관을 가지고 있기 때문에 학습자가 처할 수 있는 여러 가지 실제적인 상황과 결합하여 교육하여야 한다.

　한국어의 주체대우법, 청자대우법, 객체대우법의 체계를 외국인 학습자들이 학습하기란 매우 어렵다. 대우법의 3분 체계는 한국어학에서 지금까지 보편적으로 굳혀져 있어 현재 한국어 교육 현장에서도 한국어 대우법의 체계는 주체, 청자, 객체로 학습자들에게 교육되고 있으며 실제 조사를 통해 얻은 결과 학습자들은 주체대우법, 객체대우법의 개념뿐만 아니라 실제 문장 속에서 각각 무엇을 가리키는지도 잘 모른다고 한다. 이러한 문제에서 출발하여 저자는 한국어 대우법의 체계를 존대법과 비존대법의 2분 체계로 분류하여 다루었으며 이러한 체계를 외국인 학습자를 대상으로 하는 한국어 교육에 도입하여 교육 방안을 작성하였다.

　한국어 교육의 교수법에는 효과적인 여러 교수법들이 존재한다. 그런데 각각 장단점을 가지고 있기 때문에 한 가지 교수법으로 교육하는 것은 문제가 있다. 그리하여 이 연구에서는 한국어 대우법의 교육에 효과적인 시청각 교수법, 의미 중심 형태 교수법, 과제 중심 교수법, 상황 중심 교수법, 역할 놀이 교수법을 적절히 절충하여 대우법 교육내용의 적절한 대목에 접목시켜 교육 방안을 작성하였으며 실험 연구로써 이를 검증하였다.

이 책은 외국어로서의 한국어 대우법을 효과적으로 교육하는 데 기여하는 바가 있으면 그 이상의 기쁨은 없을 것이다.

박사 학위 논문을 작성하여 박사 학위를 받기까지 음양으로 도와주시고 지도해 주셔서 감사를 드려야 할 분이 많다. 가장 감사한 분은 부모님이다. 어려서부터 글 쓰는 흥미와 재능으로 여러 작문 대회에서 상을 받았다. 특히 '윤동주 문학상' 대상까지 수상하자 어머니는 과감하게 나를 연변대학교 조문학부를 선택하게 하였다. 그리고 나의 재능과 전공을 살리고자 한국으로 유학의 길을 떠나보냈으며 석사를 2년 만에 졸업하자 박사 공부까지 시켜 주셨다. 이렇게 학사에서부터 박사 과정까지 딸의 뒷바라지를 물심양면으로 지원해 주신 부모님께 감사를 드린다.

한국에 유학을 와서 내가 가장 행운이었던 것은 석사 과정을 이수할 때 지도교수님이신 이주행 교수님과 박사 과정을 이수할 때 지도교수님이신 양명희 교수님을 만난 것이다. 이주행 교수님은 내게 긍정적인 생각을 심어 주시고 나의 실수마저도 따뜻하게 품어 주셨다. 그리고 항상 우리에게 '훌륭한 학자는 공부만 잘하는 학자가 아니라 인품이 훌륭한 학자'라고 하시면서 모든 제자들을 자식처럼 생각해주시고 다독여 주셨으며 우리에게 모든 것을 주려고 하셨다. 석사 학위를 받은 뒤 부모님에게 부담을 주기 싫어 박사 공부를 포기하려고 했던 내게 이주행 교수님께서는 큰 용기를 주셨고, 그 용기 덕에 오늘의 내가 있을 수 있었다. 박사에

입학한 후 함께 공부했던 석사 동기들은 학위를 받고 사회생활을 하는 것을 보니 나는 왜 아직도 공부를 하고 있나, 계속해야 하는 것이 맞는지를 고민하며 갈등을 하고 있을 때 나를 연구 조교로 뽑아 주어 박사 과정에서의 모든 학비를 면제해 주신 양명희 교수님을 잊을 수 없다. 양명희 교수님은 내가 학업에만 몰두하게끔 도와주셨으며 항상 나를 믿어주시고, 논문 지도를 받으러 갈 때마다 고민 상담까지 들어주시면서 내가 어떻게 올바른 인생의 길을 걸을 수 있는지 격려와 응원을 아끼지 않으셨다. 그리고 교수님을 뵐 때마다 내게 귀감이 되어 '나도 교수님처럼 멋진 여교수가 되어야지.'라는 신념과 결심을 하게 만드셨다. 이주행 교수님, 양명희 교수님 감사합니다!

또한 박사 논문 심사를 맡아 주신 세 교수님께도 감사의 인사를 드린다. 학교에서 만날 때마다 항상 인자한 미소로 반겨 주시고 공부 열심히 하라면서 격려해 주신 이찬규 교수님, 내 논문을 처음부터 마지막까지 꼼꼼히 읽어 주시고 잘못된 부분을 지적해 주신 이선웅 교수님, 내 논문의 수정 방향을 구체적으로 차근차근 설명해 주신 박철우 교수님께 감사를 드린다. 그리고 논문을 쓰는 동안 옆에서 항상 응원해 준 친지분들, 선·후배님들에게도 감사의 인사를 드린다.

출판계의 어려운 사정에도 불구하고 흔쾌히 이 책을 출판해 주신 김흥국 사장님과 이 책을 편집하시느라 고생하신 담당 편집자님께 깊은 감사를 드린다.

2016년 8월
김려연

_ 차례

3. 중국인의 한국어 대우법의 사용 실태 분석 / 113

4. 한국어 대우법의 교육 방안 / 165

5. 맺는 말 / 231

제1장

들어가는 말

1.1 연구 목적

이 연구의 목적은 중국인 중급 학습자를 위한 한국어 대우법 교수법으로 기존의 3분 체계를 분리하여 교수하는 전통식 교수법보다 단일체계로 통합하여 외국어 교수법을 사용하는 것이 효과적임을 실험적 방법으로 탐구하여 제시하는 데 있다.

국어학에서 대우법에 대한 체계는 허웅(1954)에서부터 시작하여 현재의 국어학, 심지어 한국어교육에까지 이르러 주체대우법, 청자대우법, 객체대우법의 3분체계로 굳혀져 있다. 하지만 상식을 넘어서지 못하고 한국어교육에서도 이러한 체계로 외국인 학습자들에게 대우법 교육을 시키는 것은 학습자들에게 효과적이지 못할 뿐만 아니라 나아가 현실 생활 속에서의 원활한 의사소통에도 큰 문제가 된다. 실제로 이 연구에서 대우법 체계에 대하여 외국인 학습자들을 대상으로 설문 조사를 진행하였는데 학습자들은 주체대우법, 객체대우법이라는 개념[1] 자체도 모를 뿐만 아니라 문장 속에서 주체, 청자 그리고 객체가 각각 무엇을 가리키는지도 잘 모른다고 하였다. 이것은 대우법 교육에 있어서 주체대우법, 청자대우법, 객체대우법으로서의 체계화 교육은 실제로 학습자들에게 효과적이지 못함을 설명한다.[2]

사실 대우법은 한국인 모어 화자들에게도 어렵고 오류를 많이 범하는 문법으로 더욱이 외국인 학습자들에게는 정확한 호칭어의 사용, 선어말어미 '-시-'의 사용, 어말어미에서 화계의 사용 등에서 많은 어려움을 겪는다. 하지만 대우법은 그만큼 한국어에서 중요한 문법 중의 하나로 대우법에 대한 지식이 없이는 하나의 기본적인 문장조차도 제대로 발화할 수 없게 되어 간단한 의사소통마저도 힘들고 심지어 상대방에게 무례를 범하게 되기도 한다. 대우법의 교육은 외국인 학습자들의 눈높이에 맞춰 한국어교육 측면에서의 간결화한 체계로 접근하여 효과적인 교수법으로 교육하여야 한다.

---

1 박성일(2012:32)에서는 한국어 교육에서 전통적인 방식인 주체, 객체, 상대 경어법으로 분류하여 학습자들에게 가르치는 통사론적 중심의 분류 방식은 한 문장에서 드러나는 대화 참여자의 관계를 주체와 객체라는 범주로 제시하고 문장의 문법적 분석이라는 관점에서는 중요한 의미를 가지지만 의사소통을 위한 외국어로서의 한국어 경어법 교육에는 불리하다고 하였다.

2 김정남(2008:9)에서는 경어법이 한국어 사용상 매우 초보적인 단계에서 교육되어야 하는 중요한 담화적 요소임에도 불구하고 그 교육이 제대로 이루어져 있지 않은 실태를 보아 경어법 교육이 전통적인 국어학적 분류 방식대로 주체존대법, 객체존대법, 상대존대법 식으로 교육되어 온 데서 문제를 찾을 수 있다고 하면서 주체존대, 객체존대, 상대존대 등은 한국어 대우법 실현의 특수한 방식이며 언어보편적인 것이 아니므로 이러한 대우법의 범주와 그 하위 구분 내용을 배우는 것보다는 실제적으로 대우법과 관련된 어휘적, 문법적 항목들에 무엇이 있는지를 배우고 그 구체적인 용법을 익혀 담화 현장에서 실질적으로 활용할 수 있도록 하는 것이 바람직하다고 하였다. 또한 물론 위의 세 가지 경어법 범주를 다 배우고 그 각각에 소용되는 표현 항목들을 구체적으로 배우는 방법도 가능하지만 경어법에 관련되는 항목은 피사동이나 시제 등 다른 범주에 비하여 매우 다양하게 나타나므로 이 다양한 항목들을 세 가지 범주 아래에서 다시 재편하여 배우는 것은 매우 번거로워 한국어 경어법이 지나치게 복잡한 구조로 되어 있다는 인식을 학습자들에게 심어줄 우려가 있다고 하였다.

  (1)   ㄱ. 교수님, 교수님께서 지난번에 저한테 이 책을 김교수님께 드
          리라고 말씀하셨습니다.
        ㄴ. 교수님, 김교수님께서 지난번에 저한테 이 책을 교수님께 드
          리라고 말씀하셨습니다.

  (2)   ㄱ. 지연아, 네가 지난번에 나한테 이 책을 유진에게 주라고 말했어.
        ㄴ. 지연아, 유진이가 지난번에 나한테 이 책을 너에게 주라고 말
          했어.

예문 (1ㄱ)을 보면 주체대우법을 나타내는 '교수님께서'와 선어말
어미 '-시-', 객체대우법을 나타내는 '김교수님께'와 '드리다', 그리
고 청자대우법을 나타내는 '교수님', '말씀', '합니다체'[3]로 문장 속에
주체대우법, 청자대우법, 객체대우법이 모두 사용되는데 문장 속에
서 존대해야 하는 인물에 대하여 청자가 주체가 되어 주체대우법과
청자대우법이 겹치는 것을 알 수 있다. 또한 예문 (1ㄴ)을 보면은 존
대하여야 하는 인물에 대하여 청자가 객체가 되어 청자대우법과 객
체대우법이 모두 실현되었음을 알 수 있다. 이렇게 존대하여야 하는
한 인물에 대하여 중국인 학습자들에게 주체대우법과 청자대우법을
각각 설명하고, 청자대우법과 객체대우법을 각각 설명하여 교육하는
것은 학습자들에게 큰 혼란을 줄 수 있고 또한 학습자 스스로가 한국
어의 대우법은 아주 복잡한 체계를 갖고 있다고 생각하게 되어 대우
법을 학습을 함에 있어서 큰 좌절을 겪을 수 있다.
   예문 (1)과 예문 (2)를 비교해보면 예문 (1)은 존대하여야 하는 청

3　'합니다체'에 대한 설명은 제2장에서 구체적으로 제시할 것이다. 여기서의 '합니다체'
  는 학자들이 보편적으로 청자대우법에서 극존칭을 나타내는 '하십시오체'를 말한다.
  이 연구에서는 '하십시오체' 대신 '합니다체'를 사용하고자 한다.

자와 제3자에 대하여 존대 호칭으로 청자인 '교수님', 제3자인 '김교수님', 존대 조사 '께서', 존대 어휘 '드리다', '말씀', 선어말어미 '-시-', 존대 종결어미 '합니다체'로써 존대하였으며 예문 (2)는 존대하지 않아도 되는 청자와 제3자에 대하여 일반 호칭 '지연아', 일반 지칭 '유진이', 일반 조사 '이/가', 일반 어휘 '주다', '말하다', 비존대 종결어미 '해체'를 사용하였다. 즉 존대하여야 하는 대상에 대해서는 존대의 문법요소들을 사용하여 존대하였고, 존대하지 않아도 되는 대상에 대해서는 비존대 문법요소들을 사용하였다. 이태환(2008:23)에서도 실제로 우리가 대화를 함에 있어서나 문장을 씀에 있어서 주체, 객체, 상대를 구분 인식하여 문법요소를 선택하기보다는 자기보다 손위의 사람에게는 존대와 더불어 스스로를 낮추는 겸손 표현을 사용하는 것이 더 일반적으로 합리적인 방식이며 또한 발화된 언어현상을 주체니, 객체니, 청자니 하는 결과분석은 가능할지 몰라도 대우법의 수행과정을 놓고 볼 때 무의미하다고 하였다. 이렇게 한국어교육에서는 굳이 복잡한 주체, 객체, 청자의 체계로 교육하기보다는 문법 현상으로 존대하여야 하는 대상에 대하여서는 존대하고, 존대하지 않아도 되는 대상에게는 비존대하는 간결화한 체계로 교육함이 한국어 학습자들에게 바람직하다고 생각된다. 그리하여 이 연구에서는 대우법의 체계를 존대와 비존대로 나누고 한국어 중급 학습자들에게 효과적인 교수법으로써 대우법을 가르치고자 한다.

한국어 교육의 교수법들을 살펴보면 종류가 다양하고 모두 각자의 장단점이 존재한다. 하지만 한 가지 교수법으로 교육하고자 하는 학습내용을 학습자들에게 가르치기에는 그다지 효과적인 교육 방안을 기대하기 어렵다. 각각의 교수법들은 모두 장점과 단점을 가지고 있기 때문에 교육 과정에서 각 단계마다 교육 내용에 적합하고 효과적인 교수법으로 교육하여야 한다. 절충식 교수법은 모든 교육이론을 아우르는 것이며 이를 교육내용에 결부하여 그에 효과적인 한 가지 교수법이 아닌 여러 교수법들을 적절한 대목에 접목시켜 교육 내용에 적용하는 것이다. 특히 대우법의 교육은 학습자들이 실생활에서의 의사소통을 가장 큰 목적으로 하는 교육내용으로 이는 문법적인 설명으로만 되는 것이 아니라 대우법에 영향을 주는 각각의 요인들을 고려하여야 하며 실생활에서 활용할 수 있도록 실제적인 교육도 필요하기 때문에 형태와 의미에 대한 교육이 필수다. 또한 현실 생활에서의 말하기를 최대한 반영하여 설정된 가상의 상황 속에서 학습자가 특정 인물의 역할을 맡아 상호 작용하며 의사소통 연습을 할 수 있는 상황 중심 교수법과 역할놀이 교수법도 사용할 수 있다. 이를 통해 학습자들은 다양한 상황에서 사용되는 대우법의 여러 가지 문법 구조와 어휘, 요인들을 통해 대우법을 학습하게 되고 목표 언어와 실제 사회생활에서의 대인 관계에 필요한 언어 기술의 사용법을 배울 수 있다. 중국인 학습자들이 한국어를 배우고 싶어 하는 가장 근본적인 원인은 '한류'인데 도입 부분에서 한국의 인기 드라마를 활용하여 학습자들의 흥미를 유발하는 시청각 교수법도 대우법 교육에 있어서의 효과적인 교수법이라고 할 수 있다. 또한 과제 중심 교수법은 의사소통을 목적으로 대우법을 이해, 처리, 생성하는 모든 활동을 뜻하는 과제를 언어 교수의 핵심 단위로 사용하는 교수법으로, 학습자들에게 과제를 주고 그 과제를 해결하기 위한 수단으로 학습자들은 대우법을 사용하여 실제 의사소통 활동으로 실제적인 의사소통 능력을 기를 수 있다.

그리하여 이 연구에서는 시청각 교수법, 의미 중심 형태 교수법, 과제 중심 교수법, 상황 중심 교수법, 역할놀이 교수법 등 대우법 교육에 있어서 효과적인 여러 교수법을 적절히 절충하여 대우법을 주체, 청자, 객체가 아닌 존대법과 비존대법의 간결화한 체계로 분류하여, 비로소 중국인 학습자들에게 실생활에서도 적극적으로 활용할 수 있는 보다 효과적인 교육 방안을 제시하고자 한다.

1.2 연구 방법과 논의의 구성

이 연구는 크게 세 가지로 나뉜다.

첫째, 지금까지의 대우법 체계의 이론적인 연구를 통하여 이 연구의 이론연구의 기반이 되는 존대법과 비존대법의 체계로 분류한 근거를 제시한다. 다음 대우법의 실현 요인에 의하여 화자, 청자 그리고 제3자 사이에서 존대법과 비존대법이 어떻게 실현되는지 논의할 것이다. 이는 문헌 연구 방법으로 지금까지 대우법을 보편적으로 주체대우법, 청자대우법, 객체대우법의 체계로 분류한 이론을 제외하고 새로운 체계로 분류한 이론들을 살펴보고 제시하도록 하겠다.

둘째, 이 연구는 중국인 중급 학습자를 대상으로 하는 대우법 교육 방안으로, 교육 방안을 작성하기에 앞서 먼저 중국인 중급 학습자의 대우법 사용 실태를 살펴보고 이에 근거하여 교육 방안을 제시하여야 하기 때문에 이 연구에서는 한국의 교육기관에서 학습하고 한국어능력시험(TOPIK) 5급과 6급에 해당하는 중국인 고급 학습자 90명을 대상으로 하여 설문 조사 방법으로 중국인 중급 학습자의 사용 실태를 분석할 것이다.

셋째, 실험 집단과 비교 집단의 한국어 대우법 사용 능력에 대한
평가는 지필 평가 방법으로 하려고 한다. 다음 실험 연구 방법과 통
계 방법으로 실험 집단에는 절충식 교수법에 따라 한국어 대우법을
존대법과 비존대법의 체계로 교육하고, 비교 집단에는 전통 교수법
인 문법-번역식 교수법에 따라 주체대우법, 청자대우법, 객체대우법
으로 분류한 체계로 교육한 뒤에 실험 전과 실험 후의 평가 결과를
비교하여 절충식 교수법에 따라 한국어 대우법을 교육하는 것이 효
과적임을 T-검정과 공분산 분석으로 검증하고자 한다.

실험 집단과 비교 집단의 학생들은 모두 중국Y 대학교에 재학 중
인 3학년 1학기의 중국인 학습자들이며 두 집단 모두 각각 30명의
학생으로 구성되었다. 실험 집단과 비교 집단 학생들의 실태 조사는
아래 [표 1]과 같다.

[표 1] 실험 집단과 비교 집단 학습자의 실태 조사 결과

	실험 집단		합계	비교 집단		합계
국적	중국	30 (100%)	30 (100%)	중국	30 (100%)	30 (100%)
나이	21세	4 (13.3%)	30 (100%)	21세	2 (6.7%)	30 (100%)
	22세	22 (73.3%)		22세	26 (86.7%)	
	23세	4 (13.3%)		23세	2 (6.7%)	
성별	남	8 (26.7%)	30 (100%)	남	10 (33.3%)	30 (100%)
	여	22 (73.3%)		여	20 (66.7%)	
학습 기간	2년	30 (100%)	30 (100%)	2년	30 (100%)	30 (100%)
TOPIK 등급	3급	24 (80%)	30 (100%)	3급	26 (86.7%)	30 (100%)
	4급	6 (20%)		4급	4 (13.3%)	

실험 집단과 비교 집단의 학습자는 모두 중국 국적의 학습자들이며 나이 분포를 살펴보면 실험 집단은 21세의 학습자가 4명, 22세의 학습자가 22명, 23세의 학습자가 4명이고, 비교 집단은 21세의 학습자가 2명, 22세의 학습자가 26명, 23세의 학습자가 2명으로 구성되었다. 다음 남학생 수는 실험 집단 8명, 비교 집단 10명으로 각각 26.7%, 33.3%를 차지하였으며 여학생 수는 실험 집단은 22명으로 73.3%를 차지하였고, 비교 집단은 20명으로 66.7%를 차지하였다. 다음 학습 기간 분포를 살펴보면 학습자 모두가 같은 시기에 입학하여 모두 2년 간 한국어를 학습하였다. 한국어능력시험(TOPIK) 등급을 살펴보면 실험 집단에는 한국어능력시험 3급에 해당하는 학습자가 24명으로 80%를 차지하였으며 4급에 해당하는 학습자는 6명으로 20%를 차지하였다. 비교 집단은 한국어능력시험 3급에 해당하는 학습자가 26명으로 86.7%를 차지하였으며 4급에 해당하는 학습자는 4명으로 13.3%를 차지하였다.

이상의 세 가지 중점적인 취지에 근거하여 이 연구는 아래와 같이 전개한다.

제1장은 서론으로 이 연구의 연구목적에 대해 제시하고 연구 대상과 연구 방법에 대해 간단히 설명한다. 다음 선행 연구 검토에 대해서는 대우법의 체계와 대우법의 형성 요인에 관한 논의는 제2장의 이론적 배경에서 구체적으로 제시할 것이므로 제1장의 선행연구에서는 현재 대우법의 교육 현황에 대해 살펴보도록 하겠다.

제2장에서는 한국어 대우법에 대한 이론적 연구를 통하여 이 연구에서 주장하는 존대법과 비존대법의 체계에 대해 토대와 근거를 마련한다. 먼저 대우법의 용어, 정의를 살펴보고 다음 대우법의 주체,

청자, 객체의 3분 체계와는 다르게 분류한 체계에 대해 살펴보도록 하겠다.

제3장에서는 중국인 중급 학습자의 한국어 대우법의 사용을 설문조사 방법으로 조사하여 중국인 중급 학습자의 대우법 사용 실태를 분석할 것이다.

제4장에서는 제3장의 조사 분석에 의거하여 실험 연구 방법으로 대우법의 존대법과 비존대법으로 분류한 체계에 근거하여 외국어 교수법으로 효과적인 방안을 제시할 것이다. 이에 비교로 하는 비교 집단에는 전통 교수법인 문법-번역식 교수법으로 대우법의 체계를 주체, 객체, 청자의 3분 체계로서의 교육 방안을 제시하여 두 집단을 실험 검정을 통하여 실험 집단의 교육 방안이 더욱 효과적임을 T-검정과 공분산의 방법으로 검증하도록 하겠다.

제5장은 결론으로 전반 내용을 다시 살펴보고 이 연구를 진행함에 있어서 그 한계와 진행한 후의 아쉬운 점들을 제시하도록 하겠다.

1.3 선행 연구 검토

대우법에 관한 연구는 국어학에서의 연구로부터 최근 외국인 유학생들이 급증함에 따라 한국어교육에서까지 활발하게 진행되고 있는 추세이다. 이 연구는 대우법에 대한 체계를 존대법, 비존대법으로 나누고 또한 모국어 화자들은 대우법을 사용함에 있어서 대우법에 가장 영향을 주는 요인이 어떠한 것들인지에 대하여 조사하여 외국인 학습자들에게 효과적인 학습 방안을 도모하기 위한 연구로 선행된

연구에 대한 검토로 마땅히 대우법의 체계에 관한 연구, 대우법의 영향요인에 관한 연구, 한국어 교육에서의 대우법 연구 등 세 개 측면에서 검토하여야 한다. 하지만 제2장의 이론 배경에서 대우법의 체계와 요인에 관하여 구체적으로 제시할 것이므로 여기에서는 주로 한국어 교육에서의 대우법 연구에 대해 살펴보고자 한다. 한국어 대우법의 교육에 관한 논의로는 이해영(2006), 김정남(2008), 배규범·주옥파(2009), 오광근(2013), 박지순(2014) 등이 있다.

먼저 대우법을 단순히 문법적인 현상으로 보지 않고 화용론적인 측면과 결부시켜 본 논의로는 이해영(2006)이 있다. 이해영(2006)에서는 대우 표현은 실현하기 위한 장치가 복잡하고 다양하여 외국인들이 한국어를 배울 때 어려워하는 학습내용이라고 하였다. 왜냐면 한국어의 대우 표현은 어휘적 층위, 형태·통사적 층위는 물론 화용적 층위에서까지 설명되어야 하기 때문이라고 하였다. 그리하여 문법론적 장치와 화용론적 장치를 함께 고찰하였는데 대우법의 어휘적, 문법적 장치와 공손 표현은 다른 영역에 속하지만 모두 대우의 관점에서 설명된다는 점과 이를 함께 다루는 것이 교육적으로 이점이 있다고 하였다.

외국인 학습자를 대상으로 하는 대우법의 교육에 관한 연구로는 김정남(2008)이 있는데 김정남(2008)에서는 한국어 경어법 교육은 전통적으로 주체존대, 객체존대, 상대존대와 같은 세 범주로 대별되어 설명되어 왔으나 이러한 범주 구분이 실제로 학습자들로 하여금 담화 속에서 경어 형태를 원활하게 사용하도록 하는 데에는 큰 도움을 주지 못한다고 판단하고 문법 항목 및 어휘 항목 속에서 [+경어]의 자질을 가진 요소를 함께 가르치자고 제안하였다. 또한 경어법 교육 관련 문법 항목으로는 문말어미와 선어말어미 '-시-', 그리고 어휘 항목으로는 대명사, 명사, 동사/형용사, 조사뿐이라고 하면서 경어법 교육에서 문어와 구어에서의 사용을 문제로 삼고 한국어의 경어법적 특징을 감안하여 내용을 기술하고 교육해야 하며 한국어 교재 속에서 부각시켜 명시적으로 제시하여야만 학습자들은 담화상의 실수를 저지르지 않을 것이라고 하였다. 그리고 한국어의 상대 높임법에서 높임의 등급과 화행 간의 관계에 대한 이해를 수월하게 하기 위해서는 언어 보편적 공손의 원리를 도입하여 설명하는 것이 하나의 방법이 될 것인데 그런 의미에서 한국어에서 공손한 양태를 나타내는 표현으로 '-겠-, 좀, -어 주다, 것 같다, 수 있다, -라고 보다, -(으)면 좋(겠)다, -고 싶다' 등의 세세한 용법에 대한 기술도 필요하다고 하였다.

배규범·주옥파(2009)에서는 중국인 학습자들에게 효과적인 대우법 교육을 제공하기 위해 그간 진행된 대우법 교육에 관한 연구와 현장에서의 대우법 교육 현황을 분석하고 비판하면서 다음과 같은 여섯 가지 제안을 제기하였다. 첫째, 중국어와 한국어의 대우법에 관한 깊이 있는 대조 연구를 진행하여야 한다. 둘째, 중국인 학습자들을 위한 대우법 교육의 목표, 내용, 교수·학습 방법, 평가 방법 등 교육 전반에 대한 설계와 연구를 강화해야 한다. 셋째, 교재의 대화문 개선 방안에 대한 모색이 필요하다. 넷째, 교재와 문법서에서의 대우법 기술 개선 방안을 연구해야 한다. 다섯째, 문화교육과의 접목 가능성과 방법에 대해서 연구해야 한다. 여섯째, 시청각 수업, 회화 수업 등 다양한 수업과의 연계 가능성에 대한 연구를 시도해야 한다.

박지순(2014)에서는 지금까지 연구자의 직관으로 화계의 등분 기준을 세우고 이를 바탕으로 화계를 구분한 연구들과는 달리 준구어 자료로 한국어 모어 화자의 언어 사용 양상을 토대로 상대높임법의 화계의 양상과 선택 요인을 분석하였다. 이에 근거하여 한국어 학습 자들이 기존의 화계 구분법을 통해 한국어 상대 높임의 실제 사용법 을 익힐 수 없다는 것은 분명하다고 하면서 실제 실현 양상을 밝혀 언어 사용을 위한 메타적인 정보로서 학습자들에게 제시해야 할 필 요가 있다고 하였다. 또한 각 화계는 서로 뚜렷하게 구분되어 존재한 다기보다 화계 간에 겹치는 영역이 있고 넘나듦이 존재하기 때문에 이의 실현 양상을 파악하기 위해서는 보다 정밀한 분석이 필요하다 고 하면서 거시적인 차원에서는 각 화계별 특성이 규명되고 미시적 인 차원에서는 각 화계에 속하는 종결어미들의 담화·화용적 쓰임이 상세히 밝혀질 때 상대높임법의 전반적인 양상을 비로소 파악할 수 있다고 하였다.

이외에 중국인 학습자를 대상으로 하는 대우법 교육의 박사학위 논문으로는 허봉자(2008)와 박성일(2012)이 있다.

허봉자(2008)에서는 국어학 교육에서의 주체경어법, 상대경어법, 객체경어법의 삼분 체계에 따라 의사소통 접근법으로 중국어권 학습 자를 위한 한국어 경어법 교육 방안을 제시하였는데 이는 최초로 중 국어에서의 경어법과 한국어에서의 경어법을 비교하여 외국인 학습 자를 대상으로 설문 조사를 진행하여 오류와 오류 원인에 대하여 분 석하였으며 이에 근거하여 중국어권 학습자를 대상으로 구체적인 교 육 방안을 제시한 점에서 의의가 있다. 하지만 한국인 모어화자들도 어려워하는 주체, 상대, 객체의 체계로 외국인 학습자들에게 교육적 으로 접근하였다는 점과 효과적인 교육 방안임을 실험 연구의 방법

으로 증명하지 않았다는 점, 학습자들로 하여금 실제 생활에서 적극
적으로 사용할 수 있도록 실제 상황에 초점을 맞춰 교육하지 않은 점
등 아쉬운 부분들이 있다.

박성일(2012)에서는 한국어교육으로서의 경어법을 주체, 상대, 객
체로 분류하지 않고 인칭 범주를 기반으로 하여 외국인 학습자들을
대상으로 한 교육 방안을 제시한 점에서 의의를 가진다. 또한 경어법
의 종결어미 교육에 있어서 이를 대화의 목적으로 설정하여 학습자
들로 하여금 실제적인 사용면에서의 교육을 독려하여 전의 경어법
교육 방안에 비해서는 화용적인 측면에서 많이 접근하여 교육하도록
시도하였다. 하지만 저자 스스로도 제기하다시피 인칭 범주를 기반
으로 한 경어법은 한 번에 하나의 인칭만을 보는 시각을 제공하므로
화자, 청자 그리고 제3자의 인물 관계가 복잡해지면 인칭의 혼란이
있을 수 있다는 한계가 있어 각 인칭에 대해서 일관된 비교를 하기
어렵다. 또한 이 논문에서는 조사 대상, 그리고 교육 방안의 내용들
까지 너무 '회사'라는 집단에만 한정하였다. '회사'라는 집단 자체가
원래 위계 관계를 중요시하여 친밀 관계나 나이보다는 지위 관계에
치중하고 또한 매개 집단마다 대우법의 사용에 있어서 일관적이지
못하기 때문에 '회사'라는 집단을 대상으로 조사하여서는 한국사회의
전반적인 대우법의 현상을 나타내지 못한다.

이상의 선행 연구들을 살펴보면 한국어 대우법의 교육에 있어서
연구 방향과 제안에 대한 논문은 많지만 실제적인 교육 방안이나 이
를 외국인 학습자에 대한 교육에 도입하여 그 효과를 검증한 논문은
많지 않다. 또한 한국어 대우법은 국어학에서나 한국어교육에서 모
두 많은 연구와 논의가 되고 있지만 현재 한국 내 여러 한국어교육

기관에는 대부분 중국인 학습자가 제일 많은 비중을 차지하는 데에 반해 중국인 학습자를 대상으로 한 대우법 교육에 대한 박사논문은 현저히 적은 실정이다. 따라서 중국인 학습자를 대상으로 한 대우법 교육에 관한 연구가 더욱 활발하게 진행되어야 한다.

이 연구에서는 한국인 중급 학습자를 대상으로 하는 한국어 대우법 교육에 있어서 대우법을 존대와 비존대의 체계로 분류하고 대우법을 결정짓는 지위, 친소, 나이, 성별, 공적과 사적 상황 등 다섯 가지 요인을 중점으로 대우법이 이루어지는 여러 상황들을 설정하여 교육에 적용할 것이다. 또한 대우법의 종결 표현의 사용에 있어서 특히 존대하여야 하는 대상에게는 완곡어법을 사용하도록 학습자들을 권장하여 상대방에 대한 공손성에 초점을 맞출 것이다. 이러한 이론에 따라 중국인 고급 학습자들은 대우법을 어떻게 사용하는지 그 실태를 살펴보기 위하여 설문 조사의 방법으로 대우법을 사용함에 있어서 각각의 요인에 따른 대우법의 실현과 종결 표현의 사용 양상을 살펴볼 것이다. 다음 이를 바탕으로 중국인 중급 학습자를 대상으로 하는 교육 방안을 외국어 교수법을 활용하여 제시하고 실험 연구의 방법으로 그 효과성을 검증할 것이다.

제2장

대우법의
정의와 체계

이 장에서는 대우법의 용어, 대우법의 정의, 대우법의 체계 등에 대해 각각 살펴보고 다음 이 연구에서 설정하고자 하는 대우법의 체계에 관하여 존재하는 여러 가지 문제점에 대해 구체적으로 기술하고자 한다.

2.1 대우법의 정의

대우법을 학자에 따라 높임법, 대우법, 경어법, 존비법, 공대법, 존대법, 존경법 등으로 다양하게 일컫는다. '높임'이라는 용어를 가장 최초로 쓴 학자는 주시경(1910)이며 '대우'라는 용어를 가장 최초로 사용한 학자는 김희상(1911)이다. 그 후로 '대우법'이라는 용어는 성기철(1970), 서정수(1972), 고영근(1990), 이주행(2000), 이윤하(2001) 등 학자들에게 사용되었다. 또한 '경어법'은 최초로 김근수(1947)에서 사용되었으며 이숭녕(1964), 안병희(1961), 이익섭(1974), 박영순

(1976), 김종훈(1984), 민현식(1984), 이경우(1990), 이정복(1992) 등
현재 많은 학자가 이 용어를 사용하고 있다. '공대법'과 '존비법'이라는
용어는 이희승(1949)에서 처음으로 사용되었으며 존대법은 허웅
(1954)에서 처음으로 사용되었고 존경법은 외국인 Underwood(1890)
에서 처음 사용되었다.

[표 2] 대우법의 용어

공대법	이희승(1949), 김민수(1960)
경어법	김근수(1947), 이숭녕(1964), 안병희(1961), 이익섭(1974), 박영순(1976), 김종훈(1984), 민현식(1984), 강창석(1987), 김희숙(1991가), 이경우(1990), 이정복(1992), 임동훈(1996)
높임법	허웅(1975), 김정수(1984), 한길(1991), 성광수(2005)
대우법	성기철(1970), 서정수(1972), 황적륜(1976b), 김종택(1981), 임홍빈(1985), 김혜숙(1987), 유송영(1996), 이윤하(2001), 박석준(2002), 이주행(2004), 김태엽(2005)
존경법	Underwood(1890), Gale(1894), 송석중(1967), 이홍배(1970)
존대법	허웅(1954), 김석득(1968), 남기심(1981), 이규창(1991)
존비법	이희승(1949), 이홍배(1970), 장석진(1973), 고영근(1974), 이맹성(1975)

이러한 용어들을 사전 풀이하면 아래와 같다.

    (3) 공대법: 1) 공손하게 잘 대접함.
               2) 상대에게 높임말을 함.
    (3) 경어법: 상대를 공경하는 뜻의 말.
    (3) 높임법: 남을 높여서 말하는 법.
    (3) 대우법: 1) 어떤 사회적 관계나 태도로 대하는 일.
               2) 직장에서의 지위나 급료 따위의 근로 조건
               3) 예의를 갖추어 대하는 일

       4) (직명을 나타내는 말 뒤에 붙어) 그것에 준하는 취급을
         받는 직위임을 나타내는 말.
  (3) 존경법: 남의 인격, 사상, 행위 따위를 받들어 공경하는 말.
  (3) 존대법: 1) 존경하여 받들어 대접하거나 대함.
         2) 존경하는 말투로 대함.
         3) 청자가 화자보다 윗사람일 때, 또는 특별히 존경의 뜻을
           나타낼 때에 쓰는 높임법. 종결 어미 'ㅂ니다', '습니다',
           'ㅂ시다' 따위를 쓴다.
  (3) 존비법: 사회적 지위나 신분의 존귀함과 비천함. (상대높임법)
                                 _ [표준국어대사전]

    표준국어대사전의 사전 풀이를 보면 공대법, 경어법, 높임법, 존경
법, 존대법은 일단 이 연구의 존대와 비존대를 모두 포함하는 용어에는
어울리지 않는다는 것을 알 수 있다. 이 용어들은 모두 상대방을 존대
만 하는 의미만 부여하고 비존대의 의미를 포함하기 않고 있기 때문에
적절하지 않다. 또한 존비법은 사전 풀이에서와 같이 '비천함'의 의미
를 포함하고 있어 대상을 낮추거나 낮잡는 뜻으로 이르는 '비어'도
포함될 수 있기 때문에 이 연구의 의미와는 차이가 있어 배제한다.
    대우법은 상대를 사회적 관계나 태도로 대하는 의미로 이는 존대
와 비존대의 의미를 모두 포함하고 있기 때문에 이 연구의 용어로 가
장 적합하다. 임지룡(2015:371)에서는 '대우하다'는 '어떤 사회적 관
계나 태도로 대하다' 및 '예의를 갖추어 대하다'라는 뜻이므로 '대우
법'은 높낮이가 드러나지 않는 중립적인 명칭이라고 하였다. 서정수
(1994:2)에서도 '존대법, 경어법' 등은 글자 그대로 따지면 존대 또는
존경 표현만을 가리키게 되므로 비존대 또는 낮춤말을 모두 포괄하

려면 대우법이란 용어가 알맞다는 입장을 제시하고 있다. 그리하여
이 연구에서는 대우법의 용어를 사용하기로 한다.

대우법의 용어와 마찬가지로 대우법의 정의에 대해서도 학자들마
다 의견이 분분하다. 학자에 따라 대우법의 정의에 대해 정리하면 다
음과 같다.

[표 3] 대우법에 대한 학자들의 정의

이익섭 (1974)	경어법이란 술어를 어떨 때 경어를 쓰되 어떻게 쓰며, 어떨 때 경어를 안 쓰느 냐 하는 규칙의 체계라는 뜻으로 쓰면서 이 안에 종래 존대법, 겸양법, 또는 공 손법 등으로 나뉘어 불리던 하위류를 전부 포괄시키고자 한다.
허웅 (1975)	높임법은 말할이와 말 들을이와의 관계 및 말할이와 말에 등장된 사람과의 관 계를 원칙으로 하고 있다.
서정수 (1984:3)	대우법이란 말할이가 대인 관계에 따라 알맞은 말씨를 골라 쓰는 것을 말한다. 말할이가 들을이나 화제의 인물에 대하여 상하 관계, 친밀 관계 등을 바탕으로 상황에 알맞은 말씨를 골라 쓰는 것이 대우법이다.
성기철 (1985:15)	대우 관련 인물 사이의 사회적 위계 및 개인적 친밀 관계가 단위 문장에 실현되 는 대우의 규칙을 대우법이라 부르고자 한다.
이정복 (1998)	어떤 인물을 얼마나 또는 어떻게 높여 대우하거나 낮추어 대우할지를 언어적 으로 표현하는 문법적, 어휘적 체계. 국어는 다양한 수단에 의해 청자나 제3자를 높이거나 낮추어 대우할 수 있다. 이러한 언어적 대우 수단을 경어법 요소라 할 수 있는데, 이들은 크게 문법적 요소와 어휘적 요소로 나눌 수 있다. 문법적 요 소에는 문장종결 어미, 선어말어미, 접사 등이 있으며, 어휘적 요소에는 높임 의 기능을 가진 명사, 대명사, 동사, 조사 등이 있다. 문법적 요소에 의해 표현되 는 경어법을 문법적 경어법, 어휘적 요소에 의해 표현되는 경어법을 어휘적 경어 법이라 부른다.
이윤하 (2001:57)	대우법은 화자가 대상 인물, 즉 청자, 문장에 나타나는 인물인 주격 대상 인물, 여격 대상 인물, 주제 대상 인물, 속격 대상 인물 및 목적격 대상 인물과의 인간 관계에 따라 알맞은 말로 알맞은 정도로 대우함을 의미한다.
박석준 (2002:16)	실제 세계에서 형성되고 유지되는 사회적 관계에 따라 의사소통의 참여자를 대하는 정도와 방법이 달라지는 것을 대우라고 하고 이와 같은 행위가 의사소통 의 상징체계인 언어에 반영되어 나타나는 것을 대우법이라 한다.

한길 (2002:21)	말할이가 들을이에게 말을 할 때 그를 높일 것인가, 안 높일 것인가, 낮출 것인가를 결정해야 하며 높이더라도 정도성이 끼어들어 어느 정도 높여야 하는가, 낮출 때에도 어느 정도로 낮추어야 하는가를 결정해야 말이 이루어질 수 있다. 이렇게 말할이가 말이 이루어지는 데 관여되는 사람에 관하여 적절한 높낮이의 정도를 표시하게 되는 것을 높임법이라고 한다.
이주행 (2006:353)	대우법이란 어떤 대상을 언어로써 존대하거나 평대하거나 하대하는 문법 범주이다. 즉 대우법은 사람과 사람사이의 종적인 신분 관계와 횡적인 친밀 관계를 언어로써 표현하는 법이다.
양영희 (2010:246)	국어에서는 말하는 대상이나 상대방이 누구인지에 따라 말하는 방법이 다르다. 이처럼 말하는 이가 어떤 대상이나 상대에 대하여 그의 높고 낮은 정도에 따라 언어적으로 구별하여 표현하는 방식이나 체계를 대우법이라고 한다. 그리고 이와 같은 대우법은 어떤 대상이나 청자를 존대하는 방식과 비존대하는 방식으로 나뉜다.

[표 3]을 보면 용어와 학자에 따른 체계만 다를 뿐 그 전체적인 의미는 비슷한 것을 알 수 있다. 이 연구에서는 대우법을 아래와 같이 정의하고자 한다.

대우법은 궁극적으로 화자, 청자 그리고 제3자 사이에서 벌어지는 대화를 그 대상의 신분(身分)에 따라 화자가 존대하여야 하는 대상(청자 혹은 제3자)에 대해서는 존대법으로, 존대하지 않아도 되는 대상(청자 혹은 제3자)에게는 비존대법으로 말하는 화법이다.

2.2 대우법의 체계

대우법의 체계 역시 학자들에 의해 다르게 분류되는데 일반적으로 주체대우법, 청자대우법, 객체대우법으로 분류하나 이 연구는 대상에 따라 문법 현상으로써 존대 혹은 비존대의 자질에 의해 분류하였기 때문에 학자들이 청자대우법에 대한 분류를 살펴보도록 하겠다.

청자대우법의 분류는 대체적으로 횡으로는 격식체과 비격식체의 분류 없는 일원적 체계로 보는지, 격식체와 비격식체를 분류한 이원적 체계로 보는 지로 구분되고, 종으로는 높임·같음·낮춤으로 보는지, 높임·낮춤으로 보는지, 존대와 비존대(혹은 높임과 안높임)로 보는지 등으로 구분된다. 그 다음 존대의 정도에 따라 종결어미 화계는 많이는 '하십시오체', '해요체', '하오체', '하게체', '해체', '해라체' 등 6등분으로 구분한다.

청자대우법의 체계적인 분류는 최현배(1937)에서부터이다. 이후의 논의들은 최현배(1937)를 따르고 있는데 청자대우법의 체계를 높임과 낮춤으로 본 최초자이기 때문이다. 그 후로 이러한 체계가 사람들의 인식에 굳혀졌지만 이를 과감히 부정하고 청자대우법의 체계를 처음으로 '존대'와 '비존대'로 본 것은 서정수(1972)이다.[4]

[표 4] 서정수(1972)의 청자대우법 체계

등급	격식적	비격식적
존대	합니다, 하나이다, 하오	해요
비존대	하네(게), 한다	해, 반말

서정수(1972)에서는 청자대우법을 존대와 비존대의 등급으로 분류하였으며 존대의 격식체에는 '합니다체'와 '하오체'를 설정하였고 비격식체에는 '해요체'를 설정하였으며 비존대의 등급에서 격식체에는

---

4 1970년 이전의 논의는 높이느냐 낮추느냐의 관점에서 논의되었다면, 1970년대로 접어들면서 이를 높이느냐 높이지 않느냐의 관점으로 논의하였다. 특히 최초로 '높임'과 '안높임'으로 본 논의는 서정수(1972)인데 그는 한국어 대우 등분을 [+RESPECT](존대)와 [−RESPECT](비존대)로 분류한 뒤 여기에 다시 [FORMAL]이라는 격식 관련 자질을 더하여 4단계의 청자 대우 체계를 세웠다.

'하게체'와 '한다체', 비격식체에는 '해체'와 '반말'을 설정하였다. 이는 청자대우법에 대한 그전의 '높임'과 '낮춤'으로 나누는 인식을 깨고 전과는 구별되는 새로운 인식을 볼 수 있으므로 대우법에 있어서의 하나의 도약이라고 볼 수 있다.

또한 청자대우법에는 '낮춤'이 없다고 주장하면서 청자대우법을 존대와 평대로 나눈 연구로는 김종택(1981)이 있다.

[표 5] 김종택(1981)의 청자대우법 체계

문법적 차원	존대	수상 존대	예사존대 (~ㅂ니다)	가진존대 (~ㅂ니까)	겹존대 (~ㅂ시다)	겸양존대 (~오)
		수하 존대	예사존대 (~(이)네~, ~는가)		가진존대 (~세, ~게)	
	평대		~는다, ~느냐, ~자, ~라			

김종택(1981:19)에서는 예문으로 존대와 평대의 대립은 문법적, 어휘적 측면에서는 다 나타났지만 평대와 하대의 대립은 어휘적 측면에서만 나타난다고 보고, 때문에 국어 대우법의 체계라는 측면에서 보면 문법적인 차원만이 필수적인 대립자질이고 어휘적인 차원은 부차적인 대립자질이기 때문에 국어 대우법의 체계는 존대와 평대의 대립만 있지 존대나 하대 혹은 평대와 하대의 대립은 없다고 하였다. 그리고 존대는 다시 '수상 존대'와 '수하 존대'로 양분된다고 하였다. 여태까지 '하게체', '예사낮춤' 등으로 불렸던 '하네, 하게' 등은 낮춤이나 비존대(평대) 표현이 아니라 손아래 사람을 존대하는 표현이라는 그의 주장은 이전의 논의와는 확연히 구별된다. 또한 높임법과 낮춤법의 대립 체계를 부정하고 그 대안으로 평대와 존대의 대립 체계를 제시하였다.

김종택(1981)의 이러한 관점을 적극적으로 수용하여 단점을 보완하여 '높임법'과 '안높임법'으로 분류한 연구로는 김태엽(1992)을 들 수 있다.

[표 6] 김태엽(1992)의 청자대우법 체계

높임법	아주높임법	높임관념: +3	-습니까/-습니다
	좀더높임법	높임관념: +2	-으오/-으오
	예사높임법	높임관념: +1	-는가/-네
안높임법		높임관념: 0	-느냐/-ㄴ다

김태엽(1992)에서는 청자대우법의 다등분을 비판하며 청자대우법은 김종택(1981)에서와 같이 '낮춤'의 종결어미를 찾을 수 없고 이른바 예사낮춤법의 종결어미라고 하는 '-네', '-세', '-게' 등의 형태에서는 청자 높임소 '-이-'가 '-이'로 기능 변동을 형성되었다면서 아주높임법의 '-이-'가 예사높임법의 '-이'로 단계가 낮아졌다고 하였다. 하여 종결어미 '-네', '-세', '-게' 등은 '높임형'이라고 하면서 청자대우법에는 낮춤이 없다고 하였다. 또한 청자에 대한 화자의 높임 관념이 종결어미에 의해 실현되는 문법범주가 청자대우법이라고 할 때 종결어미와 호응되는 호칭어 'NP+아/야', 'NP+∅', '여보' 등의 경우, 종결어미와 마찬가지로 낮춤은 없고 안높임과 높임만 있다고 하였다. 하여 '평대' 대신 '안높임법'이 실현된다고 보면서 높임 관념 정도에 따라 높임 관념 정도가 [0] 자질이면 '안높임법'으로 보고 높임 관념 정도가 [+1]이면 예사높임법으로 보았으며 높임 관념의 정도가 [+2]이면 좀더높임법으로, 높임 관념의 정도가 [+3]이면 아주높임법으로 보았다. 김종택(1981)에서 그 전까지의 높임과 낮춤의 체계를

부정하고 대우법에 존대와 평대를 과감하게 제시한데 의의가 있다면 김태엽(1992)에서는 김종택(1981)을 적극 수용하고 보완하여 종결어미의 존대 정도에 따라 존대와 비존대의 대립 체계로 본 것은 그 이후의 연구들에 큰 이바지를 하였다.

청자대우법의 말단계를 처음으로 격식체와 비격식체의 2원적 체계로 본 것은 성기철(1970)이다. 성기철(1970)에서는 보편적인 '하십시오체', '하오체', '하게체', '해라체'의 4단계와 '해요체', '해체'를 구분하였다.

[표 7] 성기철(1970)의 청자대우법 체계

	등분(격식체)	등외(비격식체)
높임	하십시오, 하소서 (아주높임)	해요(두루높임)
	하오(예사높임)	
낮춤	하게(예사낮춤)	해(두루낮춤)
	해라(아주낮춤)	

성기철(1970:51)의 이러한 분류는 나중에 황적륜(1975), 서정수(1980), 성기철(1985), 한길(1986) 등 학자들의 청자대우법에서 상대에 대한 '존대와 비존대', 그리고 말단계를 '격식체와 비격식체'의 기준으로 분류하는 데 긍정적인 역할을 하였다.

하지만 이러한 격식과 비격식의 2원체계가 아닌 존대의 정도 따라 1원체계로 나눈 연구로는 이맹성(1973)을 최초로, 이익섭(1974), 이익섭·임홍빈(1983), 박영순(1985), 임홍빈(1986), 유송영(1994) 등이 있다. 이중에서 가장 눈에 띄는 것은 이익섭(1974)인데 다른 연구에 비해 '친밀성'을 설정하여 청자의 자질에 따라 1원적 체계로 분류한 것이다.

[표 8] 이익섭(1974)의 청자대우법 체계

청자의 자질			결과
[하대(평대)]	[존대]	[친밀(격식)]	
+	−	+(−)	해라체
+	−	−(+)	반말체
−	−	+(−)	하게체
−	−	−(+)	하오체
−	+	+(−)	해요체
−	+	−(+)	하십시오체

이익섭(1974)에서 가리키는 '친밀'은 '격식'의 반대말로 '하십시오
체'와 '해요체'를 존대법으로 보고, 나머지는 비존대법으로 보았는데
그 중에서 '하게체'와 '하오체'는 친밀성에 따라 존대의 정도가 달라
진다는 것을 설명한 점은 이후의 연구들에서 '친밀'가 대우법에 중요
한 요인 작용을 한다는 것을 뒷받침해준다. 그리고 또 다른 점은 이
전의 논의에서 예사높임으로 설정된 '하오체'를 비존대로 보고 '윗사
람에게는 쓰기 거북한 말단계'라고 인식한 것이다.

[표 9] 박영순(1985)의 청자대우법 체계

최존대	했읍니다
존대체	했어요
준존대체	했오
하게체	했네
해체	했어
했다체	했다

박영순(1985:253)에서는 격식과 비격식의 구분이 없이 일원적인 체계로 전체적인 화계를 존대의 정도에 따라 '합니다체, 해요체, 하오체, 하네체, 해체, 한다체'로 구분하였다.

[표 10] 이주행(1994)의 청자대우법 체계

구형체계	존대	하십시오체	으뜸높임
		하오체	버금높임
	평대	하오체	같음
		하게체	같음
	하대	하게체	버금낮춤
		해라체	으뜸낮춤
신형체계	존대	하세요체	으뜸높임
		해요체	버금높임
	평대 혹은 하대	해체	같음 혹은 낮춤

이주행(1994:610)의 체계가 다른 학자에 비하여 새로운 점이라면 구형체계와 신형체계를 따로 분류한 점, 그리고 '하세요체'를 따로 설정한 점이다. 하지만 '하세요체'는 '해요체'에 선어말어미 '-시-'가 결합된 것으로 이는 높이고자 하는 대상에 대하여 선어말어미 '-시-'가 따로 자기만의 존대의 문법적인 자질을 가지기 때문에 이를 종결어미로써의 하나의 문체로 보기에는 어렵다.

[표 11] 국립국어원(2005)의 청자대우법 체계

	격식체	비격식체
높임	하십시오체	해요체
안 높임	해라체	해체

국립국어원(2005)에서의 청자대우법 체계는 아주 간단한데 분류는 높임과 안높임으로 분류하였고 격식체와 비격식체의 2원적 체계

로 보았다. 그리고 앞에 제시한 논의에 비해 종결어미의 화계에서 '하
오체'와 '하게체'를 뺀 것이 다른 점이다. 이는 '하오체'와 '하게체'가
한국 사회에서도 점점 사라져가는 현상을 인지한 것이라 볼 수 있다.
  아래 대우법을 주체, 청자, 객체로서의 체계가 아닌 다른 체계로
분류한 논의들을 살펴보도록 하겠다.

[표 12] 양영희(2010)의 대우법 체계

+존대	청자	하십시오체
		해요체
	화제인물	+시
		+존대 어휘
−존대	청자	하게체
		(해)체
		하라체
	화제인물	−시
		−존대 어휘

  양영희(2010)에서는 기존의 주체대우법, 객체대우법, 청자대우법
의 체계 대신 [+존대]와 [−존대]의 체계로 분류하여 이를 다시 청자
와 화제인물로 나누어 화계를 정립하였다. 양명희(2010:256)에서는
'문제는 이와 같은 체계는 첫째, 『문법』교과서에는 대상에 초점을 맞
추어 대우법을 먼저 '주체높임, 객체높임, 청자높임'으로 분류한 후
에 다시 각 분야를 설명하는 방식을 취함으로써 대우 체계 전반을 일
목요연하게 살피는 데에는 한계가 있었다. 그러나 위와 같이 정리함
으로써 그 전체를 쉽게 파악할 수 있다는 것이다. 둘째, 학습자의 언
어의식에 맞추어 대우 대상을 청자와 화제 인물로 이분하여서 주체
와 객체 등과 같은 문법적 용어를 탈피할 수 있었다는 것이다. 셋째,

청자 대우 등급에서 [±격식성]을 고려하지 않고 현재 사용하지 않은 하오체를 제외하는 한편, 대우 태도를 존대와 비존대로 이분함으로써 대우 체계를 간결하게 정리할 수 있었다는 것이다. 그리고 마지막으로 그동안 혼용되었던 용어들을 '대우법'과 '화제인물'로 통일하였다는 것이다. 이런 일련의 작업들은 학습자들의 문법 의식을 고려하여 체제의 단순화와 간결함을 도모하였다는 점에서 어느 정도 의의를 갖기 않나 한다.'고 하였다.

대우법을 주체, 객체, 청자의 체계로 분류하지 않은 또 다른 연구로 이태환(2008)이 있는데 이태환(2008:66)에서는 대우법의 하위 체계는 존칭과 겸칭으로 나누었는데 이러한 선택의 가장 큰 이유는 주체, 객체, 청자라는 용어를 사용하지 않고 한국어의 대우법을 설명할 수 있다는 장점 때문이라고 하면서 대우법을 대상에 초점을 맞추어 살핀다면 주체, 객체, 청자의 용어가 반드시 필요한 설명 방법이겠으나 대우법은 문법 현상으로서 동사의 특질에 초점을 맞추어야 한다고 하였다. 다시 말해 피동법이나 사동법과 같은 동사의 특질을 나타내는 것이기 때문에 대우법 역시 이와 같은 설명 방법으로 규정해야 한다는 것이다.

선행 연구에서도 제시하였듯이 박성일(2013)에서는 주체, 청자, 객체가 아닌 인칭 범주를 기반으로 하여 대우법의 체계를 세워 중국인 학습자를 대상으로 하는 교육 방안을 제시하였는데 그 체계는 아래 [표 13]과 같다.

[표 13] 박성일(2013)의 대우법 체계

	구분	실현 형식
경어법 실현 형식	1인칭 겸손법	겸양형 명사, 1인칭 낮춤 대명사, 겸양형 동사, 선어말어미, 종결어미
	2인칭 존경 표현	존대 명사, 존대 용언, '님'과 '씨', 존대 조사, 선어말어미, 종결어미
	3인칭 존경 표현	존대 명사, 존대 용언, '님'과 '씨', 존대 조사, 선어말어미.

이 연구에서의 대우법의 체계가 존대, 비존대를 중심으로, 청자나 제3자에 대한 문법적인 사용이라면, 박성일(2013)에서는 화자, 청자, 제3자의 인물에 대한 인칭으로서의 대우법의 사용이라 할 수 있다. 즉 이 연구는 존대, 비존대를 기준으로 하고 박성일(2013)에서는 인물을 기준으로 하는 것이다. 하지만 인칭을 중심으로 하는 이러한 체계는 한 문장 속에서 화자, 청자 그리고 제3자의 관계에 의하여 화자가 청자를 존대하기 위하여 화자 자신에 대해서는 겸손 표현을 사용하고, 또한 대화 현장에 없지만 존대해야 하는 제3자에 대해서는 비존대를 사용할 때 화자가 대우법을 사용하고자하는 그 기준을 2인칭에 두어야 하는지 3인칭에 두어야 하는지 그 설명이 어렵다는 것이다. 대우법이란 원래 화자, 청자, 제3자간의 관계 요인이 복잡하고 또한 화자의 의도에 의해 존대나 비존대를 자유롭게 사용하는 문법으로 이러한 상황에서는 학습자들에게 혼란을 줄 수 있다.

이상의 논의들을 살펴보면 아래와 같은 몇 가지 문제점이 존재한다.

첫째, 격식체와 비격식체의 구분 문제

앞선 체계에 대한 연구들을 보면 대우법의 화계를 격식체와 비격식체로 구분한 연구들이 있는가 하면 이를 구분하지 않고 하나의 단일체계로 보는 연구들도 있다. 서정수(1972)에서 본격적으로 격식성을 대우법의 화계와 연관시켰는데, 서정수(1984)에서는 격식체에 대한 정의를 '주로 공적인 상황, 상하 관계를 분명히 해야 할 자리, 잘 모르거나 그리 친하지 않은 사이 등에서 쓰이는 말씨'라고 하고 비격식체에 대한 정의는 '주로 사적인 상황, 동등한 관계가 위주 되는 자리, 서로 친하고 허물없는 사이일 경우 등에 쓰이는 말씨'라고 하여 격식체에 '하십시오체', '하오체', '하게체', '해라체'를 분류하고 비격식체에 '해요체'와 '해체'를 분류하였다. 이 연구에서는 대우법의 화계를 '합니다체', '해요체', '해체', '한다체' 4개의 화계로 나누었는데 여기서 '합니다체'와 '한다체'의 격식성에 대해 논의하자면 '합니다체'와 '해요체'는 존대 정도 차이의 문제이지 격식과 비격식의 문제는 아니다. 상황에 따라서 다를 수 있지만 특히 절대적인 상위자인 청자와의 발화에서 화자는 '합니다체'를 더 많이 사용하고 있는데 이는 청자에 대해 '최대존대'의 종결어미로써 청자를 존대하고자하는 의도이다. 절대적인 상위자에 대해 격식을 차려 발화하는 것과 존대의 정도를 최대존대로 하여 발화하는 것은 같은 문제이기 때문이다. '격'이란 주위 환경이나 형편에 자연스럽게 어울리는 분수나 품위로 '격식'은 격에 맞는 일정한 방식인데, 절대적인 상위자에 대해서는 당연히 분수나 품위에 맞게 발화해야 하기 때문에 최대존대를 사용하여야 하는 것이다. 여기서 회의나, 학회 이러한 공적인 장소에서 격식을 갖춰 '합니다체'를 사용하는 것은 공적인 상황요인의 작용이 더 크다고 볼 수 있다.

　이렇게 격식체와 비격식체를 구분하지 않은 연구로는 이맹성(1973),

이익섭(1974), 박영순(1985), 임홍빈(1986), 유송영(1994, 1996), 허웅(1995, 1999), 이종희(2004), 한길(2004), 임지룡(2015) 등이 있다. 임지룡(2015:359)에서는 '격식체' '비격식체'의 2원체계는 그 경계가 모호하고 현실성이 없으며 '격식체' 우월적인 등급 구분이므로 부적절하다고 하였다. 또한 상대높임법 등급의 차원으로 격식체와 비격식체의 2원 체계는 교육 내용으로 바람직하지 못하면서 첫째, 격식체는 비격식체에 비해 규범적이며 표준적인 뉘앙스를 갖는데 격식체가 비격식체에 비해 우월하다는 편향적 시각은 교육적이지 못하다. 둘째, 담화 상황에서 격식체와 비격식체의 구분 경계는 불확실하다. 하여 2원적 체계로 고착하거나 격식체의 우월성을 강조하는 것은 뚜렷한 준거가 있는 것도 아니며 언어 현실에 바탕을 둔 효용성도 보장되지 않는다. 따라서 격식, 비격식의 편향적인 용어를 쓸 것이 아니라 문체적 변이형으로 이해하는 것이 바람직할 것으로 본다고 하였다.

　이종희(2004:47)에서는 '하십시오체'가 격식적인 발화 상황에서 많이 쓰이므로 '격식적'이라는 기능을 갖는 것과 글말에서 쓰이는 '-는다'가 해라체와 꼴이 같은 데서 '격식적'이라는 의미가 확대되어 '격식체'라 불리게 된 것인데 이는 옳지 않다고 보면서 '하십시오체'는 친하지 않은 성인들 사이에서나 공식적인 발화를 하는 상황에서, 해라체는 어른이 아이에게 일반적으로 많이 사용하는데 이러한 상황 모두를 '격식적'이라고 볼 수는 없다고 하였다. 또한 격식적인 발화 상황이란 뉴스와 같은 방송이나, 회의나 연설과 같은 공적인 상황, 또는 청첩장과 같은 초청장에 글을 쓸 때 등과 같은 공식적인 상황을 말한다고 하면서 '-습니다', '-습니까' 등의 어미들이 일반적으로 격식적인 발화 상황에서 많이 쓰인다고 하였다. 결의문, 논문, 신문 기사 등의 글말에 쓰이는 '한다체'의 어미 '-는다'도 격식적인 발화 상황에 쓰이는 것인데 '격식적·비격식적' 발화 상황의 구분은 각각의 개별 어미가 가지는 특성으로 보아야 하는 것이지, 모든 '하십시오체'의 어미, 모든 '해라체'의 어미가 격식적인 발화 상황에 쓰인다고 할 수는 없다고 하였다.

한길(2004:104~105)에서도 격식체와 비격식체가 동일한 발화 장면에서 동일한 발화자들 사이에서 서로 뒤섞여 나타나는 것을 보면 이들을 격식적·비격식적이라는 자질로 나눌 수는 없다고 하였다.

'한다체' 역시 예전에는 격식체로 많이들 분류하였지만 현재 '한다체'는 격식체와 비격식체의 정의에 따른다면 '한다체'를 격식체라고 볼 수 없다. 또한 격식체는 공적인 상황에서 잘 모르거나 그리 친하지 않은 사이에서 쓰인다고 하였는데 현재 '한다체'의 쓰임은 사적인 상황에서 많이 쓰이며 더욱이 친한 사이에서 많이 쓰인다.[5] 때문에 이 연구에서는 격식체와 비격식체에 대하여 구분을 두지 않고자 한다.

둘째, 화계 명명의 문제

일반적으로 대우법 화계의 최대존대를 나타나내는 종결어미를 '하십시오체'라고 명명하고 최대비존대를 나타내는 종결어미를 '해라체'라고 명명하는 학자들이 보편적이다. 이는 명령형의 종결어미에서 따와 '하십시오체', '해라체'와 같은 용어로 많이 쓰이는데 실제로 우

---

5 예문: 1) 친구야, 나머지 청소 열심히 해라. 나 먼저 간다.
　　　　 2) (동생한테) 야, 엄마 오기 전에 빨리 치워라.
　　이러한 예문을 보면 '한다체'는 사적인 상황에서 친한 사람끼리 많이 쓰인다는 것을 알 수 있다.

리가 의사소통을 하는 과정에서 특히 존대하여야 하는 윗사람이나
지위가 높은 청자에게는 명령형인 '하십시오'를 자주 사용하지 않는
다. 또한 '하십시오'에는 선어말어미 '-시-'가 결합된 것으로 선어말
어미 '-시-'는 자기만의 존대의 자질을 가지기 때문에 이러한 결합형
으로 하나의 화계로 명명한다면 외국인 학습자들이 최대존대를 하는
청자에게 자신의 행위에 대해서 발화할 때에도 선어말어미 '-시-'로
자신을 존대하는 오류를 범할 우려가 있다. 또한 최대존대를 '하십시
오체'로 명명한다면 그 아래 단계에 '해요체'와 선어말어미 '-시-'가
결합된 '하세요체'도 따로 하나의 화계로 보아야 한다. 하여 이 연구
에서는 명령형 '하십시오체'와 '해라체' 대신 평서형 '합니다체'와 '한
다체'로 화계를 명명하고자 한다.

임홍빈(1998:522~524)에서도 화계 명명에 있어서 명령법 어미의
부적절함을 '대부분의 형용사는 명령법이 성립되지 않고 명령법의 경
우에는 '-시-'가 청자에 대한 높임을 실현하게 되고 '합쇼'는 하층민
의 사회 방언과 같은 성격을 띠는 것'이라 설명하고는 명령법 어미보
다는 평서법 어미의 경우가 결함이 보다 적은 것으로 주장하였다. 또
한 평서법은 언어 사용의 심리적 측면에서도 가장 안정감을 주는 형
태이자 동시에 가장 기본적인 역할을 하고 있기 때문에 이것은 '명제'
를 나타내는 형태가 바로 평서법 어미라는 것에서도 뒷받침이 된다
고 하였다.[6] 김정남(2008:8)에서도 상대경어법의 화계에 대한 명칭
을 일반적으로 명령형에서 따와 '해라체', '하십시오체' 등으로 쓰는
일이 많으나 평서형에서 따온 '한다체', '합니다체'로 달리 명명하여

---

6 김연강(2003:4)에서도 임홍빈(1998)의 이러한 근거를 바탕으로 청자 대우의 말단계를
평서법 어미인 '합니다체, 해요체, 하오체, 하네체, 해체, 한다체'를 사용하였다.

사용하여야 한다고 하였고 이는 가장 널리 사용되는 문체법 형태라
는 점에서 더 실제적인 명명이라고 하였다.

또한 '한다체'에 대해서 남기심(1981: 554)에서는 특히 신문이나
잡지 혹은 소설 같은 인쇄물에서 쓰는 '해라체'는 어느 특정한 개인을
듣는 이로 말하는 것이 아니기 때문에 '해라체'와 어미가 같다고 해도
이는 '해라체'가 아니라 높임이나 낮춤의 등급이 중화된 독립된 문체
이고 '한다체'라고 해야 한다고 하였다.

셋째, '하게체'와 '하오체'의 처리 문제

시대가 변함에 따라 사람들이 대우법을 사용함에 있어서도 많은
변화가 나타났는데 그중에서 '하게체'와 '하오체'는 현대인들에게는
잘 사용되지 않는 화계로 되었다.[7] 때문에 '하게체'와 '하오체'를 외국
인 학습자들에게 가르칠 필요가 있는지에 대한 논의도 많은데 이 연
구는 중국인 중급 학습자를 대상으로 하는 대우법 교육으로 모국어
화자에게도 잘 사용되지 않는 '하게체'와 '하오체'는 교육 내용에서
배제하고자 한다. 모국어 화자를 대상으로 '하게체'와 '하오체'의 사
용에 대해 조사한 양영희(2010:250)에서는 대학생의 경우 전공을 불
문하고 '하오체'를 가장 적게 사용하고 그 다음으로 '하게체'를 적게
사용하는 것으로 조사되었다. 고등학생의 경우도 거의 비슷한 양상
을 보이고 있다고 하였다. 이런 현상은 김혜숙(1987:56~59), 박영순
(1976:402), 이익섭(2005:219), 고영근·구본관(2008:456) 등을 비

---

7 장희은(2008:17~37)에서는 10편의 드라마 대본 말뭉치에서 청자존비법의 화계별 사
  용 양상을 조사하였는데 그 결과 직장에서 그리고 가정에서 모두 '하오체'와 '하게체'를
  잘 사용하지 않는 것으로 나타났다.

롯한 많은 연구에서, 한국인 젊은 층에서 '해요체'와 '해체'를 '하오체'
와 '하게체'의 대체형으로 사용하는 것으로 보았던 맥락과 일치한다.
문제는 위에서 언급했던 대로 이런 현상을 교육 현장에서 어느 정도
수용해야 하느냐이다. 한국어 교육학 사전(2014:682~683)에서는
'하게체'와 '하오체'는 젊은 세대들 사이에서는 좀처럼 들어 보기가
어려운 상대높임법 등급이라고 하였다. 또 이 두 상대높임법 등급의
어미들은 방언권에 따라서도 사용의 선호도가 달라지는 특성을 보이
는데 이처럼 전반적으로 사용 빈도가 낮은 '하게체'와 '하오체'는 외
국인들이 실제 언어생활 속에서 접할 기회가 적으므로 교육상의 중
요성이 덜하므로 간소화를 지향하는 한국어교육에서는 상대높임법
의 여섯 등급을 다 가르치지 말고 '해체'와 '해요체'만을 가르치자는
입장도 있다고 하였다.

이렇게 '하게체'와 '하오체'는 현대사회에서 전반적으로 사용빈도
가 낮고 외국인들의 실제 언어생활에서는 사용할 기회가 적기 때문
에 한국어교육에서 이에 비중을 두어 중점적으로 가르칠 필요는 없
다고 본다. 하지만 그렇다고 하여 국어학에서의 대우법의 체계에서
는 완전히 사라진 것이 아니며 또한 지역에 따라 나이가 든 사람들도
사용하는 경우가 있고 또한 외국인 학습자들이 '사극드라마'를 접할
때도 '하게체'와 '하오체'는 나타나기 때문에 한국어 고급 학습자를
대상으로 하는 대우법 교육에서 간단한 제시와 설명은 필요하다.

넷째, 비존대에서 평대와 하대의 분류

대우법의 체계를 나눔에 있어서 가장 논쟁이 많은 한 가지는 안높
임에서 '평대'와 '하대'를 따로 세분화해야 하는가의 문제다. 주시경

(1909)[8]으로부터 시작되어 '높음, 같음, 낮음'을 설정하여 그 후로 김
규식(1912), 김희상(1911), 김두봉(1916) 등 많은 학자들이 대우법을
'높임, 같음, 낮춤'으로 분류하였다. 하지만 아래의 예문을 보자.

  (4) ㄱ. 할아버지, 혹시 지연이 어디 갔는지 아십니까?
      ㄴ. 선배, 이 책 지연한테 주세요.
      ㄷ. 언니, 이 책 지연한테 주면 돼요.
      ㄹ. 유진아, 이 책 지연한테 줘.

  예문을 보면 (4ㄱ~ㄴ)에서의 청자는 높여야 하는 대상임이 확실하
다. 하지만 (4ㄹ)에서의 '유진이'와 예문 (4ㄱ~ㄹ)에서의 제3자인 '지

---

8 대우법을 높임, 평대, 낮춤의 체계로 본 것은 중세국어에서부터 제기되어 지금의 현대
국어에 이르기까지 여러 학자들에 의해서 연구가 되어왔다. 가장 처음으로 주시경
(1910)에서 제기되었는데 경어의 표지를 '서분'이라 하고 잇기와 끗기로 분류하고 이를
높음, 같음, 낮음으로 분류하였다.
잇기의 서분: (1). 높음: 존칭하는 것
            예: 가시니 ('시니'가 높이는 잇기니 '시'는 높임이라)
          (2). 같음: 평칭하는 것
            예: 가니.
끗기의 서분: 장유존비의 다름을 가르는 것.
          (1). 높음: 존칭하는 것. (노년에 쓰는 것)
            예: 저 대가 푸릅니다. '-ㅂ니다'가 끗기니 이 말을 듯는이를 높이
              어 말하는 것.
              그 어른이 오십데다. '-십데다'가 끗기니 오는이와 듯는이를
              다 높이어 말하는 것.
          (2). 같음: 평칭하는 것이니 서분을 이름을 없는 것. (중년에 쓰는 것)
            예: 저 대가 푸르오. '-오'가 끗기니 이 말을 듯는이를 같게 말하
              는 것.
              가시오. '-시오'가 끗기니 '-오'만 쓰이는 것보다 높으니라.
          (3). 낮음: 하칭하는 것. (유년에 쓰이는 것)
            예: 저 대가 푸르다. '-다'가 끗기니 이 말을 듯는이를 낮히어 말하
              는 것.

연이'는 문장 속에서 화자와 '같음'의 자질을 나타내는 인물인지 아니면 '낮춤'의 자질을 나타내는 인물인지 문장 속에서 나타나지 않는다. 이렇게 예문 (4ㄹ)에서의 청자와 예문 (4ㄱ~ㄹ)제3자를 평대하였는지 낮추었는지 알 수 없지만 존대하지 않은 것만은 분명하다. 즉 존대는 문법적인 표지로 나타나지만 '같음'과 '낮춤'은 문법적인 표지로 나타나지 않는다. 하여 이 연구에서는 '같음'과 '낮춤'을 인정하지 않고 이를 '비존대'로 설정하여 대우법의 체계를 존대법과 비존대법의 2분체계로 분류하여야 한다고 본다.

또한 임지룡(2015:373)에서는 낮춤의 대안적 해석에 대하여 아래와 같이 제시하였다. 첫째, '해라'와 '해'는 낮춤이 아니라 화자가 동급이나 손아래 청자에게 격식을 차리거나 긴장하지 않고 편안하게 사용하는 말씨이다. 이는 지위에 있어서 '화자≧청자'의 관계에서 화자가 동급인 청자를 낮추거나 하대한다는 것은 대우의 정선에 어긋난다. 만약 '해라'와 '해'로서 대우해야 할 청자에게 '합니까?'와 같은 화계를 사용하는 것은 사적인 장면에서 공적인 장면으로의 전환과 같이 특별한 경우가 아니라면 청자가 매우 어색하고 서운하게 여기게 된다. 둘째, 높임과 관련하여 어휘적 차원과 문법적 차원이 구별된다. 예컨대, 어휘적 차원에서는 '처먹다-먹다-들다'나 '뒈지다-죽다-돌아가다'에서 보듯이 '낮춤말-예사말-높임말'의 3원 체계가 성립된다. 그러나 문법적 차원에서는 '예사말법'인 '평대'와 '높임말법'인 '존대'가 성립될 뿐 '낮춤말법'인 '하대'는 없다고 하겠다. 실제로 글말에서 '학교에 간다'가 '학교에 갑니다'보다 더 전형적인 화계로 사용되는데 필자와 독자의 상호 관계를 전제로 하는 한 이 화행이 낮춤이나 하대가 아니라는 또 다른 증거이다.

이러한 논의에 근거하여 이 연구에서는 대우법의 체계를 아래와 같이 제시하고자 한다.

[표 14] 한국어 대우법의 체계

등분	1인칭	호칭	조사	어휘	-사-	종결어미
존대법	저/저희	-님, -씨,	께서/께	드리다, 말씀하다	○	합니다체
						해요체
비 존대법	나/우리	-씨, -아/야	가/에게	주다, 말하다	×	해체
						한다체

결국 이 연구의 관점은 대우법은 화자와 청자를 중심으로 그들의 대화에 오가는 제3자에 대한 언어적 태도로 규정된다. 대우법은 '사람'을 대하는 태도에 관한 문법 절차이므로 문장을 단위로 하는 문법적인 관점보다는 현장에서 이루어지는 담화 차원의 관점에서 접근해야 할 분야이다. 그러므로 그것을 바르게 이해하기 위해서는 다른 문법 분야와 달리 화자가 청자와 제3자와의 사회적 관계나 친밀도, 대화가 이루어지는 장면 등과 같은 다분히 문법 외적 요소들을 참조해야만 한다.[9]

---

9 양영희(2010:248)에서는 국어학적 측면에서 대우법을 학습함에 있어서 주체, 객체, 청자로 구분하는 체계는 학습자의 입장에서 혼란을 줄 수 있다고 하면서 다음과 같이 설명하였다. '대우법을 문법 교과서에서는 '서술어의 주체' 혹은 '목적어나 부사어가 지시하는 대상' 등을 '높이거나', '낮추는 태도'로 설명하니 학습자들은 왜 '주어'나 '목적어'를 존대해야 하는가하는 의문을 제기할 만하다. 자신들은 '사람'을 상대로 자신들이 취할 태도를 결정하는 것이 대우법이라는 생각을 하고 있기 때문이다. 여기서 우리는 학교 문법에서 '주체'와 '객체'라는 용어를 굳이 고수할 필요가 있을까라는 의문을 제기하게 된다. 화자가 길에서 만난 선생님께 '선생님 안녕하십니까?'라며 안부를 물었다고 해서 그가 상대를 청자로서 인식해서는 'ㅂ니까?'로 대우하고 그 상황을 바로 문장 단위로 전환하여 서술어의 주체로 인식해서는 '-시-'로써 존대했다고 생각하는 학습자는

존대와 비존대로 구분하는 이러한 체계는 문장 속에서 주체, 청자, 객체 성분을 찾아 대우할 필요 없이 존대해야 하는지 아니면 비존대 해야 하는지의 대상에 따라 통합적으로 어휘적 형식과 문법적 형식을 함께 적용하여 사용할 수 있다. 기존에는 선어말어미 '-시-'와 존대 조사 '께서'는 주체대우법에서, 종결어미의 선택은 청자대우법, 존대 어휘는 객체대우법에서 다루었지만 이 연구에서의 체계로 나눔에 있어서 존대해야 할 대상에 대해서는 존대 접미사, 존대 조사, 존대 어휘, 선어말어미 '-시-', 존대 종결어미를 사용하고 존대하지 않아도 되는 대상에 대해서는 친족 호칭, 일반 조사, 일반 어휘, 일반 종결어미를 사용하면 된다. 선어말어미 '-시-'의 청자대우의 기능에 대해서는 2.1.2.1에서 상세하게 설명할 것이다. 아래 존대법과 비존대법에 대해 구체적으로 살펴보도록 하겠다.

2.2.1 존대법

존대법의 실현은 화자 자신을 겸손한 표현으로, 존대하고자 하는 대상을 존대하는 겸손 표현, 그리고 호칭어에서의 의존명사 '-님' 혹

거의 없을 것이다. 주체와 객체는 문장 구조를 분석해야하는 순수 문법 학자들의 필요에 의해 생성된 용어이다. 그러나 대우법은 문장을 단위로 하는 분석 대상이 아니라 담화차원에서 실행되어지는 문법장치이다. 여기서 '학교 문법으로서의 대우법은 언어 현실을 반영해야 하며, 피교육자의 언어 발달 단계에 맞아야 한다.'는 서덕현(1996:258~259)의 입장이 참조된다. 요컨대 '주체'나 '객체'라는 용어가 학습자들에게 쉽게 이해되지 못할 뿐 아니라 도리어 대우법을 이해하는 데 방해 요소가 된다면 최소한 학교 문법에서는 그것을 재규정하려는 노력이 있어야 한다는 것이다. 이런 취지에서 필자는 주체와 객체를 구별하지 않고 '화제인물'로 명명하기를 제언한다. 현재는 객체에 대한 존대를 '드리다', '뵙다'와 같은 특수어를 사용하여 그에 대한 태도를 표현하므로 굳이 그 대상을 객체로 명명하여 부각시키지 않아도 될 듯하다.'고 하였다.

은 '-씨', 존대 조사 '께서/께', 존대 어휘, 선어말어미 '-시-', 존대 종결어미 '합니다체'와 '해요체' 등으로 이루어진다.[10] 아래 각각 살펴보도록 하겠다.

2.2.1.1 1인칭 겸손 표현

1인칭 겸손 표현을 존대법의 일부로 인정하지 않고 '자신을 낮추'는 의미에서 '낮춤법'이나 '겸손법'으로 따로 분류하여 인정하는 학자들도 있다. 하지만 상대를 존대하고자 자신을 겸손한 표현으로 발화하는 것으로 항상 상대를 존대하는 존대법과 동일선상에 놓여 함께 고려되고 사용되어 청자나 제3자를 존대할 때 사용되고 청자나 제3자를 존대하지 않을 때에는 사용되지 않으므로 따로 '1인칭 낮춤법'이나 '1인칭 겸손법'으로 분류할 필요 없이 존대법의 일부로 간주할 수 있다.

   (5) ㄱ. <u>제</u>가 테이블로 갖다드릴게요.
       ㄴ. 선생님, <u>저희</u>와 함께 가시지요.
       ㄷ. 내일 <u>저</u>랑 같이 식사 할래요?
       ㄹ. 사장님, <u>제</u>가 들어 드리겠습니다.
       ㅁ. 교수님 내일 <u>제</u>가 박교수님 찾아뵙고 다시 교수님께 여쭙겠습니다.
       ㅂ. <u>저</u>의 <u>졸고</u> 봐주셔서 너무 감사드립니다.

---

10 김정남(2008:9~10)에서도 경어법과 관련한 문법 및 어휘 항목으로 '문말어미, 선어말어미, 대명사, 명사, 조사, 동사/형용사'와 같은 여섯 가지 구분을 하였는데 한국어 경어법에 관련된 모든 항목은 이 여섯 가지 범주에 속하여 이 밖의 것은 없다. 논자에 따라서는 '-님'이나 '-씨'와 같은 접미사를 상정하고자 하는 경우가 있을 수 있으나 이들은 명사의 범주에 속한다고 하였다.

예문 (5)는 자기 자신을 낮춤으로써 청자를 존대하는 예문들이다. 일반적으로 이를 겸손 표현이라고도 하는데 이는 예문 (5ㄱ)과 (5ㄴ)과 같이 1인칭 대명사 '저'와 복수형 '저희'가 있고, 또한 예문 (5ㅅ)에서와 같이 명사로써 자신을 낮추어 청자를 존대하는 방법이 있는데 이러한 명사에는 '졸저, 졸고, 졸작, 소생, 상서, 배상, 소인, 소자, 가내, 우문, 여식, 폐사' 등이 있다. 하지만 이러한 명사들은 현재는 그다지 많이 사용되지 않는다. 존대의 종결어미는 '합니다체'와 '해요체'를 사용하며 이때는 1인칭인 '나'는 존대 대상이 될 수 없기 때문에 선어말어미 '-시-'를 사용하지 않는다.

2.2.1.2 존대 호칭어와 존대지칭어

존대법의 존대 호칭어와 존대지칭어는 일반적으로 존대하는 청자나 제3자에 대하여 청자를 부르는 호칭어와 제3자를 지칭하는 지칭어의 뒤에 존대 접미사 '-님', '-씨' 그리고 의존명사 '-분'이 결합된다. 호칭어는 청자를, 지칭어는 제3자를 나타내는 구분으로 문법적으로는 같은 형태로 나타나기 때문에 호칭어와 지칭어를 함께 논의하도록 한다.

존대 접사 '-님'은 존대하려는 그 대상의 신분 혹은 직위 그리고 성명(姓名)과 결합되는데 아래와 같다.

(6) ㄱ. 부모님, 할아버님, 할머님, 아버님, 어머님, 이모님, 오라버님, 아주버님, 며느님, 형님, 형수님, 누님, 따님, 아드님, 시누님

ㄴ. 선생님, 사장님, 원장님, 목사님, 수녀님, 부장님, 과장님, 팀

　　　　장님, 이사님, 대표님, 선배님
　　ㄷ. 김사장님, 박부장님, 이과장님, 정팀장님, 김이사님, 박대표님
　　ㄹ. 김유진 사장님, 박영희 사장님, 이철수 과장님
　　ㅁ. 김유진님, 박영희님, 이철수님

　　예문 (6ㄱ)을 보면 친족 호칭에 '-님'이 결합된 예문인데 이는 일반 친족 호칭보다 존대의 의미를 더욱 부여하는 호칭어나 지칭어로 사용되는데 일반적으로 화자가 화자의 친족이 아닌 가까운 사람의 친족을 호칭할 때 사용되거나 혹은 청자를 존대하기 위하여 청자의 친족들을 지칭하는 지칭어로 사용된다. (6ㄴ)은 존대하는 대상의 신분 혹은 직위에 '-님'을 결합한 형태인데 어떠한 인물을 특정하여 부르거나, 같은 직위의 사람을 구분하기 위하여 (6ㄷ)과 같이 '성+직위+님'의 형태로도 쓰인다. (6ㄹ)에서처럼 '성+이름+직위+님'으로 호칭하거나 지칭하는 경우도 있는데 이는 청자와의 유대 관계를 나타내기 위해서이다. 그리고 학교에서 많이 사용되고 있는 '선배님'은 그 대상을 호칭하거나 지칭할 때 '이름+선배님'의 형태로 많이 사용되는데 이때 친한 선배를 가리킬 때에는 '이름+선배'로 더 많이 사용된다. 마지막으로 '이름+님'의 예문은 (6ㅁ)과 같은데 이는 병원에서 환자를 부를 때거나 혹은 회사 내에서 동급자에게도 사용된다.[11]

　　존대 접사 '-씨'는 '성+이름+씨'와 '이름+씨'의 형태로 많이 사용되는데 앞의 '-님'보다는 존대의 정도가 낮다. 이는 일반적으로 나이가 비슷한 사람끼리 존대할 때, 친하지 않은 사람들끼리 유대 관계를

11　실제 한국의 C대기업에 다니는 일반 사원 량**와의 면담 조사를 통해 알 수 있었는데 한국의 C대기업에서는 매개 부서는 일반사원, 대리, 과장, 팀장, 부장 순인데 같은 직급의 일반 사원들끼리는 '성+이름+님'으로 호칭하기로 규정하였다고 하였다.

나타낼 때, 그리고 회사에서 직위가 높은 사람이 직위가 낮은 사람을 부를 때 많이 사용된다. 이는 존대의 의미는 부여하지만 자기보다 지위가 높은 사람에게는 사용하지 못한다. 또한 '성+이름+씨'는 '이름+씨'보다 더욱 거리감이 있는 사이에서 사용되며 '이름+씨'는 회사 내에서 가까운 동료들끼리도 사용할 수 있다. '-님'과 '-씨'의 호칭어와 지칭어에 관한 설명은 2.3.1.2에서 더 구체적으로 제시할 것이다.

의존명사 '-분'이 결합된 존대 명사도 있는데 '여러분, 자제분, 친구분, 동료분, 동생분' 등을 예로 들 수 있다. 여기서 '여러분'은 공적인 장소에서 청자들을 총칭한 존대 호칭어이며 '자제분, 친구분, 동료분, 동생분'은 청자를 존대하고자 하는 의도에서 청자의 지인인 제3자를 존대하여 부르는 지칭어이다.

이외에도 친족 호칭어의 '할아버지, 할머니, 아버지, 어머니, 오빠, 누나, 언니' 등과 '어르신, 당신' 등과 같은 존대 호칭어들이 있고 서비스업에서 많이 사용되는 '저기요, 여기요'의 호칭어도 있다.

2.2.1.3 존대 조사

존대법에서 존대 조사 '-께서'와 '-께'는 존대하고자 하는 청자와 제3자의 존대 호칭어나 존대 지칭어의 뒤에 결합하여 사용한다. 비록 일반적인 의사소통 과정에서 호칭어의 생략과 호칭어와 지칭어가 동시에 청자를 가리킬 때 지칭어가 생략되는 등 현상으로 하여 존대 조사의 사용률은 그다지 높지 않고 제한적으로 사용된다고 하지만 외국인 학습자들을 가르치는 교육적인 면에서 존대 조사는 한국어 대우법의 특유의 문법특징이고 나아가 존대와 공손을 중요시하는 한국문화의 언어예절을 나타내기 때문에 이는 빠져서는 안 되는 항목이

다.[12] 또한 존대 조사는 절대적인 상위자에게는 적극적으로 사용되어
야하며 이는 최대존대를 나타내어 청자로 하여금 화자로부터 더욱
존대 받는 느낌을 받기 때문이다.

(7) ㄱ. 교수님, 교수님께서 말씀하셨던 자료입니다.
ㄴ. 선배, 교수님께서 내일까지 리포트 제출하라고 하셨어요.
ㄷ. 이 문서 과장님께 드려.
ㄹ. 과장님, 팀장님께서 이 문서 과장님께 드리라고 하였습니다.

예문과 같이 '-께서'와 '-께'는 존대하고자 하는 청자나 제3자의
존대 호칭이나 존대 지칭어의 뒤에 사용되어 존대를 나타낸다. (7ㄱ)
의 '께서'와 (7ㄹ)의 '께'는 청자를 존대하는 존대 조사이고 (7ㄴ), (7
ㄹ)의 '께서'와 (7ㄷ)의 '께'는 제3자를 존대하는 존대 조사이다. 여기
서 (7ㄹ)은 압존법의 예문인데, 이 연구에서는 압존법을 인정하지 않
으므로 '팀장님'에도 '께서'를 붙여 존대하였다. 하지만 존대 조사의
사용에 있어서 아래와 같이 제한되어 사용되는 경우도 있다.

(8) ㄱ. 교수님께서는 우리 아버지가 어디 다니시냐고 물으셨다.
ㄴ*. 교수님께서는 우리 아버지께서 어디 다니시냐고 물으셨다.

예문을 보면 (8ㄴ)은 비문인데 '께서'는 이중주어문에서 여러 차계

---

12 김정남(2008:38)에서는 '께서'는 주체높임법의 주격조사이지만 실제로 주체가 높임의
대상이라도 그다지 널리 사용되지 않으며 매우 격식적인 자리에서만 제한적으로 쓰인
다면서 선어말어미 '-시-'는 널리 사용되는 반면 주격조사 '께서'는 아주 격식을 갖추는
경우가 아니라면 사용하지 않고 주격조사 '이/가'로 대체하는 일이 많다면서 하여 특히
외국인들에게는 이 조사를 따로 익히는 것이 부담스럽다고 하여 아예 가르치지 않도록
구성된 교재도 있다고 하였다.

나타날 수 없다. 이러한 현상에 대하여 박성일(2013:65)에서는 한국
어에서 주격이라는 격 형태는 하나의 단문에 여러 차례 나타날 수 있
지만 '께서'는 일치와 관련된 자질을 나타내는 조사이므로 존대의 겹
칠치가 나타날 수 없기 때문이라고 하였다.

2.2.1.4 존대 어휘

존대 어휘는 청자와 제3자를 존대하고자 할 때 청자와 제3자의 구분
없이 똑같이 나타나는데 흔히 쓰는 존대 어휘로는 아래 [표 15]와 같다.

[표 15] 존대 어휘

일반 동사	존대 어휘	일반 명사	존대 어휘
있다	계시다	말	말씀
먹다	잡수다, 잡수시다, 들다	이름	성함, 존함
자다	주무시다	병	병환
만나다	모시다, 뵈다, 뵙다	술	약주
주다	드리다, 바치다	집	댁
말하다	말씀하다	나이	연세
죽다	돌아가다	밥	식사, 진지
묻다	여쭈다, 여쭙다	생일	생신
데리다	모시다	얼굴	존안

존대 어휘는 화자가 청자나 제3자를 존대하고자 할 때 일반 동사가
존대 동사로 되는 경우, 일반 명사가 존대 명사로 되는 경우가 있는
데 이러한 존대 동사와 존대 명사를 존대 어휘라고 한다.

존대 어휘를 사용한 존대법의 예문은 아래와 같다.

(9) ㄱ. 할아버지, <u>식사</u>하셨습니까?/<u>진지</u> <u>드셨습니까</u>?

ㄴ. 죄송합니다. <u>말씀</u> 좀 <u>여쭙겠습니다</u>.

ㄷ. 최선생님께서는 <u>연세</u>가 많으시니 제가 <u>모시러</u> 가겠습니다.

예문과 같이 (9ㄱ), (9ㄴ), (9ㄷ)의 예문은 모두 청자와 제3자를 존대 어휘로 존대한 예문들이다. 이렇게 존대하여야 하는 대상에 대해서는 존대 어휘로써 존대하여야 한다.

2.2.1.5 선어말어미 '-시-'

지금까지의 대부분의 논의들은 대우법을 주체대우법, 청자대우법, 객체대우법으로 분류하고 그 특징으로 주체대우법에는 선어말어미 '-시-'와 조사 '-께서'가 담당하고, 청자대우법은 어말어미가 담당하며 객체대우법은 존대 어휘가 담당한다고 하였다. 하지만 선어말어미 '-시-'가 주체대우법 말고도 청자대우법에 관여함을 밝힌 논의로는 김종택(1981), 이익섭(1993), 임동훈(2000), 엄경옥(2008) 등이 있다. 김종택(1981:21)에서는 대우법을 존대와 평대의 체계로 보고 이는 구체적인 화자와 청자의 상관관계로 규정되는 것이라고 하면서 선어말어미 '-시-'가 존대 종결어미와 결합하여 청자를 존대한다는 것을 예문으로 설명하였다. 임동훈(2000)에서는 선어말어미 '-시-'가 청자경어에 관여한다고 인정하면서 선어말어미 '-시-'를 개체-사태 구조로 설명하였는데 즉 상위자인 인물에 대하여 화자가 언어적으로 존대하고자 할 때 그 인물에 관여적인 사태를 유표적으로 선어말어미 '-시-'로서 가리켜 존대한다고 하였다.[13] 결국에는 화자가 존대하고

---

13 임동훈(2000:176~181)에서는 선어말어미 '-시-'는 어떤 지시체에 대한 화자의 태도

자 하는 인물의 상태나 행위 등을 나타내는 동사구나 명사구에 결합
되어 사용된다는 것이다. 김려연(2014)에서도 선어말어미 '-시-'의
확장된 사용에 대해 논의하면서 청자대우법 기능을 하는 선어말어미
'-시-'가 특히는 서비스업에서부터 시작하여 청자인 고객을 최대한
존대하기 위하여 선어말어미 '-시-'를 과잉 사용하여 존대 대상이 될
수 없는 무정물에까지 결합하여 사용하는 현상을 설명하였다.

이렇게 선어말어미 '-시-'는 문장에서의 주체만을 존대할 때 사용
되는 것이 아니라 청자와 제3자의 동작이나 상태를 나타내는 동사나
형용사 서술어의 어간에 결합되어 사용하는 어미로 청자와 제3자를
존대한다.

> (10) ㄱ. 교수님, 교수님께서 <u>말씀하셨던</u> 그 자료 저한테 메일로 <u>보내</u>
> <u>주셨습니까</u>?
> ㄴ. 과장님, 사장님께서 <u>말씀하셨던</u> 그 자료 사장님께 <u>보내드리셨</u>
> <u>습니까</u>?
> ㄷ. 선배님, 혹시 시간 <u>되시면</u> 저랑 같이 <u>식사하시겠어요</u>?
> ㄹ. 선배님, 유진 선배도 시간 <u>되시면</u> 같이 <u>식사하시겠어요</u>?

를 표명하는 수단으로 '-시-'는 화자 정향적 속성을 띠지만 지향하는 인물은 꼭 주어만
은 아니라고 하였다. '-시-'가 결합하는 문법 단위는 동사구에서 절 단위로 확대되는데
화자는 출발점으로 인식되는 어떤 개체(즉 인물, 동물, 사물 등)의 관점을 고려하여
연관된 사태 기술을 덧붙이는 방식으로 문장을 개체 기술과 사태 기술로 분류하여 상위
자인 개체에 대한 사회적 지시는 주로 '-님'을 이용하고 상위자에 연관된 사태 기술에
대한 사회적 지시는 '-시-'를 이용한다고 하였다. 그리고 선어말어미 '-시-'의 문법
단위의 결합은 개체가 대체로 문장 내에서 주어로 기능하기 때문에 사태에 동사구 단위
로 실현되는 것이 일반적이나 사태에 속하는 명사구가 문장 구성의 출발점이 되는 개체
에 의해 의미상으로나 화용상으로 결속되는 상황이라면 명사구와 동사구로 구성된 절
단위도 사태를 가리킬 수 있다고 하였다.

예문을 보면 (10ㄱ)의 앞의 선어말어미 '-시-'와 뒤에 '합니다체'
와 결합된 선어말어미 '-시-'는 모두 청자존대의 기능을 한다. (10
ㄴ)에서는 앞의 선어말어미 '-시-'는 제3자인 '사장'을 존대하여 사
용되었고 뒤의 선어말어미 '-시-'는 청자인 '과장'을 존대하여 '합니
다체'에 결합되어 사용되었다. 다음 (10ㄷ)도 앞의 선어말어미 '-시
-'와 뒤의 선어말어미 '-시-' 모두 청자를 존대하기 위한 것으로 종
결어미 '해요체'에 결합되어 사용되었다. (10ㄹ)에서는 앞의 선어말
어미 '-시-'는 '유진 선배'를 존대한 것이고 뒤의 선어말어미 '-시-'
는 청자인 '선배'를 존대하여 사용한 것이다.

이외에도 존대하고자 하는 대상의 물건, 신체부위, 관련된 인물 등
을 선어말어미 '-시-'로서 존대하여 사용하는 경우가 있는데 이를 간
접존대라고 한다.

    (11) ㄱ. 선생님의 안경이 멋지십니다.
        ㄴ. 고객님, 이 컬러가 너무 잘 어울리세요.
        ㄷ. 아까 사장님 따님이 오셨습니다.
        ㄹ. 모카 어느 분이세요?

문장 성분으로 봤을 때 예문의 주체는 (11ㄱ)은 '안경', (11ㄴ)은 '컬
러', (11ㄷ)은 '따님', (11ㄹ)은 '모카'이다. 이들은 모두 존대 대상이
될 수 없는 무정물로 선어말어미 '-시-'가 사용되지 못하지만 여기에
서는 존대 대상이 '선생님', '고객님', '사장님', '고객님'이기 때문에
이들을 존대하기 위하여 화자는 종결어미에 선어말어미 '-시-'를 결
합하여 사용한 것이다.

대우법의 과잉 존대 사용 중의 하나가 바로 선어말어미 '-시-'의

과잉 사용인데, 특히 서비스업에 종사하는 사람들은 선어말어미 '-시-'를 많이 사용하면 청자를 최대한으로 존대하는 것이라 여겨 서술어마다 '-시-'를 결합하여 사용한다. 현대인들의 이러한 선어말어미 '-시-'의 과잉 사용에 대해서 이정복(2010:241)에서는 사용자의 관점에서 보면 이런 과잉 존대는 규범에서 벗어난 문제 있는 용법이 아니라 상대방을 존대하기 위한 자연스러우면서 포기할 수 없는 대우법의 사용일 뿐이지만 이러한 과잉된 사용은 청자의 입장에서는 듣기도 거북하고 문장 자체도 어색하다고 한다.

(12) ㄱ. 어제 집에 들어가셔서 저한테 전화하신 건 기억이 나시나요?
ㄴ. 고객님의 얼굴이 심하게 번들거리셔서 이 제품 사용하시면 피부가 뽀송뽀송하신 느낌을 받으실 수 있으실 거예요.

(13) ㄱ. 어제 집에 들어가서 저한테 전화한 건 기억이 나시나요?
ㄴ. 고객님의 얼굴이 심하게 번들거려서 이 제품 사용하면 피부가 뽀송뽀송한 느낌을 받을 수 있으실 거예요.

예문 (12)를 보면 각 예문마다 '-시-'가 모두 2번 이상씩 사용되었다. 특히 예문 (12ㄴ)에서는 '-시-'가 무려 5번이나 사용이 되었는데 비록 비문은 아니지만 문장 자체도 길어지고 복잡하며 청자는 물론 화자의 입장에서도 많이 부담스러울 것이다. 하지만 이렇게 서비스직에 종사하는 사람들은 이런 사용이 불편하긴 하지만 고객을 최대한으로 존대하기 위하여서 서술어마다 '-시-'를 결합하여 사용한다고 하였다. 이렇게 서술어가 여러 개 함께 나타날 경우 일률적으로 규칙을 세우기는 어렵지만 예문 (13)과 같이 문장의 마지막 서술어에 선어말어미 '-시-'를 쓰는 것이 바람직하다.

2.2.1.6 존대 종결어미

종결어미는 화자가 말하고자하는 의미를 마무리할 때 사용되는 어미로서 화자의 화행목적에 따라 평서문, 의문문, 명령문, 청유문, 감탄문, 응낙문, 약속문[14] 등으로 분류한다. 평서문은 화자가 청자에게 어떤 사실, 현상, 사건 등에 대해서 평범하게 진술하는 문장, 의문문은 화자가 청자에게 어떤 사실에 대해서 물음을 나타내는 문장, 명령문은 화자가 청자에게 어떤 행동을 할 것을 요구함을 나타내는 문장, 청유문은 화자가 청자에게 함께 행동할 것을 요구하거나 제안하는 것, 감탄문은 화자가 스스로 벅찬 감정을 나타내는 문장, 응낙문은 화자가 청자의 요구를 허락함을 나타내는 문장, 약속문은 화자가 청자에게 어떤 일을 할 것을 약속함을 나타내는 문장이다.[15] 하지만 이 연구에서는 대우법에서는 사용되지 않는, 화자 스스로가 감탄하여 말하는 감탄문과 윗사람인 화자가 아랫사람인 청자의 요구를 허락하는 문장인 응낙문은 평서문에 속한다고 보고 존대법에서 감탄문과 응낙문을 제외하고자 한다.

앞에서 이 연구는 대우법의 화계를 '합니다체', '해요체', '해체', '한

---

14 이주행(2006:247~323)에서는 문장의 종류를 그 의미에 따라 위에서와 같이 평서문, 의문문, 명령문, 청유문, 감탄문, 응낙문, 약속문 등으로 분류하였으며 또 화자가 청자나 사건에 대한 화자의 태도를 표현하는 문법 범주를 서법이라고 한다고 하면서 종결어미로 실현된 서법을 평서법, 의문법, 명령법, 청유법, 기원법, 감탄법, 응낙법 등으로 분류하였다.

15 이주행(2006:323~326)에서는 평서법, 의문법, 명령법, 청유법, 기원법, 감탄법, 응낙법, 약속법의 정의를 위에서와 같이 정의하고 그에 해당하는 어미들도 함께 제시하였다.

다체'로 분류하고 존대법의 종결어미로 '합니다체'와 '해요체'를 설정
하였다. 임지룡(2015:382)에서는 존대법의 화계를 무표형의 어말어
미와 유표형의 선어말어미에 '-시-'에 의한 2원적 체계로 분류하였
는데 무표형 화계는 존대법의 틀을 형성하며 유표형 화계는 선어말어
미 '-시-'가 결합되어 더욱 강한 존대 의식을 준다. 또한 1인칭인 경
우 유표형에서는 사용되지 않는다는 제약을 정하였으며 3단계 명령
법에서 의문법의 '갑니까', 서술법의 '갑니다', 청유법의 '갑시다'와 대
응하는 어형은 빈자리 '-'로 표시하였는데 아래 [표 16]과 같다.

[표 16] 임지룡(2015)의 대우법 화계

화계	서법	의문법	서술법	명령법	청유법
3단계	유표형	가십니까, 가세(서)요	가십니다, 가세(서)요	가십시오, 가세(서)요	가십시다, 가세(서)요
	무표형	갑니까, 가요	갑니다, 가요	-, 가요	갑시다, 가요
2단계	유표형	가시에	가시는가	가시게	-
	무표형	가네	가는가	가게	가세
1단계	무표형	가니, 가	간다, 가	가라, 가	가자

임지룡(2015)의 대우법 화계는 이 연구에서 선어말어미 '-시'-를
따로 분류하고 현재 보편적으로 쓰고 있는 '하십시오체'를 '합니다체'
로 설정하고 '하십시오체'를 '합니다체'와 선어말어미 '-시-'의 결합
으로 보는 관점을 뒷받침해준다. 하지만 [표 16]을 보면 임지룡(2015
:386)에서는 청유형의 '합니다체'의 유표형에 '가십시다'를 설정하고
무표형에 '갑시다'를 설정한 것을 알 수 있다. '-십시다'와 '-ㅂ시다'
는 청유형으로 윗사람에게는 사용할 수 없는 종결 표현으로 존대의

자질을 갖고 있지 않으며 이는 동급 존중의 관계에서 사용 가능한 표
현으로 '-십시다'와 '-ㅂ시다'는 '하오체'에 해당된다.[16]

이와 같이 '-십시다'와 '-ㅂ시다'를 '합니다체'에 설정하지 않고 '하
오체'에 제시한 고등학교 문법(2002)을 살펴보면 아래 [표 17]과 같다.

[표 17] 고등학교 문법(2002)의 대우법 화계

		평서법	의문법	명령법	청유법	감탄법
격식체	하십시오체	가십니다	가십니까?	가십시오	(가시지요)	-
	하오체	가(시)오	가(시)오?	가(시)오, 가구려	갑시다	가는구려
	하게체	가네, 감세	가는가?, 가나?	가게	가세	가는구먼
	해라체	간다	가냐?, 가니?	가(거라), 가렴, 가려무나	가자	가는구나
비격식체	해요체	가요	가요	가(세/셔)요	가(세/셔)요	가(세/셔)요
	해체 (반말)	가, 가지	가?, 가지?	가, 가지	가, 가지	가, 가지

고등학교 문법(2002:173)에서는 대우법의 화계에 감탄법을 포함
시켰고 청유형의 '합니다체'로 '가시지요'를[17] 제시하였는데 이는 '합
니다체'의 청유형 종결어미는 따로 없으나 '해요체'의 종결어미 '-지

---

16 이익섭·채완(1999)에서는 청유형에서 형태상으로는 '-ㅂ시다'나 '-십시다'가 하십시
오체 어미로 보이지만 이 어미들은 대게 하오체나 해요체가 쓰일 자리에 더 어울리며
하십시오체를 써야 할 사람에게는 '-시지요'가 더 적합하다고 한 바 있다.

17 남기심·고영근(1985/2011)과 이익섭·채완(1999)에서는 모두 명령형 어미 '-십시오'
는 '-시지요'의 권유로 대치되는 경우가 있다고 하면서 '-시지요'는 '하십시오체'의 청
유형 종결어미에 대용된다고 하였다. 이관규(2005)에서도 '하십시오체'는 아랫사람이
윗사람에게 청유법으로 '-십시다'를 사용하면 건방지다는 인상을 주기 때문에 '-십시
다'는 윗사람에게 사용되는 종결 표현이 아니라고 하면서 일반적으로 실제 언어생활에
서는 청유형 종결 표현으로 '-시지요'가 사용된다고 하였다.

요'에 선어말어미 '-시-'가 결합한 '-시지요'가 실제 생활에서 '합니다체'의 청유형으로 많이 사용되고 있음을 설명하기 위해서이다. 이연구에서 '가시지요'를 '가지요'에 선어말어미 '-시-'가 결합된 형태로 보아 이는 '해요체'에 속한다고 본다. 또한 '-시지요'는 '요'의 결합형태로 그 형식상으로 보아 한국어 학습자들도 이를 충분히 '해요체'의 일부로 본다는 것이 이 연구의 입장이다. 하여 이 연구에서는 한국어 대우법의 종결어미를 아래 [표 18]과 같이 설정하도록 하겠다.

[표 18] 한국어 대우법의 종결어미

		평서문	명령문	청유문	의문문	약속문
존대 종결 어미	합니다체	-습니다/ 십니다	-십시오	-	-습니까/ 십니까?	-겠습니다
	해요체	-아/어/ (으)세요	-아/어/ (으)세요	-아/어요/-세요, -지요/-시지요	-아/어 (으)세요?	-을게요
비존대 종결 어미	해체	-아/어	-아/어	-아/어, -지	-아/어/야?	-을게
	한다체	-는다	-아라/어라	-자	-느냐/니?	-으마

　학자에 따라서 문장의 종결어미를 논할 때 약속문을 따로 설정하여 설명하는 경우도 있지만 학교 문법에서는 약속문을 따로 설정하지 않고 평서문에 포함시켜 설명하였다. 하지만 약속문은 화자 자신이 하고자 하는 행위에 대한 의지를 나타내는 문장으로 주어에는 '나, 저, 우리' 등 1인칭이 사용되며 따라서 자신의 행위를 나타내는 서술어의 어간에 선어말어미 '-시-'가 결합되지 않는다. 이렇게 약속문은 1인칭에서만 사용되고 2인칭이나 3인칭에는 사용되지 않기 때문에 종결어미에서 약속문은 따로 분류하여 설정하여야 한다.

2.2.2 비존대법

비존대법은 존대의 의미가 없기 때문에 화자 본인에 대해서 말을 할 때 존대법과는 달리 겸손 대명사를 쓸 필요 없이 일반 대명사 '나/우리', 호칭어나 지칭어는 친족 호칭이나 친밀 호칭, 조사는 일반 조사 '가/에게', 어휘 역시 일반 어휘 '주다', '말하다', '집', '밥' 등을 사용하며, 또한 비존대법에서 선어말어미 '-시-'는 사용하지 않으며 종결어미는 비존대 종결어미인 '해체' 혹은 '한다체'를 사용한다.

2.2.2.1 1인칭 일반 대명사

비존대법은 존대법과 달리 상대를 존대하는 의미가 없기 때문에 화자 자신을 겸손한 표현으로써 상대를 존대하지 않아도 되기 때문에 1인칭 일반대명사 '나', 복수는 '우리'를 사용하면 된다.

> (14) ㄱ. 내가 테이블로 갖다 줄게.
> ㄴ. 우리와 함께 가자.
> ㄷ. 내일 나랑 같이 밥 먹을래?
> ㄹ. 내가 들어 줄게.
> ㅁ. 내일 내가 다시 너한테 물어볼게.
> ㅂ. 내 <u>원고</u> 봐줘서 너무 감사해.

예문 (14)는 앞의 예문 (5)의 1인칭 겸손 표현을 1인칭 일반 대명사로 바꾼 예문이다. 예문 (14ㅂ)과 같이 겸손 명사인 '졸고' 대신에 예사말인 '원고'를 사용하면 된다.

2.2.2.2 비존대 호칭어와 지칭어

비존대법의 호칭어와 지칭어는 일반적으로 비존대법을 사용하는 대상에 대해서는 친족 호칭어나 친밀 호칭어를 사용하며 '성+이름' 혹은 '이름+아/야'를 사용한다. 또한 존대법에서 사용되는 '성+이름 +씨' 혹은 '이름+씨'를 사용할 수 있지만 이는 그 상대가 화자보다 지위가 낮을 때거나 혹은 동급인 관계에서도 호칭어에 '−씨'를 결합하여 사용하지만 종결어미는 비존대 종결어미를 사용한다. 그리고 회사에서는 상급자가 하급자에 대한 호칭어는 '성+지위'를 사용한다.

> (15) ㄱ. 유진 씨, 유진 씨가 회사 오는 길에 커피한잔 부탁할게.
> ㄴ. 김 대리, 오후 3시까지 김대리가 작성한 문서 갖고 와.
> ㄷ. 지연아, 밥 먹구 해./ 지연이에게 밥 먹고 하라고 했어.
> ㄹ. 김지연, 너 언제 올래?/김지연에게 언제 오냐고 물어봤어.
> ㅁ. 엄마, 오빠 저녁에 밥 먹고 들어온대.

예문 (15)와 같이 비존대 대상에 대해서는 친족 호칭이나 친밀 호칭을 사용하며 일반적으로 '성+이름', '이름+아/야', '이름+씨'의 형식을 사용하며 회사 혹은 사회적으로 어떠한 직급을 가지고 있는 하급자에 대해서는 '성+직급'으로 호칭하거나 지칭하면 된다.

2.2.2.3 일반 조사

비존대법에서의 일반 조사는 '이/가'를 사용한다. 하지만 화자가 자신의 의도에 따라 존대하여야 하는 대상, 특히 제3자에 대하여 혹은 동급 존대의 경우에도 '이/가'를 사용할 수 있다.

(16) ㄱ. 지연아, 네가 말했던 자료야.

ㄴ. 선배, <u>교수님이</u> 내일까지 리포트 제출하라고 하셨어요.

ㄷ. 이 문서 <u>과장님한테</u> 드려.

ㄹ. 유진 씨, 유진 씨가 이것 좀 맡아줘.

이렇게 존대하지 않아도 되는 청자에 대해서는 비존대법의 일반 조사를 사용하면 되고 존대하여야 하는 대상이지만 제3자일 경우 화자의 의도에 따라 일반 조사를 사용하여도 된다.

2.2.2.4 일반 어휘

앞에서 존대법에서 청자나 제3자를 존대할 때에는 존대 어휘로 존대하였는데 비존대법에서는 청자나 제3자에게 일반 어휘를 사용하면 되는데 앞의 [표 15]를 참고하면 된다.

앞에서 제시한 [표 15]의 존대 어휘를 사용한 존대법의 예문 (9)를 일반 어휘의 사용으로 바꾸어 비존대법의 예문으로 사용하면 아래와 같다.

(17) ㄱ. 지연아, 밥 <u>먹었어?/먹었니?</u>

ㄴ. 미안, 말 좀 <u>물을게.</u>

ㄷ. 철수가 <u>나이</u>가 어리니 내가 <u>데리러</u> 갈게.

예문 (9)에서의 존대법 예문을 일반 어휘를 사용하여 비존대법으로 바꾸면 예문 (17)과 같은데 예문 (17ㄱ)에서 존대 어휘 '식사'는 '밥'으로, '드시다'는 '먹다'로 일반 어휘를 사용하였으며 예문 (17ㄴ)에서 '말씀'은 '말', '여쭈다'는 '묻다', 예문 (17ㄷ)에서 '연세'는 '나이', '모시다'는 '데리다'로 비존대법에서는 존대 어휘 대신 일반 어휘를 사용한다.

2.2.2.5 비존대 종결어미

[표 18]에서 제시한 바와 같이 비존대 종결어미에는 '해체'와 '한다체' 종결어미 두 가지가 있다.

'해체'는 친구 사이처럼 동등한 반열에 있는 사람들 사이에서나 혹은 손윗사람이 손아랫사람에게 쓸 수 있는 화계로 '해체'를 이루는 종결어미는 '해요체'를 이루는 종결어미에서 '-아/어요'를 제외한 형태로 이루어져 있다. '한다체'로 대할 상대와 거의 유사하거나 그보다 약간 더 대접하는 정도의 의미를 갖는 등급이다. '해체'와 마찬가지로 평서형, 의문형, 청유형, 명령형이 모두 같은 형태의 종결어미로 나타난다.

'한다체'는 화계 가운데 가장 아래 등급에 해당하며 일반적으로 구어에서는 손아랫사람이나 서열이 비슷한 사람에게, 문어에서는 불특정 다수를 대상으로 사용된다. 구호, 표어와 같은 문어에는 '해라'가 아닌 '하라'가 나타난다는 점에서 구어와 문어의 명령형이 구별된다. 나머지 평서형, 의문형, 청유형 등에서는 큰 구분이 없다. 약속형은 구어에만 사용된다는 특이성이 있다. 문어에서는 일반적인 독자들에 대하여 존대 여부와 관계없이 '한다체'를 쓰는 것이 일반적이다.

2.3 대우법의 용법

대우법은 기본적으로 사람들의 지위 관계를 언어 형식으로 표현하는 것이지만 여기에는 예외가 많다. 나이, 계급, 직급, 항렬 등의 힘 요인뿐만 아니라 화자와 청자가 얼마나 가까운 사이인지, 서로에게 어떤 태도를 가지고 있는지, 함께 소속된 집단의 성격이나 대화 상황 이 어떤지 등 심리적 거리 및 상황 요인을 함께 고려되어 대우법을 사용한다. 이정복(2012:333)에서는 대우법의 사용은 언어공동체 구 성원들 사이에서 공유되고 있는 '규범'과 개인적인 목적과 의도에 따 라 나오는 전략의 두 가지 방향에서 이루어지는데 이를 각각 경어법 의 규범적 용법[18]과 전략적 용법[19]이라고 한다.

일반적으로 대화 참여자 사이의 상하 관계나 친밀 관계 등의 대인 관계, 그리고 대화 상황에 비추어 적절하다고 판단하는 방식으로 대

---

[18] 이정복(2012:333~334)에서는 대우법의 규범적 용법에 대해 다음과 같이 정의하였다. '규범적 용법이란 어떤 조직이나 언어공동체 안에서 대화 참여자 관계나 대화 상황에 비추어 적절하다고 판단되는 방식으로 대우법을 쓰는 것을 가리킨다. 두 화자의 나이 차이가 몇 살 이하일 때는 어떻게 대우법을 사용해야 하고 그 이상일 때는 어떻게 사용하 는 것이 좋은지에 대한 공통된 생각이 언어공동체에 퍼져 있는데 그것에 맞추어 대우법 을 자연스럽게 쓰는 것이 규범적 용법이다. 명시적이지는 않더라도 공동체마다 지위 차이, 성별 차이, 대화 상황 등 여러 가지 요인에 따라 대우법 사용이 어떻게 이루어져야 하는지에 대한 일정한 기준이 있다. 언어공동체의 구성원들은 이러한 말하기 규범을 따를 것이 기대되고 일상적 상황에서는 대부분의 화자들이 그것에 맞추어 대우법을 쓴다. 특히 '힘'과 '거리' 요인에 따라 일어난 대우법 사용의 다수는 기본적으로 규범적 용법에 해당한다.'

[19] 이정복(2012:334)에서는 대우법의 전략적 용법에 대해 다음과 같이 정의하였다. '전략 적 용법이란 화자의 특정한 발화 목적이나 의도에 따라 일시적으로 동원되는 대우법 사용 방식을 가리킨다. 같은 참여자 관계에서도 규범적 용법과 비교하여 높임 정도가 더 높아지거나 낮아지는 변동을 통하여 화자의 대우법 사용 전략이 겉으로 드러나게 된다. 화자의 발화 목적이나 의도가 달성되면 다시 규범적 용법으로 자연스럽게 되돌아 가는 것이 보통이다. 그러나 대화 참여자의 지위 관계가 강한 대립을 이루는 경우나 상업적 맥락에서는 전략적 용법이 지속적으로 동원되기도 한다. 대립적 지위 관계나 상업적 맥락의 경우 화자들이 전략적으로 대우법을 쓰고자하는 동기와 목적이 그만큼 한 것이다.'

우법을 쓰는 것은 규범적 용법이다. 반면 화자가 구체적인 발화 목적에 따라 유표적 방식으로 대우법을 사용하는 것이 전략적 용법인데 상대방에게 자기의 이익을 위하여 부탁을 하기 위해 평소보다 더 존대하여 말을 한다든지, 자신의 높은 지위를 드러내기 위해 존대 형식을 쓰던 사람에게 갑자기 비존대로 말을 한다든지 하는 것이 대표적이다. 이처럼 대화 참여자 사이의 힘과 심리적 거리 관계나 대화 상황에 비추어 적절하다고 판단되는 방식으로 대우법을 쓰기 위해서는 한국어의 문법적 지식뿐만 아니라 한국의 사회 문화적 맥락에 대한 적절한 이해가 전제되어야 한다. 이러한 대우법 사용 방식은 대화 참여자의 나이 차이 또는 친족 관계에서의 지위 차이가 반영된 것이며 그것은 화자들이 가진 언어규범에 의해 미리 예측될 수 있다. 하지만 전략적 상황에서는 객관적인 참여자 관계를 통해서는 구체적인 대우법 사용의 모습을 예측하기 어렵다. 화자, 청자, 제3자의 나이나 지위 등 사회적 요인의 차이가 객관적으로 있더라도 화자가 그러한 요인을 의도적으로 무시할 수 있기 때문이다. 다음에 규범적 용법과 전략적 용법에 대해 구체적으로 살펴보기로 한다.

2.3.1 규범적 용법

대우법의 규범적 용법은 각 언어공동체마다 다르게 나타난다. 회사인 경우 '직위'가 대우법을 결정짓는 주요한 요인이 될 것이고 학교는 큰 범위에서는 '지위'가 중요한 요인이고 작은 범위에서는 '친밀'이 대우법을 결정짓는 중요한 요인이 될 것이며 가족 내에서는 '지위'가 가장 중요한 요인이 될 것이다. 이렇게 대우법의 규범적 용법은 학자

에 따라 여러 가지 요인으로 나눠지는데 처음으로 대우법의 이러한
요인에 대해 제기한 사람은 김규식(1912)이다. 김규식(1912:60~66)
에서는 대우법을 '지위' 요인에 따라 존대, 평대, 차대, 하대로 분류한
다고 하면서 대우법을 결정짓는 것은 '지위' 요인이라고 하였다. 그
후로 대우법을 결정짓는 여러 요인에 대한 연구가 꾸준히 진행되었는
데 현대국어에서 박영순(1978)에서는 친족 여부, 청자가 성인인지 여
부, 청자의 상대적 사회적 지위, 연령 차 등 요인들이 대우법을 결정짓
는다고 하였고 이익섭(1994)에서는 친족 서열, 직장 서열, 나이, 친분
의 규범적인 전략이 있다고 하였으며 박경래(1999)에서는 대화 상황,
화자의 심리, 청자의 신분과 지위, 성별, 가족 관계 등이 있다고 하였
다. 대우법에 대하여 본격적으로 구체적인 연구로 대우법은 여러 가지
사회적 요인에 의하여 결정된다고 한 것은 이정복(2001)이다. 이정복
(2001)에서는 대우법의 규범적인 요인을 크게 참여자 요인과 상황 요
인으로 분류하여 설명하고, 참여자 요인은 또다시 개별 참여자 요인과
관계 요인으로 분류된다고 한다.

[표 19] 이정복(2001)의 대우법 규범적 요인

---

1. 참여자 요인 - (1) 개별 참여자 요인 - 1) 화자 요인(나이, 지위, 성별)
   2) 청자 요인(나이, 지위, 성별)

   (2) 관계 요인 - 대화 참여자가 어떤 특성에서 값의 차이
   (지위차, 나이차, 성별차, 친밀성)

---

2. 상황 요인-공적·사적, 장소 구분, 제3자 인물의 현장 유무

이정복(2001:33)에서는 대우법은 [표 19]에서와 같이 크게 두 부류
로 나누어 제시하였다. 대우법 사용에 영향을 주는 화자, 청자, 제3

자 등의 대화 참여자가 가진 개별적 특성이나, 그들 사이의 관계적 특성이 참여자 요인이다. 상황 요인이란, 대화가 이루어지는 상황의 특성이 화자들의 경어법 사용에 영향을 끼칠 때 바로 그 상황적 특성 자체를 가리킨다. 참여자 요인은 다시 개별 참여자 요인과 관계 요인 으로 나눌 수 있는데 앞의 것은 화자나 청자 등 대화 참여자의 개별적 특성을 가리킨다. 여기에는 '화자 요인'과 '청자 요인'이 있는데 화자 의 나이, 지위, 성 등이 화자 요인이고, 청자의 나이, 지위 성 등이 청자 요인이다. 관계 요인은 대화 참여자가 어떤 특성에서 값의 차이 를 보이고 그 차이가 경어법 사용에 영향을 줄 때의 그 특성을 말한 다. 여기에는 나이 차, 지위 차, 성별 차 등이 있으며 친밀성도 대화 참여자 사이의 관계 요인으로 다룰 수 있다. 개별 참여자 요인은 대 화 참여자인 화자와 청자가 요인 값의 차이를 보일 수도 있고 그렇지 않을 수도 있음에 비해 어떤 요인이 관계 요인일 때는 대화 참여자들 의 요인 값의 차이가 필수적이다. 개별 참여자 요인에서 화자나 청자 가 가진 요인 값은 다른 참여자의 그것과 비교될 필요가 없으며 중요 한 것은 요인 값의 전체 범위에서 개별 참여자가 어디에 위치하는지 의 문제라고 하였다.

최근 연구에서 맥락 분석을 통하여 대우법의 요인을 구체적으로 기술한 연구로는 박지순(2015)이다. 박지순(2015)에서는 현재 한국 어교육 현장에서는 교육적 필요에 의하여 격식성과 높임의 정도에 따른 단순화된 화계를 교육하고 있을 뿐 화·청자의 연령, 지위, 매 체, 장르, 발화 상황 등의 맥락 요인에 따라 화계 사용 양상이 어떻게 달라지는지 그 구체적인 원리를 다루고 있지 않다면서 현실 언어에 서 실현되는 상대높임법의 사용 양상을 조망하고 이를 체계화하여 교육적인 정보로 제공하기 위해서는 상대높임법의 실현에 관여하는 요소가 무엇인지 밝히고 그에 따라 상대높임의 언어 표현이 어떻게 달라지는지 그 구체적인 실현 원리를 밝힐 필요가 있다고 하였다. 그 결과 상대높임법의 화계를 선택하는 데 유의미한 차이를 가져오는 맥락 요인은 화청자 개별 요인인 화자 성별, 화자 연령, 청자 성별, 청자 연령의 4개 요인, 화청자 관계 요인인 성별 관계, 연령 차, 지위 차, 친밀 관계, 만남 횟수, 관계 유형의 6개 요인, 환경 요인인 장소 유형, 발화 장면, 제3자 유무, 매체의 4개 요인, 사회 문화적 요인인 장르인 것으로 나타났는데 각 요인이 동시에 화계 선택에 작용할 경우에는 친밀 관계, 연령 차, 지위 차, 장면, 관계 유형, 성별 관계, 제3자 유무, 장소 유형, 만남 횟수의 9개 요인만이 화자의 화계 선택에 차이를 가져오고 각 요인이 화계 선택에 미치는 영향력은 나열한 순서대로라고 하였다.

이러한 연구들을 보면 대우법의 규범적 용법으로 여러 요인들이 존재하지만 가장 근본적이고 기본적인 요인으로는 화자가 존대하고자 하는 대상의 지위, 나이, 성별에 따라 그 대상과의 친밀관계, 그리고 사적과 공적으로 분류되는 환경 요인이 있으며 제3자에 대해 말을 할 때 제3자가 현장에 있는지, 없는지에 따라 대우법이 결정된다. 하여 이 연구에서는 대우법의 규범적 용법으로 '지위 요인', '나이 요인', '성별 요인', '친밀 요인', '공적과 사적 요인', '제3자의 유와 무 요인' 등 여섯 가지 요인을 기본 요인으로 연구를 진행할 것이다. 그리고 각 요인에 따라 대우법이 각각 어떻게 실현되는지 살펴보고자 한다.

2.3.1.1 지위

지위 요인은 대우하고자 하는 대상의 지위에 따라 대체적으로 절대적인 상위자, +지위, =지위, -지위 등으로 나타나는데 절대적인 상위자와 [+지위]인 청자나 제3자에게는 존대법을 사용하고 [-지위]인 청자나 제3자에게는 보편적으로 비존대법을 사용하는데 [=지위]인 청자나 제3자에 대한 대우법은 친밀 요인에 따라 결정된다. 그리하여 [=지위] 요인은 친밀 요인에서 살펴보기로 한다.

<u>절대적인 상위자</u>

(20) ㄱ. 교수님, 교수님께서 어제 저를 두시 반에 연구실로 오라고 말씀하셨습니다.

　　 ㄴ. 교수님, 교수님께서 어제 저를 두시 반에 연구실로 오라고 말씀하셨어요.

　　 ㄷ. *교수님, <u>교수님이</u> 어제 저를 두시 반에 연구실로 오라고 말씀하셨어요.

　　 ㄹ. *교수님, 교수님께서 어제 저를 두시 반에 연구실로 오라고 <u>말하셨어요.</u>

　　 ㅁ. *교수님, 교수님께서 어제 저를 두시 반에 연구실로 오라고 <u>말씀했어요.</u>

　　 ㅂ. *교수님, 교수님께서 어제 <u>나를</u> 두시 반에 연구실로 오라고 말씀하셨어요.

　　 ㅅ. *<u>교수, 교수께서</u> 어제 저를 두시 반에 연구실로 오라고 말씀하셨어요.

(21) ㄱ. 이사님, 이사님께서 말씀하셨던 그 문서 찾으셨습니까?

　　 ㄴ. 이사님, 이사님께서 말씀하셨던 그 문서 찾으셨어요?

ㄷ. *이사님, <u>의사님이</u> 말씀하셨던 그 문서 찾으셨어요?

ㄹ. *이사님, 이사님께서 <u>말하셨던</u> 그 문서 찾으셨어요?

ㅁ. *이사님, 이사님께서 <u>말씀했던</u> 그 문서 <u>찾았어요?</u>

ㅂ. *<u>이사, 이사께서</u> 말씀하셨던 그 문서 찾으셨어요?

(22) ㄱ. 할아버지, 할아버지께서 저한테 해주신 말씀이 옳으셨습니다.

ㄴ. 할아버지, 할아버지께서 저한테 해주신 말씀이 옳으셨어요.

ㄷ. 손주: 할아버지, 할아버지가 나한테 해준 말이 옳았어요.

ㄹ. *손주 며느리: 할아버지, 할아버지가 나한테 해준 말이 옳았어요.

ㅁ. 손주 며느리: 할아버님, 할아버님께서 저한테 해주신 말씀이 옳으셨습니다/옳으셨어요.

(23) ㄱ. 고객님께서 말씀하신 요금제로 하시겠습니까?

ㄴ. 고객님께서 말씀하신 요금제로 하시겠어요?

ㄷ. *고객님이 말한 요금제로 하겠어요?

예문 (20)은 대학교에서 학생이 절대적인 상위자 '교수님'에 대한 존대법이고 예문 (21)은 회사에서의 일반사원이 절대적인 상위자 '이사님'에 대한 존대법, 예문 (22)는 가정에서의 절대적인 상위자 '할아버지'에 대한 존대법, (23)은 서비스업에서 '고객님'에 대한 존대법이다. 이렇게 청자의 지위가 화자에 비해 절대적인 상위자일 때에는 '나이'와 상관없이 화자가 청자를 존대하여 존대법을 사용하여야 한다. 특히 예문 (20)에서 화자인 나이가 많은 제자가 자신보다 나이가 어린 '교수'한테, 예문 (21)에서 나이가 많은 부하가 자신보다 나이가 어린 상사한테, 예문 (23)에서 나이가 많은 판매직원이 자신보다 나이가 어린 고객에게와 같이 모두 화자가 청자의 나이와 상관없이 절대적인 상위자인 청자에 대하여 최대존대의 존대법을 사용하여야 한다.

대학교에서 사용되는 존대법의 예문 (20)을 보면 예문 (20ㄱ)은 존대법에서의 최대존대 '존대 명사+존대 조사+겸손 표현+존대 어휘+선어말어미 '-시-'+존대 종결어미 '합니다체''로 실현되었고 예문 (20ㄴ)에서는 그 다음 등급인 '존대 명사+존대 조사+겸손 표현+존대 어휘+선어말어미 '-시-'+존대 종결어미 '해요체''로 실현되었다. 예문 (20ㄱ)과 예문 (20ㄴ)을 비교해보면 예문 (20ㄱ)은 존대의 정도가 예문 (23ㄴ)에 비해서 더 높다. 이는 화자가 청자를 존대하는 정도의 의도에 따라 종결어미를 '합니다체'를 사용할지 '해요체'를 사용할지가 결정된다. 다음 예문 (20ㄷ)은 주격조사 '께서' 대신 '이'가 쓰인 예문이고 (20ㄹ)는 존대 어휘 '말씀' 대신 일반 어휘 '말'이 사용되었고, (20ㅁ)는 선어말어미 '-시-'를 쓰지 않은 예이며 (20ㅂ)는 겸손 표현 '저'대신 '나'가 쓰였으며 (20ㅅ)는 존대 명사 '교수님' 대신 일반 명사 '교수'가 쓰인 예문으로 모두 비문이다. 먼저 (20ㄷ)은 일반적으로 면전의 청자를 높일 때, 더욱이 자신보다 절대적으로 높은 지위에 있는 청자를 높일 때에는 존대 조사 '-께서'를 사용하는 것을 원칙으로 한다. 임동훈(1996:26)에서도 '이/가'에 비해서 '께서'는 잘 생략이 되지 않기 때문에 '께서'는 비내포문 환경에서 면전의 청자를 지시할 때 쓰이는 것이 가장 자연스럽다고 하였다. 예문 (20ㄹ)은 존대 어휘 대신 일반 어휘가 쓰였기 때문에 비문이다. 절대적인 상위자에 대해서는 최대존대의 존대법을 사용하여야 하므로 일반 어휘의 사용은 비문이라고 보아야 한다. (20ㅁ)은 종결어미를 '해요체'에 선어말어미 '-시-'가 결합되지 않은 예문으로 이는 비문이다. 선어말어미 '-시-'는 존대법에서 중요한 존대자질을 가지므로 절대적인 상위자에 대해서는 반드시 사용하여야 한다. 임동훈(1996:32~33)에서는

대우법의 종결어미 등분을 '하십시오체', '해요체', '하오체', '하게
체', '해체', '해라체' 6등분으로 보고 각각의 종결어미에 선어말어미
'-시-'를 결합하여 보았는데 그 결과 보통 절대적인 상위자인 청자에
게 쓰이는 '해요체'와 '하십시오체'에는 선어말어미 '-시-'가 붙지 않
으면 어색하거나 아주 어색하다고 하였다. 또한 일반적으로 존대하
고자 하는 인물에는 '-님'을 붙여야 하고 여기에는 서술어에 '-시-'
가 반드시 결합해야 한다며 '님-시'의 공존성을 제기하였다. 이는 아
래 예문 (20ㅅ)이 비문임도 나타낸다. 다음 (20ㅂ)은 화자 자신을 낮
추어 청자를 존대하는 겸손 표현이 사용되지 않았기 때문에 비문이
다. (2ㅅ)은 앞의 '님-시'의 공존성의 설명과 같이 존대 접미사 '-님'
이 쓰이지 않았기 때문에 비문이다. 이렇게 예문 (20)에서와 같이 절
대적인 상위자에 대해서는 청자를 최대로 높여 '존대 명사+존대 조
사+겸손 표현+존대 어휘+선어말어미 '-시-'+존대 종결어미 '합니
다체/해요체''의 문장형식을 사용하는 것을 원칙으로 하여야 한다.

회사 내에서 절대적인 상위자에 대한 존대법 역시 학교 내에서와
마찬가지이다. 하지만 예문 (22)는 청자가 절대적인 상위자 '할아버
지'이지만 예문 (22ㄷ)은 비문이 아니다. 일단 존대 명사에서부터 다
른 예문과는 달리 '할아버님' 대신 '할아버지'를 사용하였는데 이는
임동훈(1996:26)에서도 설명하다시피 친족 명칭은 화자나 청자를 기
준으로 자리가 매겨지는 것인 반면에 직함은 객관적인 지위를 가리
키기 때문에 '-님'이 결합하지 않아도 비존대를 나타내지 않는다고
하였다. 이 연구에서는 이를 '친밀' 요인이 작용한 결과라고 하겠다.
손주가 자신의 할아버지에게 예문 (22ㄷ)과 같이 말을 했을 경우 비
록 존대의 정도는 떨어지지만 이는 비문은 아니다. 하지만 손주 며느

리가 남편의 할아버지에게 예문 (22ㄹ)과 같이 말을 했을 경우 이는 비문이다. 이는 '할아버지'는 손주 며느리와는 직속친계의 관계가 아니기 때문에 일정한 유대 관계가 존재하며 손주 며느리는 반드시 '할아버지'에 대하여 예의와 공손성을 모두 갖추어 (22ㅁ)과 같이 발화해야 한다.

서비스업에서 고객은 직원에게 있어서 절대적인 상위자이다. 김려연(2014)에서는 요즘 서비스업에서 대우법의 사용에 있어서 과잉 존대 현상으로 인해 주체만을 존대하던 선어말어미 '-시-'가 이제는 사물까지로 확장되어 사용되고 또한 문장의 매 서술어에 모두 결합하여 청자로서 듣기가 거북하고 부담스러운 정도라고 하였다. 이는 사실상 고객인 청자를 최대한 존대할 수 있는 정도로 모두 존대하고자 하는 직원의 의도와 판매자에 대한 목적성이 들어있다. 그리하여 일반적으로 종결어미 '합니다체'와 '해요체'의 사용에서만 화자의 의도에 의해 달라질 뿐, 존대 명사, 존대 어휘, 선어말어미 '-시-', 겸손 표현은 모두 사용하여 (23ㄱ)을 가장 많이 사용하고 다음으로 (23ㄴ)을 사용하며 (23ㄷ)과 같은 문장은 사용하지 않는다.

[+지위]

(24) ㄱ. 선배님, 선배님께서 지난번에 말씀하셨던 그 책 찾으셨습니까?
ㄴ. 선배님, 선배님께서 지난번에 말씀하셨던 그 책 찾으셨어요?
ㄷ. 선배님, 선배님이 지난번에 말씀하셨던 그 책 찾으셨어요?
ㄹ. 선배님, 선배님께서 지난번에 말씀했던 그 책 찾으셨어요?
ㅁ. 선배님, 선배님이 지난번에 말씀했던 그 책 찾으셨어요?
ㅂ. 선배님, 선배님께서 지난번에 말하셨던 그 책 찾으셨어요?

ㅅ. 선배님, <u>선배님이</u> 지난번에 <u>말하셨던</u> 그 책 찾으셨어요?

ㅇ. 선배님, <u>선배님이</u> 지난번에 <u>말하던</u> 그 책 찾으셨어요?

ㅈ. 선배님, 선배님께서 지난번에 <u>말씀했던</u> 그 책 <u>찾았어요?</u>

ㅊ. 선배님, <u>선배님이</u> 지난번에 <u>말씀했던</u> 그 책 <u>찾았어요?</u>

ㅋ. 선배님, <u>선배님이</u> 지난번에 <u>말했던</u> 그 책 <u>찾았어요?</u>

ㅌ. <u>선배</u>, <u>선배가</u> 지난번에 <u>말했던</u> 그 책 <u>찾았어요?</u> (+친밀)

ㅍ. <u>언니</u>, <u>언니가</u> 지난번에 <u>말했던</u> 그 책 <u>찾았어요?</u> (+친밀)

(25) ㄱ. 대리님, 대리님께서 아까 말씀하셨던 그 문서 찾으셨습니까?

ㄴ. 대리님, 대리님께서 아까 말씀하셨던 그 문서 찾으셨어요?

ㄷ. 대리님, <u>대리님이</u> 아까 말씀하셨던 그 문서 찾으셨어요?

ㄹ. 대리님, 대리님께서 아까 <u>말씀했던</u> 그 문서 찾으셨어요?

ㅁ. 대리님, <u>대리님이</u> 아까 <u>말씀했던</u> 그 문서 찾으셨어요?

ㅂ. 대리님, 대리님께서 아까 <u>말하셨던</u> 그 문서 찾으셨어요?

ㅅ. 대리님, <u>대리님이</u> 아까 <u>말하셨던</u> 그 문서 찾으셨어요?

ㅇ. 대리님, 대리님께서 아까 <u>말씀했던</u> 그 문서 <u>찾았어요?</u>

ㅈ. 대리님, <u>대리님이</u> 아까 <u>말씀했던</u> 그 문서 <u>찾았어요?</u>

ㅊ. 대리님, <u>대리님이</u> 아까 <u>말했던</u> 그 문서 <u>찾았어요?</u>

ㅋ. *대리, 대리가 지난번에 말하던 그 문서 찾았어요?

(26) ㄱ. 아버지, 아버지께서 저한테 해주신 말씀이 옳으셨습니다.

ㄴ. 아버지, 아버지께서 저한테 해주신 말씀이 옳으셨어요.

ㄷ. 아버지, <u>아버지가</u> 저한테 해주신 말씀이 옳으셨어요.

ㄹ. 아버지, <u>아버지가</u> 저한테 해주신 <u>말이</u> 옳으셨어요.

ㅁ. 아버지, <u>아버지가</u> 저한테 <u>해준</u> 말이 옳으셨어요.

ㅂ. 아버지, <u>아버지가</u> 저한테 <u>해준</u> 말이 <u>옳았어요.</u>

ㅅ. 아버지, <u>아버지가</u> 나한테 <u>해준</u> 말이 <u>옳았어요.</u>

ㅇ. 아빠, <u>아빠가</u> <u>나한테</u> <u>해준</u> 말이 <u>옳았어요.</u>

앞에서의 절대적인 상위자에 대한 존대법에 비해 자기보다 지위가 조금 높은 사람에 대해서는 절대적인 상위자보다 존대 정도를 조금 낮추어 사용할 수도 있다. 예문 (24)는 대학교 내에서 선배한테, 예문 (25)는 일반사원인 화자가 대리인 청자에 대한 예문이며, 예문 (26)은 자식이 아버지에 대한 존대법의 예문들이다.

예문들을 보면 아래로 내려갈수록 존대의 정도가 낮아지는데 (24ㄱ)을 보면 존대법의 최대 존대로 '합니다체'를 사용하였다. 다음 (24ㄴ)은 (24ㄱ)보다 한 단계 낮은 '해요체'를 사용하였고, (24ㄷ)는 (24ㄴ)에 비해 존대 조사 '께서'를 사용하지 않았으며, (24ㄹ)은 (24ㄷ)에 비해 앞의 서술어 동사에 선어말어미 '-시-'가 결합되지 않았으며, 예문 (24ㅁ)은 존대 조사와 앞의 서술어의 선어말어미 '-시-'가 사용되지 않았고, 예문 (24ㅂ)은 존대 어휘가 사용되지 않았다. 예문 (24ㅅ)은 존대 조사와 존대 어휘가 결락하였고 예문 (24ㅇ)은 존대 조사, 존대 어휘, 앞 서술어의 선어말어미 '-시-'가 사용되지 않았다. 그리고 예문 (24ㅇ)~(24ㅌ)까지는 선어말어미 '-시-'가 전혀 사용되지 않았다.

이상의 예문 (24), 예문 (25), 예문 (26)은 존대 정도에 따라 여러 가지 형태로 사용되기는 하였지만 오류를 나타내는 예문은 없다. 각 문장 성분의 존대의 정도를 보면 첫째, 존대 접미사 '-님'과 종결어미에서 가장 뚜렷하게 나타나며 이는 앞의 예문 (25ㅋ)이 비문인데서 알 수 있다. 둘째, 존대 어휘, 셋째, 선어말어미 '-시-'의 사용 회수, 넷째, 존대 조사에 의해 결정된다는 것을 알 수 있다. 임동훈(1996:26~27)에서도 '-님', '께서', '-시', '존대 어휘'의 존대 강도를 '-님>존대 어휘>-시>께서'의 순서라고 하였다. 이정복(2002)에서는

기능 부담량 산출 방식으로 한국어의 대우법이 종결어미, 선어말어
미 등의 문법적 형식에 의해서만 표현되는 것이 아니라 명사, 대명
사, 동사, 조사 등의 어휘적 형식에 의해서 실현되므로 어떤 형식이
얼마나 존대의 기능을 표시하는지를 대우법 형식의 기능 부담량을
측정하여 판단하였는데 그 결과 기능 부담량의 크기가 '-시>님>께
서>댁'의 순으로 나타났다고 하였다. 하지만 이러한 결과에는 문제가
있다고 본다. 절대적인 상위자인 제3자를 대상으로 하는 존대법에서
존대의 정도를 '-시>님>께서>댁'의 순으로 사용하여야 한다면 아래
예문을 보도록 하자.

(27) ㄱ. *유진아, 교수가 아까 집에 가셨는데.
ㄴ. *유진아, 회장이 아까 집에 가셨는데.
ㄷ. *유진아, 선생이 아까 집에 가셨는데.

(28) ㄱ. 유진아, 교수님 아까 집 갔는데.
ㄴ. 유진아, 회장님 아까 집 갔는데.
ㄷ. 유진아, 선생님 아까 집 갔는데.

보다시피 예문 (27)은 비문이지만 예문 (28)은 제3자가 현장에 없
을 때에는 사용 가능한 예문들이다. 예문 (27)에서처럼 아무리 현장
에 있고 없고를 떠나서 절대적인 상위자인 제3자에 대해서 선어말어
미 '-시-'를 사용하더라도 존대 조사 '-님'을 빼서 사용하지는 않는
다. 굳이 의도적으로 빼지 않는다면 말이다. 존대 조사는 화자가 생
략하여 말하는 경우가 더 많기 때문에 존대의 정도가 가장 약하다고
볼 수 있다. 그리하여 존대 정도의 순으로 '-시>님>께서>댁'보다는

'-님>존대 어휘>-시>께서'의 순으로 보아야 한다.

아래 존대의 등급을 표로 제시하면 아래와 같다.

[표 20] 존대법의 존대 등급

등급	호칭	문장 형식	종결어미
1	지위+님	존대 조사+존대 어휘 +선어말어미 '-시-'	선어말어미 '-시-'+합니다체
2	지위+님	존대 조사+존대 어휘 +선어말어미 '-시-'	합니다체
3	지위+님	존대 조사+존대 어휘 +선어말어미 '-시-'	선어말어미 '-시-'+해요체
4	지위+님	존대 조사+존대 어휘	선어말어미 '-시-'+해요체
5	지위+님	일반 조사+존대 어휘	선어말어미 '-시-'+해요체
6	지위+님	일반 조사+일반 어휘	해요체
7	친밀/친족 호칭	일반 조사+일반 어휘	해요체

[표 20]에서는 존대의 등급을 1~7의 순서로 존대의 정도를 제시하였다. 하지만 여기서 '친밀'의 요인이 작용하면 존대법은 이와 반대 순으로 나타나게 된다. 즉 친할수록 존대의 정도가 약해지며 존대의 등급이 낮아진다.

호칭어의 사용에서 대학교 내에서 사용하는 예문 (24ㅌ)은 '선배'라고 불러도 예문이 비문이 되지는 않지만 (25ㅋ)은 '대리'라고 호칭하는 것은 비문이 된다. 이는 (24ㅌ)은 대학교에서는 선후배 사이에 친밀 요인이 작용하면 '선배'라고 부를 수 있지만 (25ㅋ)과 같이 회사에서는 상사와 아무리 친한 관계라 하더라도 '님'은 빠질 수 없다는 것을 알 수 있다.

[-지위]

(29) ㄱ. 김 대리, 오후 3시까지 문서 갖고 와.

ㄴ. 구동치, 오늘 꼭 증거 갖고 와라.

ㄷ. 지연아, 점심 먹고 해.

ㄹ. 지호야, 일 열심히 해라.

예문 (29)는 청자가 화자보다 지위와 낮고 나이가 어릴 때의 비존대법의 예문들인데 (29ㄱ)과 (29ㄴ)는 회사에서 상급자가 하급자에 대한 발화로 각각 '해체'와 '한다체'를 사용하였다. 이때 호칭어는 '성+지위', '성+이름'의 형식으로 사용되었다. (29ㄷ)과 (29ㄹ)은 나이가 어린 청자에 대한 발화로 위에서와 같이 '해체'와 '한다체'를 사용하였으며 호칭어는 '이름+아/야' 형식을 사용하였다. '한다체'는 '해체'보다 존대의 등급이 조금 낮지만 상대방이 편하고 친할 때 '한다체'를 자주 사용하며 이는 '해체'보다 친밀성을 더 나타낸다.

지위 요인에 의하여 화자와 청자의 대화에 제3자가 등장할 때 존대법이 실현되는 경우는 주로 다섯 가지가 있는데 다음과 같다.[20]

---

20 화자, 청자, 제3자의 지위 관계는 모두 13가지가 있는데 존대법이 실현되는 관계에는 '화자<청자<제3자', '화자<제3자<청자', '화자<청자=제3자' 등 3가지가 있으며 비존대법이 실현되는 관계에는 '화자>청자>제3자', '화자>제3자>청자', '화자>제3자=청자', '화자=청자>제3자', '화자=제3자>청자', '화자=제3자=청자' 등 6가지가 있으며 존대법과 비존대법이 함께 실현되는 관계에는 '청자>화자>제3자', '제3자>화자>청자', '청자>화자=제3자', '제3자>화자=청자' 등 4가지가 있다. 하지만 비존대법에서 청자와 제3자는 모두 비존대의 대상으로 문장 성분으로 청자와 제3자의 높낮이가 잘 드러나지 않는다. 예를 들어 '화자>청자>제3자'에서의 예문 '수연아, 지연이 밥 먹었어?'와 '화자>제3자>청자'에서의 예문 '지연아, 수연이 밥 먹었어?'에서는 문장으로 볼 때 누구의 지위가 더 높은지 잘 알리지 않고 모두 비존대법으로 실현된다. 그리하여 이 연구에서는 비존대법이 실현되는 지위 관계는 배제하고 존대법이 실현되는 관계만 분석하고자 한다. 그리고 존대법과 비존대법이 실현되는 3자 간의 관계에서는 '청자>화자>제3자'와 '청자>화

1) 화자 〈 청자 〈 제3자

화자가 자기보다 지위가 높은 청자에게 청자보다 더 높은 제3자에 대해 이야기할 때의 예이다.

(30) ㄱ. 선배님, 교수님께서 이번 주까지 과제 제출하라고 말씀하셨습니다.
ㄴ. 선배, 교수님께서 이번 주까지 과제 제출하라고 말씀하셨어요.
ㄷ. 선배, 교수님이 이번 주까지 과제 제출하라고 말씀하셨어요.
ㄹ. 선배, 교수님이 이번 주까지 과제 제출하라고 (말)했어요.
ㅁ. 지연 씨, 교수님께서 이번 주까지 과제 제출하라고 말씀하셨어요.
ㅂ. 지연 씨, 교수님이 이번 주까지 과제 제출하라고 말씀하셨어요.
ㅅ. 지연 씨, 교수님이 이번 주까지 과제 제출하라고 (말)했어요.

(31) ㄱ. 과장님, 이사님께서 저한테 이걸 과장님께 전해드리라고 하셨습니다.
ㄴ. 과장님, 이사님께서 저한테 이걸 과장님께 전해드리라고 하셨어요.
ㄷ. 과장님, 이사님이 저한테 이걸 과장님께 전해드리라고 했어요.
ㄹ. 김유진님, 과장님께서 저한테 이걸 김유진님께 전해드리라고 하셨어요.
ㅁ. 김유진님, 과장님이 저한테 이걸 김유진님께 전해드리라고 했어요.

자=제3자'의 제3자가 비존대의 대상이므로 통합하여 '청자>화자≧'로 표시할 수 있고 '제3자>화자>청자'와 '제3자>화자=청자'에서의 청자도 비존대의 대상이기 때문에 통합하여 '제3자>화자≧청자'로 표시할 수 있다. 이렇게 비존대법이 실현되는 관계를 제외하여 화자, 청자, 제3자 간의 관계는 '화자<청자<제3자', '화자<제3자<청자', '화자<청자=제3자', '청자>화자≧', '제3자>화자≧청자' 등과 같은 5가지로 분석하도록 하겠다.

ㅂ. 유진 씨, 과장님께서 저한테 이걸 유진씨에게 전해주라고 하
셨어요.

ㅅ. 유진 씨, 과장님이 나한테 이걸 유진씨에게 전해주라고 했어요.

(32) ㄱ. 아버지, 할아버지께서 아침에 저한테 오늘 늦으실 거라고 말
씀하셨습니다.

ㄴ. 아버지, 할아버지가 아침에 저한테 오늘 늦으실 거라고 말씀
하셨어요.

ㄷ. 아빠, 할아버지가 아침에 저한테 오늘 늦으실 거라고 (말)하셨
어요.

ㄹ. 아빠, 할아버지가 아침에 나한테 오늘 늦을 거라고 (말)했어요.

청자에게 청자보다도 지위나 신분이 더 높은 제3자에 대해 발화할
때에는 화자의 의도에 따라 존대법이 다르게 실현된다. 앞에서 절대
적인 상위자에 대해 발화할 때 최대 존대의 존대법을 사용하는 것을
원칙으로 한다고 했으나 면전이 아닌 대화 현장에 없을 때에는 존대
의 정도를 결정하는 것은 화자의 의도에 달렸다. 청자에 대해서는 청
자와의 친밀관계에 따라 호칭어와 존대 종결어미를 선택하며 제3자
에 대해서는 화자가 존대하고자하는 등급에 따라 존대하면 된다.

2) 화자 〈 제3자 〈 청자

화자가 자기보다 지위가 높은 제3자에 대해서 화자와 제3자보다
지위가 더 높은 청자에게 발화할 때의 예문은 다음과 같다.

(33) ㄱ. ?교수님, 지연 선배님께서 아직 안 들어오셨습니다.

ㄴ. 교수님, 지연 선배님이 아직 안 들어왔습니다.

    ㄷ. 선배님, 지연 선배님이 아직 안 들어오셨습니다.

    ㄹ. 선배님, 지연 선배가 아직 안 들어왔습니다.

(34) ㄱ. ₂사장님, 김 과장님께서는 외출하셨습니다.

    ㄴ. 사장님, 김 과장님은 외출하셨습니다.

    ㄷ. *사장님, 김 과장님은 외출하였습니다.

(35) ㄱ. ₂할아버지, <u>아버지께서</u> 아직 안 들어오셨습니다.

    ㄴ. 할아버지, 아버지 아직 안 들어오셨습니다.

    ㄷ. 할아버지, 아버지 아직 안 들어왔습니다.

예문은 압존법의 예들이다. 하지만 국립국어원(2005:218)에서는 주체가 말하는 사람 편에서 존대하여야 할 대상이더라도 듣는 사람이 주체보다 더 높은 사람일 경우 선어말어미 '-시-'를 쓰지 않는 것이 원칙이었으나 요즘 젊은 사람들 사이에서는 이러한 존대의 방법이 거의 지켜지고 있지 않아 『국어의 표준 화법』에서는 예문 (35ㄴ)에서처럼 '-시-'를 붙여 아버지보다 윗사람에게도 아버지를 존대하여 표현하는 방법을 허용하고 있다고 하였다. 하지만 이러한 존대의 방법은 대화가 이루어지는 상황이 가정 내이냐 가정 밖이냐에 따라 차이가 있는데 직장에서는 듣는 사람에 관계없이 말하는 사람 편에서 주체가 존대하여야 할 사람이면 반드시 '-시-'로써 높여야 한다고 하였다. 그리하여 예문 (34ㄷ)은 비문이 된다. 또한 이렇게 화자가 청자보다 사회적 요소 등이 낮은 제3자에 대해 대화를 할 때 제3자에 대해서는 존대 어휘를 사용하지 않는다.

예문 (33ㄱ), (34ㄱ), (35ㄱ)은 모두 존대 조사 '-께서'를 붙여 사용하였는데 모두 어색하다. 일반적으로 청자보다 높은 제3자에 대해 발

화 할 때에는 존대 조사 '-께서'가 생략이 된다. 이는 앞에서 말한
존대의 강도가 '-께서'가 가장 약한 것과 관계된다. 임동훈(1996:26)
에서는 3자로서의 '과장님', '아버지'에 대해 청자와 말을 할 때 주격
조사가 생략된 '과장님 오시면', '아버지 오시면'이 가능한데 '과장님
께서 오시면', '아버지께서 오시면'은 어색하다고 하면서 '께서'는 비
내포문 환경에서 면전의 청자를 지시할 때 쓰이는 것이 가장 자연스
럽다고 하면서 그 밖의 경우는 화자가 의도적으로 존대 의사를 강하
게 드러낼 때 쓰인다고 하였다.

  3) 화자 〈 청자 = 제3자

  화자가 자기보다 지위가 높은 청자와의 대화에 청자와 지위가 같
은 제3자가 등장할 때의 예문은 아래와 같다.

  (36) ㄱ. 교수님, 김교수님께서 저한테 이걸 교수님께 드리라고 하셨습니다.
       ㄴ. 교수님, 김교수님께서 저한테 이걸 교수님께 드리라고 하셨어요.
       ㄷ. 선배님, 유진 선배님이 저한테 이걸 선배님께 드리라고 하셨어요.
       ㄹ. 선배, 유진 선배가 나한테 이걸 선배에게 주라고 했어요.

  (37) ㄱ. 과장님, 김과장님께서 저한테 이걸 과장님께 드리라고 하셨습
          니다.
       ㄴ. 과장님, 김과장님께서 저한테 이걸 과장님께 드리라고 하셨어요.
       ㄷ. 김유진님, 김지연님이 저한테 이걸 김유진님께 드리라고 하셨
          어요.
       ㄹ. 유진 씨, 지연 씨가 나한테 이걸 유진 씨에게 주라고 했어요.

  (38) ㄱ. 아버님, 어머님께서 저한테 이걸 아버님께 드리라고 하셨습니다.

ㄴ. 아버님, 어머님께서 저한테 이걸 아버님께 드리라고 하셨어요.
ㄷ. 아버지, 어머니가 저한테 이걸 아버지께 드리라고 하셨어요.
ㄹ. 아빠, 엄마가 나한테 이걸 아빠한테 주라고 했어요.

예문은 청자와 제3자가 등급이 같을 때 화자가 청자와 제3자를 모두 높이는 예문이다. (36ㄱ), (37ㄱ), (38ㄱ)은 최대 존대로 이때는 존대 조사가 생략되지 않는다. (38)의 예문은 며느리가 시아버지인 청자와 시어머니인 제3자에 대한 존대법으로 일반적으로 자식은 부모에게 (38ㄷ)의 예문이 가장 존대한 것으로 존대 접미사 '-님'을 사용하지 않는다.

4) 청자 〉 화자 ≥ 제3자

화자가 자기보다 지위가 높은 청자에게 자기보다 지위가 같거나 낮은 제3자에 관하여 말할 때 대우법은 아래와 같이 실현된다.

(39) ㄱ. 교수님, 지연 씨 오늘 늦는답니다.
ㄴ. 과장님, 지연이가 오늘 늦는대요.
ㄷ. 선생님, 이 책 지연 씨한테 주세요.
ㄹ. 언니, 이 책 지연한테 줄래요?

예문 (39)은 화자가 자신보다 사회적 지위가 높은 청자에게, 화자보다 사회적 지위가 같거나 낮은 제3자에 대하여 말할 때 청자에 대한 존대법의 예문들이다. 청자를 존대하여야하므로 종결어미는 존대의 정도에 따라 '합니다체', '해요체'로 사용할 수 있으며 제3자와는 친밀 정도에 따라 지칭어가 달라지는데 친한 경우는 예문 (39ㅁ)에서처럼

'이름'으로 지칭하고 (39ㄱ)에서처럼 많이 친하지 않은 경우에는 '성+
이름+직위+님'으로 지칭하고 선어말어미 '-시-'로 높여준다.

> (40) ㄱ. 교수님, 지연이가 교수님께 드릴 말씀 있답니다.
>   ㄴ. 교수님, 지연이가 교수님께 할 말 있답니다.
>   ㄷ. 선배님, 지연이가 선배님한테 할 말 있대요.
>   ㄹ. 언니, 지연이가 언니한테 할 말 있대.

예문 (40)은 제3자를 비존대할 때의 예문들인데 제3자를 비존대할
때에는 청자와 상관이 없이 제3자에 대해서는 어떠한 존대 성분도
사용되지 않으며 비존대하는 지칭어와 조사 '이/가'를 사용하면 된다.

5) 제3자 〉 화자 ≥ 청자

다음은 화자가 자기와 지위가 같거나 혹은 자기보다 지위가 낮은
청자에게 화자보다 지위가 높은 제3자에 관하여 말하는 예문이다.

> (41) ㄱ. 교수님께서 금요일에 과제 제출하라고 말씀하셨어.
>   ㄴ. 교수님께서 너를 찾으셔.
>   ㄷ. 선배님이 너를 찾으셔.
>   ㄹ. 이 책 교수님께 드려라.

예문 (41)는 화자가 자신보다 사회적 지위가 낮거나 같은 청자에
게, 화자보다 사회적 지위가 높은 제3자를 존대하는 예문인데 예문
(41ㄱ), (41ㄴ), (41ㄷ)에서는 자신보다 지위가 같거나 낮은 청자에게
종결어미 '해'체로, 예문 (41ㄹ)에서는 자신보다 지위가 낮은 청자에
게 종결어미 '한다체'를 사용하였고, 존대하여야 하는 제3자에 대해

서는 존대 접미사 '님', 존대 조사 '께/께서', 존대 어휘, 선어말어미 '-시'로써 제3자를 높였다. 예문 (41ㄴ)와 (41ㄷ)에 대해서는 존대하여야 하는 3자의 지위에 따라 조사 '께서'와 '이'로써 구분하였다. '하셔'는 '해+어+시'의 결합으로 여기서 선어말어미 '-시-'는 제3자를 높이는 것이다.

(42) ㄱ. 교수님께서 학회 참가하라고 말씀하셨잖아.
　　 ㄴ. 이 책 교수님께 드려.
　　 ㄷ. 이 책 교수님께 드려라.
　　 ㄹ. 과장님이 너보고 사무실로 오란다.

화자가 자기보다 지위가 높은 사람에 대하여, 자기보다 지위가 낮은 청자와 대화할 때 예문 (42)와 같이 비존대법의 종결어미 '해체'와 '한다체'에 의해 실현된다.

2.3.1.2 친밀

(43) ㄱ. 김유진 선생님, 지난번에 말씀하시던 그 책 찾으셨습니까?
　　 ㄴ. 김유진 선생님, 지난번에 말씀하시던 그 책 찾으셨어요?
　　 ㄷ. 김 선생님, 지난번에 말씀하시던 그 책 찾으셨어요?
　　 ㄹ. 선생님, 지난번에 말씀하시던 그 책 찾으셨어요?
　　 ㅁ. 김유진 씨, 지난번에 말하던 그 책 찾았어요?
　　 ㅂ. 유진 씨, 지난번에 말하던 그 책 찾았어요?
　　 ㅅ. 유진 씨, 지난번에 말하던 그 책 찾았어?
　　 ㅇ. 유진아, 지난번에 말하던 그 책 찾았어?
　　 ㅈ. 유진아, 지난번에 말하던 그 책 찾았니?

(44) ㄱ. 김유진 과장님, 아까 말씀하셨던 그 문서 찾으셨습니까?

    ㄴ. 김유진 과장님, 아까 말씀하셨던 그 문서 찾으셨어요?

    ㄷ. 김 과장님, 아까 말씀하셨던 그 문서 찾으셨어요?

    ㄹ. 과장님, 아까 말씀하셨던 그 문서 찾으셨어요?

    ㅁ. 김유진님, 아까 말씀하셨던 그 문서 찾으셨어요?

    ㅂ. 김유진 씨, 아까 말하던 그 문서 찾았어요?

    ㅅ. 유진 씨, 아까 말하던 그 문서 찾았어요?

    ㅇ. 유진 씨, 아까 말하던 그 문서 찾았어?

    ㅈ. 유진아, 지난번에 말하던 그 책 찾았어?

    ㅊ. 유진아, 지난번에 말하던 그 책 찾았니?

대우법에서 청자가 나이가 많거나 지위가 높을 때에는 청자를 무조건 높여야 하지만 나이가 같거나 혹은 지위가 같을 때 친하지 않은 경우에도 청자를 높여서 대우한다. 예문 (43)는 대학교의 대학원 내에서 동급 관계에서 사용된 예문이다. 예문을 보면 점점 아래로 내려오면서 존대의 정도가 약해지는 것을 보아낼 수 있다. 먼저 (43ㄱ)에서는 종결어미를 '합니다체'를 사용하였고 (43ㄴ)에서는 '해요체'+선어말어미 '-시-'를 사용하였는데 비교해보면 (43ㄱ)이 존대의 정도가 더 강하다. 다음 아래로 내려오면서 종결어미는 '해요체'+선어말어미 '-시-'를 사용하였지만 호칭어의 사용을 보면 '직위'에 결합하는 '님'과 '이름'과 결합하는 '씨'를 볼 수 있다. 일반적으로 사회적 지위가 낮은 사람이 높은 사람에 대하여 '직위'에 존대 접사 '님'을 붙여 사용하는데 '성+이름+직위+님'은 격식성을 띠고 그 다음 등급으로는 '성+직위+님'이다. 지위가 높은 청자나 제3자에게는 '이름+씨'를 사용하지 않는다. '성+이름+씨'의 경우도 있는데 이는 청자가 화자와 나이와 지위는 비슷하지만 친하지 않은 경우에 많이 사용하고 '이름+씨'는 '성+이름+씨'보다는 친밀관계가 조금은 높은 사이에서 사용하는데 '성+이름+씨'는 '이름+씨'보다 격식성을 더 많이 띠며 화자가 일부러 청자와 거리감을 두려는 의도가 강하다. 예문 (43ㅅ)~(43ㅈ)까지는 비존대법을 사용하였는데 이는 [+친밀]요인이 작용한 결과이다. 또한 호칭어의 사용을 보면 비존대하는 대상에게도 '이름+씨'를 사용하는데 동급자 관계에서 친한 경우 호칭어는 '이름+씨'를 사용하고 종결어미는 '해체'를 사용할 수 있다.

회사 내에서의 대우법 예문을 보면 (44ㅁ)의 호칭어는 '성+이름+님'을 사용하였는데 이는 C대기업의 사원에 대해 개별 면담을 한 결과 이 회사는 회사 내부에서 '님'문화를 규정하였다고 하였다. 즉 사내에서 반말을 될수록 사용하지 않고 수평 관계 즉 동급자끼리는 무조건 '성+이름+님'을 사용하여야 한다고 하였다. 하지만 밖에서는 친한 사이끼리 반말을 한다고 하였다.

이에 따라 친밀에 의한 존대 호칭의 등급을 제시하면 아래 [표 21]과 같다.

[표 21] 친밀 요인에 의한 존대 호칭 등급

등급	호칭	문장 형식	종결어미
1	성+이름+지위+님	존대 조사+존대 어휘+선어말어미 '-시-'	합니다체
2	성+이름+지위+님	존대 조사+존대 어휘+선어말어미 '-시-'	해요체
3	성+지위+님	존대 조사+존대 어휘+선어말어미 '-시-'	해요체
4	지위+님	존대 조사+존대 어휘+선어말어미 '-시-'	해요체
5	성+이름+씨	기본조사+기본어휘	해요체
6	이름+씨	기본조사+기본어휘	해요체

7	친족/친밀 호칭	기본조사+기본어휘	해요체
8	이름+씨	기본조사+기본어휘	해체
9	친족/친밀 호칭	기본조사+기본어휘	해체
10	친족/친밀 호칭	기본조사+기본어휘	한다체

이외에도 [+친밀]요인이 작용한 아래와 같은 예문들이 있다.

(45) ㄱ. 엄마, 오빠 저녁에 밥 먹고 들어온대.
　　 ㄴ. 언니, 지연이 왔어?
　　 ㄷ. 철수야, 지연이 오늘 학교 안 왔어.

예문 (45)는 청자와 제3자를 비존대할 때의 예문인데 (45ㄱ)은 청자인 어머니와 제3자인 오빠를 비존대하여 예문에는 존대 성분이 사용되지 않았고 종결어미도 '해체'를 사용하였다. 예문 (45ㄴ)은 청자인 언니, 제3자인 친구 지연을 비존대한 예문이고, (45ㄷ)은 청자인 친구 철수, 제3자인 친구 지연을 비존대한 예문인데 모두 존대 성분이 없이 일반 성분으로 일반 종결어미는 '해체'를 사용하였다.

2.3.1.3 나이

(46) ㄱ. 이모님, 여기 물 좀 주십시오.
　　 ㄴ. 이모님, 여기 물 좀 주세요.
　　 ㄷ. 이모, 여기 물 좀 주세요.
　　 ㄹ. 이모, 여기 물 좀 줘요.
　　 ㄱ. ?아가씨, 여기 물 좀 주십시오.
　　 ㄴ. 아가씨, 여기 물 좀 주세요.
　　 ㄷ. 아가씨, 여기 물 좀 줘요.

　　예문 (46)과 예문 (47)은 고객인 화자가 직원인 청자 대한 존대법
의 예문이다. 하지만 예문 (46)의 청자는 화자가 나이가 많고, 예문
(47)의 청자는 화자보다 나이가 어리다. 이런 경우 나이가 많은 청자
에 대해서는 존대 접사 '님'을 붙여 사용하는 것이 이상하지는 않지만
나이가 어린 청자에게는 어색하다. 또한 나이가 어린 직원에게 '합니
다체'도 어색하다. 그리하여 예문 (46)과 예문 (47)에서와 같이 모두
존대법을 사용하기는 했지만 나이가 많은 청자에 대해서는 나이가
어린 청자에 비해 더 존대하여 발화한다.

2.3.1.4 성별

　　성별 요인에 의하여 화자가 같은 말을 지위나 나이가 같은 동성과
지위나 나이가 같은 이성인 청자에게 할 때 대우법의 사용은 조금 달
라지는 현상이 있다. 민현식(1997:531)에서는 성별 언어를 어떤 어휘
가 남성이나 여성에 대해서 특유하게 쓰이는 어휘인 '대상어'의 측면
과 남성과 여성의 특유하게 발화하는 '발화어'의 측면으로 구분하였
다. 따라서 남성어는 남성에 대해서 주로 쓰이는 남성 대상어와 남성
들이 특유하게 발화하는 남성 발화로 나뉘며 여성어는 여성에 대해
서 주로 쓰이는 여성 대상어와 여성들이 특유하게 발화하는 여성 발
화어로 나뉜다고 하였다.

　　성별 요인에 따라 대우법의 양상을 조사한 연구로, 엄경옥(2008:
95)에서는 가족, 직장, 음식점 등 집단을 상대로 조사한 결과 가족에
서는 존대 표현을 사용하는 비율은 여성보다 남성이 더 높고, 비존대
표현을 사용하는 비율은 남성보다 여성이 더 높다고 하였다. 또한 직

장에서는 남성의 경우 상사에게 사용하는 화계로 '하세요체'[21] > '해요체' > '하십시오체'의 순이고 여성의 경우는 '하세요체' > '해요체'를 주로 사용한다고 하였다. 음식점에서는 '하십시오체'의 사용 비율이 남성은 여성보다 최상위 존대 화계를 평균 20%~36% 높게 사용한다고 하였다. 마지막으로 처음 만난 사람에게는 남성은 '하세요체'와 '하십시오체'의 사용 비율이 비슷한데 반해 여성의 경우는 '하세요체'의 사용 비율이 월등히 높다고 하였다.

이 연구에서는 성별 요인을 [동성 간]과 [이성 간]으로 분류하여 제3장에서 조사를 실시하고 그 결과를 통해 [동성 간], [이성 간] 요인에 따라 대우법의 사용에서 어떠한 차이를 나타내는지 다시 구체적으로 분석해보고자 한다.

2.3.1.5 공적 상황과 사적 상황

존대법에서 [+친밀], [−나이], [−지위] 등 요인의 영향을 받지 않고 청자나 제3자를 존대하여야 하는 상황이 있다. 바로 공적 상황이다. 사적에서 친한 사람 사이에서는 말을 편하게 하여 비존대법을 사용할 수 있지만 공적인 상황에서는 친한 사이에서도 사적인 상황과 같은 화계를 사용하지 말아야 한다. 이때는 존대법으로 상대를 존대여야 한다.

(48) ㄱ. 김지연 선생님의 발표가 있겠습니다.
   ㄴ. 김지연 원생이 질문하도록 하겠습니다.
   ㄷ. 김지연 씨는 이 문제에 대해서 어떻게 생각하십니까?

---

21 엄경옥(2008)에서는 청자대우법의 화계에 '하세요체'를 설정하였다.

(49) ㄱ. 김지연님이 다른 마케팅전략이 있으시면 얘기해보십시오.
　　ㄴ. 김지연씨가 다른 마케팅전략이 있으시면 얘기해보십시오.
　　ㄷ. 김지연씨가 다른 마케팅전략이 있으면 얘기해보세요.

　예문 (48)과 (49)는 모두 화자와 친하거나, 화자보다 나이가 어리거나, 화자보다 지위가 낮은 사람을 사적에서의 화계와는 달리 존대하여 말하는 예문들인데 예문 (48)은 학교집단에서, 예문 (49)는 회사집단을 예로 들었다. 사실상 공적인 상황일 때에는 자리에 있는 모든 사람을 존대기 위하여 화자보다 사회적 요인이 모두 낮은 사람을 존대하는 것이다. 예문 (48ㄱ)은 친구를 공적인 상황에서 존대하여 이름 대신 '성+이름+지위+님'의 형식으로 호칭하고 예문 (48ㄴ)은 공적인 상황에서 화자보다 나이가 어린 제3자를 '성+이름+지위'로 호칭하여 존대하였으며 예문 (48ㄷ)은 화자보다 지위가 낮은 청자를 공적인 상황에서 존대하였는데 먼저 호칭에서 '성+이름+씨'로 존대하였고 다음 종결어미에서 '합니다체'로써 청자를 존대하였다.

(50) ㄱ. 지연아, 너 오늘 발표 있구나.
　　ㄴ. 지연아, 네가 물어봐.
　　ㄷ. 지연아 너 이 문제 어떻게 생각해?
　　ㄹ. 지연아 네가 다른 마케팅전략이 있으면 말해봐.

　예문 (50)은 예문 (48)과 예문 (49)를 사적인 상황에서의 대화로 바꿔본 것이다.

2.3.1.6 제3자의 유와 무

　화자와 청자가 제3자에 대해 말을 할 때 대화 현장에 제3자가 있을 때와 없을 때 제3자에 대한 존대 정도가 달라지는데 아래 예문 (51)은 대화 현장에 제3자가 있을 때의 예문이고, 예문 (52)는 대화 현장에 제3자가 없을 때의 예문이다.

    (51) ㄱ. 교수님께서 다음 달 미국출장 가신다고 말씀하셨어요.
         ㄴ. 이사님께서 댁으로 가신대.
         ㄷ. 유진 선배님께서 오늘 일찍 오셨어.
         ㄹ. 이거 지연 씨 드려라.

    (52) ㄱ. 교수님이 다음 달 미국 출장 간다고 말했어요.
         ㄴ. 이사님 집 간대.
         ㄷ. 유진선배 오늘 일찍 왔어.
         ㄹ. 이거 김지연 주라.

예문을 보면 제3자가 같은 인물인데도 현장에 있을 때와 없을 때 존대 정도가 다르게 나타나는 것을 알 수 있다. 일반적으로 예문 (51) 과 같이 제3자가 현장에 있을 때는 제3자도 청자가 되기 때문에 존대 대상이 되는 제3자를 존대하여 말한다. 하지만 예문 (52)와 같이 제3 자가 현장에 없을 때, 특히 친한 청자와의 대화에서는 대화 현장에 없는 제3자를 굳이 존대 조사, 존대 어휘, 선어말어미 '-시-' 등으로 존대하여 말하지 않는 것이다.

2.3.2 전략적 용법

전략적 용법에 대해 최초로 구체적으로 다룬 연구로 이정복(1998 나)을 들 수 있는데 전략적 용법의 정의에 대해서 이정복(2001가:76)

에서는 화자가 특정한 목적을 이루기 위해 언어공동체의 규범과 다르거나 그것으로부터 예측되지 않는 방향에서 경어법 사용 방식을 의도적으로 조정하는 유표적이고 보다 의식적인 경어법 사용이라고 하였다. 전략적 용법의 세부 전략에 대해서 이정복(2001가:449)에서는 수혜자 공손 전략, 지위 불일치 해소 전략, 지위 드러내기 전략, 정체성 바꾸기 전략, 거리 조정하기 전략 등 다섯 가지로 분류하여 설명하였다. 이후 이를 전제로 전략적 용법에 대해 여러 전략들을 더 제시한 연구로 김려연(2015)을 들 수 있는데 김려연(2015:62~66)에서는 전략적 용법을 수혜자 공손 전략, 비꼼 전략, 칭찬 전략, 격려 전략, 위협 전략, 달램 전략 등 6가지 전략으로 분류하여 설명하다. 이 연구에서는 김려연(2015)을 바탕으로 완곡 전략을 추가하여 제시하였는데 아래 구체적으로 살펴보도록 하겠다.

2.3.2.1 수혜자 공손 전략[22]

수혜자 공손 전략이란 베풂을 받으려는 화자가 '베푸는 사람'인 청자에게 잘 보이기 위해 평소 사용하던 대우법과는 달리 더 존대하여 말하거나 또는 그 사람의 신분에 비해 더 존대하여 말하는 전략이다.

> (53) ㄱ. 국 식기 전에 빨리 <u>드셔</u>.
> ㄴ. 사랑하는 우리 <u>김여사님</u>, 용돈 좀 <u>주시옵소서</u>.

---

[22] 이정복(2012:335)에서는 전략적 용법의 세부 전략을 수혜자 공손 전략, 지위 불일치 해소 전략, 지위 드러내기 전략, 정체성 바꾸기 전략, 거리 조정하기 전략으로 나누어 설명하였으며 수혜자 공손 전략을 화자가 청자에 대한 대우 수준을 높임으로써 청자로부터 입은 물질적, 정신적 이익에 대해 고마움을 나타내거나, 그러한 이익을 새롭게 얻으려고 시도하는 의도나 행위로 정의하였다.

ㄷ. 할머니, 아침은 잘 <u>잡수셨어?</u>

예문 (53)은 하위자에 대한 수혜자 공손 전략으로 볼 수 있다. (53
ㄱ)의 상황은 나이가 70대 후반인 식당 이모가 20대 초반인 손님한테
한 발화이다. 비록 화자의 나이가 청자보다 엄청 많지만 화자와 청자
는 '손님-직원'의 관계로 수혜자는 화자이다. 그리하여 화자는 나이
가 어린 청자에게 '해체'로 낮춰 발화를 하였고 대신 또 '-시-'로써
손님인 청자를 존대하였다. 예문 (53ㄴ)은 딸이 어머니에게 용돈을
달라고 하는 발화로 일반적으로 자기 어머니에게 존대 접미사 '-님'
을 사용하지 않는다. 하지만 예문에서는 발화자가 '용돈'이라는 베풂
을 받기 위하여 어머니를 '김여사님'으로 존대 호칭어를 사용하였으
며 종결어미에서 역시 일반적으로 잘 사용하지 않는 '하소서체'를 사
용하였다. 예문 (53ㄷ)은 주인인 화자가 직원인 청자에게 한 발화로
써 이들은 '주인-직원'의 관계로 직위는 화자가 더 높다. 하지만 화자
는 자기보다 나이가 많은 청자를 존대하기 위하여 '해체'로 낮추었지
만 '-시-'로 존대하였다. 이때 '-시-'의 기능 역시 청자를 존대 대상
으로 청자를 존대하였다고 볼 수 있다.

2.3.2.2 비꼼 전략

비꼼 전략은 빈정거리며 일부러 다른 사람의 마음에 거슬리게 말
하는 전략이다.

(54) ㄱ. 어디 나랑 한판 <u>붙어보시지.</u>
　　　ㄴ. 우리 <u>아드님,</u> 참 <u>잘하셨네. 잘하셨어.</u> 전교 꼴등이나 <u>하셨네.</u>

ㄷ. 두 사람이 언제부터 이렇게 <u>친하셨대?</u>
ㄹ. 그까짓 것 사기 쳐가 살림살이 좀 <u>나아지셨대?</u>

예문 (54)를 보면 이때 선어말어미 '-시-'는 화자가 비아냥거리면서 상대방을 비꼬는 비꼼의 전략으로서 사용된 것이다. 특히 예문 (54ㄱ)은 '어머니'가 전교 꼴등을 한 '아들'에게 한 발화인데 여기서 '잘하셨네'는 정말 잘해서 하는 칭찬이 아니며 또한 '아들'에게 존대 호칭어 '아드님'과 선어말어미 '-시-'를 사용하지 않아도 된다. 이때 화자는 꼴등을 한 청자를 비꼬아서 한 발화임을 알 수 있다. 예문 (54ㄱ), (54ㄷ), (54ㄹ)은 만일 윗사람한테 존대하여 한 말이라면 '해요체'를 썼을 것인데 예문에는 '-시-'만 결합이 되었다. 이때 화자의 의도 역시 비꼼의 전략으로 '-시-'를 사용한 것이다.

2.3.2.3 칭찬 전략

칭찬 전략은 말 그대로 잘한 일이나 좋은 점, 착하고 훌륭한 일을 높이 평가하는 전략으로 일반적으로 사용하던 대우 정도와 달리 더 존대하여 칭찬하는 전략이다.

(55) ㄱ. <u>고생하셨네요.</u> 우리 <u>따님.</u> 그렇게 많던 설거지를…
ㄴ. 우리 <u>아드님</u> 참 <u>기특하셔.</u>

예문 (55)는 부모가 자식을 칭찬하는 발화로써 마찬가지로 자식을 존대하여 '-시-'를 사용할 필요가 없지만 (55ㄱ)은 어머니를 도와 설거지를 다 한 딸을 칭찬하기 위하여 어머니가 '-시-'사용한 것이고, (55ㄴ)은 기특한 아들을 칭찬하기 위하여 '-시-'를 사용한 것인데 여기서 선어말어미 '-시-'의 사용은 모두 칭찬 전략에 의하여서이다.

2.3.2.4 격려 전략

'칭찬'은 잘한 일에 대해 높이 평가하는 것이고 '격려'는 용기나 의욕이 솟아나도록 북돋아주는 것인데 격려 전략이란 청자에게 힘을 내도록 용기나 의욕이 솟아나게 북돋워 주기 위하여 대화 수준을 변화시킴으로써 긍정적인 영향을 미치려고 시도하는 전략이다.

(56)　ㄱ. 다음에는 제대로 <u>해오세요</u>. 네? 김지연 학생.
　　　ㄴ. 담에 더 잘하면 되지. <u>괜찮아요</u>. <u>기운내세요</u>. 우리 <u>동생님</u>.

예문 (56)에서의 '-시-'의 사용은 격려 전략에 의하여서이다. (56ㄱ)은 과제를 제대로 해오지 않은 학생에게 다음에는 잘해오도록 격려를 하는 의도에서 '-시-'를 사용한 것이며 (56ㄴ)은 시험을 잘 못 본 동생에게 용기를 잃지 않도록 격려하는 의도에서 존대 호칭어와 선어말어미 '-시-'를 사용한 것이다.

2.3.2.5 위협 전략

위협 전략은 말 그대로 상대방에게 강박적으로 협박을 주어 억지로 하게 하는 전략을 말한다.

(57) ㄱ. 그냥 아무 말 말고 같이 <u>가주시죠</u>.
　　 ㄴ. 좋은 말로 할 때 그 돈 빨리 <u>내놓으시지</u>.

예문 (57)에는 이 전략이 사용되어 서술어에 '-시-'가 결합되었다.

(57ㄱ)은 조용하게 같이 가자고 상대방에게 겁을 주며 억지로 가게하려는 의도에서 '-시-'를 사용하였으며 (57ㄴ)은 돈을 빨리 내놓도록 상대방에게 공포와 협박을 주려는 의도에서 윽박지르며 '-시-'를 사용한 것이다.

2.3.2.6 달램 전략

달램 전략은 흥분한 사람을 어르거나 타일러 기분을 가라앉히는 전략이다.

> (58) ㄱ. <u>그러셨어요?</u> 우리 공주님? 그렇게 <u>서운하셨어요?</u>
> ㄴ. 화 <u>푸세요.</u> 우리 예쁜이. 이따 맛있는 거 사줄게요.

예문 (58ㄱ)에서 '-시-'를 사용한 의도는 자신한테 서운함을 느끼는 여자 친구를 달래고자 사용한 것이다. 예문 (58ㄴ)은 토라진 여자 친구에게 빨리 화를 풀 수 있게끔 달램 전략으로 '-시-'를 사용한 것이다.

이렇게 예문을 보면 모두 존대하지 않아도 되는 청자에게 '-시-'를 사용하여 존대하는 것은 이때의 선어말어미 '-시-'가 여러 전략으로 발화 수반력을 높인다는 것을 알 수 있다. 이때 화자가 사용한 선어말어미 '-시-' 역시 청자를 존대하기 위하여서이다.

2.3.2.7 불평 전략

불평 전략은 화자와 청자의 대화 가운데서 청자에게 불만과 불평을 그대로 토로하기 위하여 갑자기 부정적인 의도로 화계를 낮추어 사용하는 전략이다.

(59) ㄱ. 저 절대 걔랑 같이 못 살아요. <u>불편하단 말이야!</u>
ㄴ. 모르겠어요. 아 <u>아니라니까.</u>

예문은 화자가 청자에 대한 불만과 불평을 토로하는 예문이다. 예문 (59ㄱ), (59ㄴ)을 보면 처음에는 '해요체'를 사용하였지만 대화 도중 자신의 불만을 그대로 드러내며 갑자기 '해체'를 사용하였다.

이상 대우법의 전략적 용법에 대해 살펴보았는데 이 외에도 화자가 처한 상황에 따라 여러 가지 전략들이 나타날 수 있으며 이는 언제까지나 화자의 의도에 달려있다.

2.3.2.8 완곡 전략

모든 대우법의 사용은 결국에는 화자의 의도에 달려있다. 이는 대우법의 종결어미에서 가장 두드러지게 나타나는데 일반적으로 화자가 전달하려는 의도를 표현하는 화법에는 직접적인 표현과 간접적인 표현이 있다. 직접적인 표현은 수행하고자 하는 의도를 직접적으로 표현하는 것이고 반대로 간접적인 표현은 직접적인 표현을 피하여 수행하고자 하는 의도를 간접적으로 표현하는 것이다.

(60) ㄱ. 교수님, 저 내일 출입국사무소에 가야돼서 내일 학교에 <u>못갑니다.</u>
ㄴ. 교수님, 혹시 시간 되시면 저랑 같이 <u>식사합시다.</u>
ㄷ. 선배님, 선배님께서 제시한 교육 방안은 주제에 <u>안 맞아요.</u>
ㄹ. 유진 씨, 이따 오는 길에 커피 <u>사다주세요.</u>

예문 (60ㄱ)은 학생이 자신의 교수에게 문자로 '학교에 못 간다.'고 직접 표현으로 말하는 거절상황의 예이고, (60ㄴ)은 학생이 자신의 교수에게 직접 표현으로 '같이 밥먹자.'고 말하는 청유상황의 예이고, (60ㄷ)은 수업시간에 발표를 하는 선배에게 직접 표현으로 '선배의 방안이 주제에 안 맞다.'고 제안하여 말하는 상황의 예이며 (60ㄹ)은 회사의 동급자에게 '커피 사달라.'고 직접 표현으로 요청하여 말하는 상황의 예이다. 예문(60)은 문법적으로는 종결어미에서 오류를 범한 문장은 아니다. 또한 규범적 용법에 어긋나게 사용한 문장도 아니다. 하지만 예문(60)은 듣는 사람으로 하여금 공손하지 못하고, 무례하며 상당한 불쾌감을 줄 수 있는 문장들로 상대에게 예의를 갖추어 발화하는 대우법의 개념과 모순된다. 대우법에서의 종결어미 사용은 문법적으로 문장보다는 발화 상황에 무게를 두어 '공손성'에 초점을 두어야 한다.

공손성은 상대방에 대한 존대와 배려라는 예의를 통해 인간의 상호 작용에 내재하는 갈등과 충돌을 최소화함으로써 상호 작용이 용이하도록 고안된 대인 관계상의 체계이다. 대화의 참여자들은 의사소통 과정에서 공적인 이미지인 체면을 보호하고 유지하고자 한다. 따라서 상대방의 체면을 세워주고 자신의 체면을 보호하는 언어 행위는 공손성와 예의의 표현이라고 볼 수 있다. 이와 같이 대우법은 공손성과 문법적으로는 다른 차원의 문제이지만 이 둘은 불가분리의 관계를 가지고 있다. 예문 (60)과 같이 비록 대우법을 사용하기는 했지만 예문에는 공손성과 예의는 느껴지지 않고 오히려 상대방에게 무례와 불쾌감을 줄 수 있다.

이때 종결어미는 직접 표현 대신 완곡 표현을 사용하여야 한다. 완

곡 표현은 간접 표현의 한 유형으로 듣기에 불편하거나 불쾌감을 주
는 직접 표현을 사용하지 않고 예의 바르고 듣기에 좋게 부정적인 어
감을 완화시키는 간접 표현으로 완곡하게 표현하는 것이다.[23] 예문
(60)을 완곡 표현의 종결어미로 바꿔 보면 아래와 같다.

> (61) ㄱ. 교수님, 저 내일 출입국사무소에 가야돼서 내일 학교에 <u>못갈</u>
> <u>것 같습니다.</u>
> ㄴ. 교수님, 혹시 시간 되시면 저랑 같이 <u>식사하시겠습니까?</u>
> ㄷ. 선배님, 이 컬러는 선배님에게 어울리지 <u>않는 것 같아요.</u>
> ㄹ. 유진 씨, 이따 오는 길에 커피 <u>사다줄래요?/사다줄 수 있어요?</u>

예문 (61)을 보면 앞의 예문 (61ㄱ)에서 교수님에게 '학교를 가지
못한다'는 거절 화행을 직접적으로 '못갑니다'의 거절 화행으로 사용
하는 대신 (61ㄱ)에서는 '못 갈 것 같습니다'의 완곡 표현 거절 화행으
로 윗사람에 대한 존대법과 공손함을 함께 실현하였다. 중국인 학습
자들이 가장 오류를 많이 범하는 것이 상위자에 대하여 청유할 때 명
령문을 사용하는 것이다.[24] 이는 학습자들이 '합시다'가 명령형 종결

---

23 완곡 표현은 간접 표현의 일종으로 공손성과도 연관되는데 권길호(2015:12~20)에서
는 완곡 표현은 [간접성], [완곡성], [공손성]을 지닌 표현이라고 하였다. 완곡 표현은
간접 표현의 한 유형으로 예를 들어 '그는 골로 갔다.'는 간접 표현이지만 완곡 표현은
아니고, '그는 영원히 잠들었다.'는 '죽었다'는 직접 표현을 듣기 좋게 완곡하여 표현한
간접 표현이라고 하였다. 때문에 완곡 표현은 기피 대상이 되는 개념을 간접적으로
표현하는 [간접성]이라는 특성과 함께 부드럽고 듣기 좋게 표현하려는 완곡 의도 즉,
[완곡성]이라는 특성을 지니고 있다고 하였다. 또한 여기서 기피 대상이 되는 개념의
직접 표현을 사용하지 않고 부드럽게 듣기 좋은 표현으로 간접적으로 나타내는 것은
화자가 상대의 감정이 상하는 것을 피하려는 것인데 이는 화자가 상대를 배려하고 존중
하는 공손의 개념으로 볼 수 있다고 하였다.
24 이는 제3장에서의 실태 조사에서도 나온다.

어미임을 알면서 사용한다기보다 학습자들이 청유형의 종결어미에
서 '합니다체'에 대응하는 종결어미를 찾지 못하는 원인도 있다. '합
니다체'에서의 청유형의 종결어미는 연구에 따라 '공백'으로 된 경우
도 있고 '하시지요'로 설정한 경우도 있다. 하지만 이 연구에서도 '하
시지요'를 합니다체가 아닌 '해요체'에 분리하다시피 학습자들은 '하
시지요'를 '해요체'로 인식하는 경향이 더욱 강하기 때문이다. 그리하
여 이러한 존대법의 교육에서 교사들은 문법적인 면만을 중요시하여
가르치지 말고 실제 사용하는 화행에 더욱 치중하여 가르쳐야 한다.
예문 (60ㄷ)에서는 '선배님'에게 제안을 하는 종결어미를 직접적인
제안 화행을 사용하였는데 이는 상대방에게 불쾌감을 줄 수도 있으
며 또한 억양에 따라 명령형으로 들릴 수도 있기 때문에 완곡 표현의
제안 화행을 사용하여 (61ㄷ)에서와 같이 '-것 같아요'의 종결어미를
사용하여야한다. 또한 (60ㄹ)에서와 같이 동료나 후배에게 부탁을 할
때에도 아무리 '해요체'에 선어말어미 '-시-'까지 결합하여 사용하였
다 하지만 직접적 화행으로 하여 상대에게 명령형으로 받아들여져
불쾌감을 줄 수 있다. 아무리 동기 혹은 후배라 하여도 '해요체'를 사
용하는 이상은 공손성을 더하여 완곡 표현의 요청 화행을 사용할 것
을 권유한다.

화행이란 언어를 사용하며 수반되는 발화의 일정한 행위로 의사소
통 상황에서 대화자들의 사회적 행위와 관련된 의도를 나타내는 단
위이다.[25] 이는 언어를 수반하는 특정 행위로 규정하며 발화를 기저

25 정희자(2002:76)에서는 화행의 개념에 대해 이와 같이 정의하고 현재 한국어 교육에서
화용 연구는 화행의 기능적인 면에 초점을 둔 논의들이 주를 이루는데 그 중, 요청
화행, 거절 화행이 주요 연구 대상이고 그 외에 불평하기, 사과하기, 감사하기 등의

로 행위의 의도를 파악하는 데 중요한 요소가 된다. 화자가 발화 행위를 통해 궁극적으로 이루고자 하는 바로서 이에 따라 화행의 세부적인 분류가 이어지는데 이것이 화자의 화행 목적이다. 이준희(2000:201)에서는 화행의 목적에 따른 세부 화행 중 제안 화행, 부탁 화행, 요청 화행, 거절 화행, 금지 화행, 사과 화행은 화자와 청자의 체면 위협과 밀접한 관련이 있어서 대인 관계에까지 영향을 주기 때문에 원활한 의사소통을 지향하는 언어 교육에서 매우 중요하다고 하였다. 하지만 여기서 금지 화행은 청자의 행위에 대한 화자의 부정적인 생각을 간접적으로 표출하는 것으로 청자의 행위를 방해하는 발화 행위이기도 하다. 그런 의미에서 금지는 청자의 체면을 손상할 위협이 있는 발화 행위이기 때문에 이 연구에서는 이를 배제할 것이다. 사과 화행은 말 그대로 화자가 청자에게 사진이 저지른 사회적 또는 개인적 위반 행위에 의해 손상된 청자와의 관계를 회복하기 위해 수행하는 발화로 주로 '미안하다', '사과하다', '죄송하다' 등의 명시적인 표현으로 이루어지기 때문에 종결어미와는 상관이 없으므로 이 역시 배제할 것이다. 또한 부탁 화행은 요청 화행의 범주 안에서 성격과 상황에 따라 분류된다. 이렇게 이 연구에서는 화자의 화행 목적에 따라 제안 화행, 요청 화행, 청유 화행, 거절 화행 등 네 가지 화행을 중심으로 조사를 진행하고 교육 방안을 작성할 것이다.

　청유 화행은 화자가 청자에게 어떤 행위를 같이 할 것을 요청하거나 제안하여 발화하는 행위이다. 청유 화행의 직접 표현에는 '-ㅂ시

　　영역으로 연구 범위가 확대되어 가는 추세인데 한국어 학습자들은 화행 교육을 통해 의사소통 맥락의 중요성을 인식하고 발화 수행 시 예의에 맞게 관련된 특정 표현들을 효율적으로 습득하여야 한다고 하였다.

다', '-아/어', '-지', '-자' 등이 있는데 이는 명령형 종결어미와 많은 부분이 같기 때문에 항상 청유 화행과 명령 화행은 함께 논의되어 '-ㅂ시다'를 절대적인 상위자에 사용하지 못하는 원인이기도 한다. 그리하여 청유 화행은 직접 표현보다는 완곡 표현으로 상대방에게 공손하게 발화하여 청자에게 무엇을 요구하고, 행동을 같이 직접 하기를 바라야 한다. 청유 화행의 완곡 표현에는 '-지 않겠어?, -을래?, -을 수 있어?, -수 있을까?, -(으)ㄹ까?, -(으)ㄹ래?, -(으)면 안 될까?, -겠어?' 등이 있다.

요청 화행은 화자가 자신의 요청이 거부되지 않고 수용되기를 바라기 때문에 청자가 요청을 받아들일 수 있도록 공손성을 발휘하여 발화하게 된다. 이를 통해 화자는 자신의 요청을 통해 청자가 직면하게 되는 체면 위협의 정도를 최대한 낮출 수가 있다. 요청 화행은 사회적 규범과 화청자 사이의 관계를 유지하면서 이루어져야 하기 때문에 청자에게 무리한 요청을 하거나 체면을 심하게 위협하는 행위를 해서는 안 된다. 따라서 화자는 가급적 직접적인 화행을 실현하지 않고 주로 간접적인 표현으로 완곡하게 요구할 수 있어야 한다. 요청 화행의 종결 표현에는 '-하면 안 돼?', '-아/어 줄 수 있어요?/있나요?', '-아/어요', '아/어 주세요', '-을래요?', '아/어 주지 않겠어요?' 등이 있다. 명령문과 청유문에는 모두 해요체에서 '-으세요'가 있는데 이는 화자의 발화 억양에 따라 청자가 명령문으로 느낄 수 있다. 특히 상위자에 대해서는 더욱이 사용될 수 없는 것으로 이러한 현상은 서비스업에서 많이 나타나고 있는 것을 알 수 있다. 특히 '손님, 이쪽으로 앉으세요.' 등과 같은 예문은 고객에게 명령하는 식으로 불쾌감을 줄까봐 '손님, 이쪽으로 앉으실게요.'라는 문장들이 많이 사용되는 것을 알 수 있다.[26] 표에서도 보다시피 '-을게요'는 화자 자신이 하고자 하는 행위로 선어말어미 '-시-'가 결합되면 안 될 뿐만 아니라 고객이 하는 행위에 대해서 본인이 약속을 하는 약속문의 종결어미 '-을게요'를 사용하는 자체가 틀린 문장이다. 하지만 이러한 현상이 사회적으로 점점 보편화가 된다. 그리하여 상위자에 대해서 즉 화자가 존대하고자하는 청자에 대해서는 청자의 의사를 묻는 청유의문문을 사용하여야 한다.

거절 화행은 선행 발화에서 요구한 행위에 대한 수행 의사가 없음을 나타내는 발화 행위이다. 거절 화행은 사회적 관계 속에서 개인의 이익을 보호하기 위한 협상 수행에 필수 불가결한 언어 행위이기도 하다. 따라서 한국어교육 현장에서는 거절 화행에서 사용되는 언어 표현의 형태와 그 의미 그리고 사용 전략을 적절히 교수할 필요가 있다. 예를 들어 거절 화행에서 관례적으로 사용하는 어휘인 '죄송하다'와 '미안하다'는 각 어휘가 나타내는 공손성의 정도가 다르다. 일반적으로 '죄송하다'는 청자의 연령이 화자와 비슷하거나 어릴 때는 사용하지 않는다. '미안하다'는 친밀한 사이더라도 화자에 비해 나이가 아

---

26 김려연(2015:35)에서는 현재 선어말어미 '-시-'가 과잉 사용되면서 함께 사용되는 '-을게요'에 대해, 사실 '-실게요'는 접객업소와 의료 기관 등에서 제일 먼저 사용하였지만 급물살을 타게 된 것은 최근 한 TV 오락프로에서 유행어로 확산이 되면서 사람들로 자주 사용되고 있다. 하지만 어미 '-르게'는 자신이 어떤 행동을 할 것을 약속함을 나타내는 종결 어미로써 이때 '-시-'가 붙으면 자기 자신을 존대한 것이 되기 때문이다. 오락프로에서의 예는 '보라언니 머리하고 가실게요.'인데 이는 주체인 '보라언니'를 존대하여 '갈게요'에 '-시-'가 붙은 것이다. '-실게요'를 가장 먼저 사용한 병원 관계자의 말에 따르면 이런 이상한 말을 만들어 쓰는 이유는 그냥 '앉으세요', '받으세요' 등이라고 하면 강압적으로 명령하는 것 같고, 나이 많은 어르신들에게 죄송하기 때문이라는 것이다. 이때 예문에 호칭어 '손님', '고객님', '여러분' 등을 상정할 수 있는데 이는 화자가 존대하고자 하는 대상은 청자임을 알 수 있다고 하였다.

주 많거나 사회적 지위가 높은 청자에게는 사용하지 않는다. 그러므로 '죄송하다'와 '해체'의 결합형인 '죄송해'와 같은 형태는 사용되지 않으며 선생님이나 연장자에게는 '미안합니다'라는 거절 표현을 사용하지 않는다. 하지만 한국어 화자를 자주 접하지 못하는 학습자는 그 용법을 스스로 인지하여 습득하기 어려우므로 이를 명시적으로 제시해주는 것이 바람직하다. 이외에도 거절 화행에서 쓰이는 '-(으)ㄹ 것 같다, -겠-, -게 되다'의 용법과 그 사용 제약 등을 가르치는 것 역시 학습자들에게 내재된 언어 보편적 예의 규칙을 지키기 위한 한국어의 거절 화행 능력 향상에 유의미할 것이다.[27]

제안 화행을 수행하는 전략으로는 이유 제시, 상황 점검, 단서 달기, 직접적인 호소 등이 있으며 표현 형태는 '-자', '-(으)ㅂ시다'와 같은 청유형, '-(으)면 어때요?', '-는 게/것이 낫지 않을까요?', '-(으)ㄹ래요?'와 같은 의문문, '-는 게/것이 좋겠어요', '-는 게/것이 좋을 것 같아요'와 같은 평서형 등 매우 다양하게 나타난다.

제안 화행, 요청 화행, 청유 화행, 거절 화행 등의 완곡 표현 종결어미를 제시하면 다음의 [표 22]와 같다.[28]

---

27 신범숙(2012:20)에서는 거절 화행을 직접 화행과 관례적 화행으로 나누고 이들을 각각 어휘적, 통사적 형식에 따라 분류하여 직접 화행의 어휘에는 '아니다', '싫다'가 있고 통사적 거절표현으로는 '안+V', '못+V'이 있다고 하였으며 관례적 화행 즉 간접 화행에는 어휘적 거절 표현으로 '괜찮다', '됐다', '미안하다', '죄송하다'가 있고 통사적 거절표현에는 '-겠-', '-(으)ㄹ 것 같다', '-니까', '-어서'가 있다고 하였다.

28 완곡 표현의 종결어미에 대해서 김미형(2000:32)에서는 '문장 범주의 완곡 표현들은 전달하고자 하는 정보가 부담스러운 점이 있을 때, 이것을 완화할 수 있는 표현으로 말하는 것이다. 하지만 문장 범주의 완곡 표현은 다분히 화용론적인 것으로서 한정된 목록으로는 제시할 수 없고 다만 완곡하게 표현하려는 의도가 있고 이를 위해 사용하는 여러 방식들이 있다는 예시를 할 수 있다.'고 하였다. 이에 이 연구에서는 강현화(2007)을 참고하여 제안 화행, 요청 화행, 청유 화행, 거절 화행의 완곡 표현 종결어미를

[표 22] 완곡 표현의 종결어미[29]

	종결어미
청유 화행	-지 않겠어?, -을래?, -을 수 있어?, -수 있을까?, -(으)ㄹ까?, -(으)ㄹ래?, -(으)면 안 될까?, -겠어? 등…
요청 화행	-(으)ㄹ래?, -아/어 주면 고맙겠다/좋겠다/한다, -아/어 줄 수 있어/없어?, -을 수 있어?, -수 있을까?, -(으)면 안 될까?, -겠어?, -고 싶다(싶은데), -아/어 주지 않겠어?, -아/어도 될까? 등…
거절 화행	-(으)ㄹ 것 같다, -게 되다
제안 화행	-지 않겠어?, -(으)ㄹ까?, -(으)ㄹ래?, -(으)ㄹ것 같다, -게 어때?, -는게 좋겠어, -는 게 좋을 것 같아 등…

전략적 용법의 수혜자 공손 전략, 비꼼 전략, 칭찬 전략, 격려 전략, 위협 전략, 달램 전략은 화자의 의도성이 강하기 때문에 외국인 학습자들에게는 가르칠 필요가 없지만 '완곡 전략'은 공손성과 관계되어 학습자들의 실제 의사소통 과정에서 상대방에 대해 예의, 나아가 우호적인 관계에 긍정적인 작용을 미치기 때문에 한국어 대우법 교육에서 가르칠 필요가 있다. 이에 이 연구에서는 제3장에서 중국인 고급 학습자들은 대우법의 지위, 친밀, 나이, 성별, 공적 상황과 사적 상황, 제3자의 유와 무 등 요인에 의하여 대우법을 어떻게 사용하고 있는지, 그리고 대우법의 완곡 전략을 어느 정도 사용하고 있는지 그 실태를 조사하고자 한다.

대체적으로 정리하였다.

29 이는 강현화(2007)을 참고하여 작성하였다. 강현화(2007)에서는 지시적 화행을 요청(부탁), 초대, 제의, 요구, 명령, 권고 그리고 청자 반응의 수락과 거절로 세분하여 유형 별로 직접 표현과 간접 표현의 표현 문형에 대해 제시하였다. 강현화(2007)에서는 화계별로 '합니다체', '해요체', '해체', '한다체' 모두 제시하였지만 그 의미는 같으므로 이 연구에서는 '한다체'와 '해'체의 종결 표현으로 작성하였다.

중국인의 한국어 대우법의
사용 실태 분석

3.1 조사 방법과 조사 내용

중국인 고급 학습자들의 대우법 사용 실태를 조사하기 위하여 먼저 관찰조사의 방법으로 중국인 학습자들의 대화 양상을 살펴보고 이에 근거하여 대우법의 변인과 상황을 설정하여 설문지를 작성하고 설문 조사를 실시하였다.

설문지 응답자들은 한국의 C대학교, K대학교, S대학교, Y대학교의 중국인 고급 학습자 90명을 대상으로 하여 진행하였으며 학습자들은 모두 한국어를 배운 지 24개월 이상, 한국어능력시험(TOPIC) 5급 이상의 대학생을 대상으로 하였다. 설문 조사는 2016년 3월부터 4월까지 실시되었으며 총 120부의 설문지에서 설문지를 다 완성하지 않았거나 또는 부실하게 답한 설문지를 제외하여 유효한 설문지 90부를 채택하였다.

고급 학습자를 대상으로 한 이유는 설문지의 정확도를 고려하여 고급 학습자들의 대우법 사용 실태를 파악하기 위한 동시에 또한 중

국인 고급 학습자들이 대우법을 사용함에 있어서 종결어미에서 완곡
표현을 어느 정도 사용하고 있는지를 알기 위함이다. 이는 대우법은
화행과 밀접한 연관을 가지고 있기 때문에 실제 생활에서 특히 존대
하여야 하는 대상에게 존대법을 사용하는 경우 직접 표현보다는 완
곡 표현으로 공손함을 나타내어 사용하여야 한다. 그리하여 고급 학
습자의 대우법 사용 실태 결과를 중급 학습자를 대상으로 하는 교육
방안에 접목시키기 위하여 고급 학습자를 조사 대상으로 하였다.

[표 23] 조사 대상자의 성별, 한국어능력시험 급수 분포

한국어능력시험　　　　성별	남	여	합계
5급	11	34	45
6급	12	33	45
합계	23	67	90

위의 [표 23]에서와 같이 조사 대상자는 한국어능력시험 5급의 남
학생 수는 11명이고 여학생 수는 34명이며 한국어능력시험 6급의 남
학생 수는 12명이고 여학생 수는 33명이다.

설문 문항은 총 12개의 문항으로 먼저 대우법에 대한 의식 조사 설
문 문항 3개를 설정하여 중국인 고급 학습자들이 대우법의 체계를
주체대우법, 청자대우법, 객체대우법으로 분류하였을 때 주체대우
법, 청자대우법, 객체대우법의 개념에 대해 어느 정도 알고 있는지
조사하였다. 다음 9개 문항은 크게 화자와 청자 간의 대우법의 사용,
화자, 청자 그리고 제3자 간의 대우법의 사용 등 두 범주로 나뉘어
주로 '지위 요인', '나이 요인', '친밀 요인', '성별 요인' '공적 상황과
사적 상황 요인', '제3자의 유와 무 요인' 등 여섯 가지 사회적 변인으

로 호칭어, 1인칭의 사용, 조사, 선어말어미 '-시-', 어휘, 종결 표현
의 사용을 조사하였다. 학습자들의 부담을 덜어주기 위하여 호칭어,
1인칭의 사용, 조사, 선어말어미 '-시-'에 대한 조사는 객관식으로
설정하였으며 주요 조사 내용인 완곡 표현의 사용에 대해서는 학습
자들이 종결 표현을 어떻게 다양하게 사용하고 있는지 살펴보기 위
하여 주관식으로 설정하였다. 아래 [표 24], [표 25]는 설문 조사 내
용 및 문항 구성이다.

[표 24] 설문 조사 내용 및 문항 구성(화자&청자)

대상	관계 요인	조사 내용	문항
교수	+지위	교수님에게 나와 같이 밥 먹자고 청유하기	1
선배	-친밀	친하지 않은 선배에게 팀플 나와 같이 하자고 청유하기	2
	-친밀	친하지 않은 선배에게 오늘 팀플 못 간다고 거절하기	2-1
	+친밀	친한 선배에게 내일 영화 못 본다고 거절하기	2-2
동기	+친밀	수업 끝나고 도서관에 같이 가자고 청유하기	3
	-친밀, +나이	이 책을 철수에게 주라고 요청하기	3-1
	-친밀, -나이, 동성	동기 바로 옆에 있는 연필을 달라고 요청하기	3-2
	-친밀, -나이, 이성		3-3
후배	+친밀	밥 다 먹고 커피 마시자고 청유하기	4
	+친밀, 사적	같이 쇼핑가서 후배에게 흰색이 더 어울린다고 제안하기	5
	+친밀, 공적	세미나, 이 방안은 너무 어렵다고 제안하기	5-1

위 [표 24]는 화자와 청자 사이의 대우법의 설문 조사 내용 및 문항
구성으로 지위에 따른 '절대적 상위자', '선배', '동기', '후배'인 청자
에 대하여 대우법의 [±친밀], [±나이], [동성/이성 간], [공적/사적]
등 관계 요인에 의하여 대우법이 각각 어떻게 실현되는지, 그리고 종

결어미의 화행 사용은 어떠한지 조사하기 위하여 청자에 대한 화자의 대우법 설문 조사 내용으로 구성하였다.

[표 25] 설문 조사 내용 및 문항 구성 (화자 & 청자 & 제3자)

대상	지위 요인	환경 요인	조사 내용	문항
청자: 친구 제3자: 동기	제3자=청자=화자	제3자無 제3자有	친한 친구에게 안 친한 동기에 대한 소식 알려주기	6
청자: 교수 제3자: 다른 교수	청자=제3자>화자	제3자無	교수님께 다른 교수님한테서 온 전화 내용을 전달하기	7
청자: 교수 제3자: 선배	청자>제3자>화자	제3자無	수업시간에 출석 부르는 교수님께 선배가 어제 교통사고를 당해 입원했다고 알려주기	8
청자: 선배 제3자: 교수	제3자>청자>화자	제3자無	선배에게 교수님이 이번 주까지 리포트 제출하라고 말했다고 알려주기	9

　화자, 청자, 제3자 사이의 대우법 사용에 대한 설문 조사 내용은 모두 4개의 문항으로 구성하였는데 [문항 6]은 같은 지위의 화자, 청자, 제3자 사이의 대우법 사용을 제3자가 현장에 있을 때와 없을 때의 상황으로 설정하여 대우법의 사용이 어떻게 달라지는지 조사하였다. [문항 7]~[문항 9]까지는 화자, 청자, 제3자 사이의 지위 요인에 따른 문항으로 앞에서 지위 요인에 의하여 다섯 가지 관계를 제시하였다. 하지만 '청자>화자≧제3자'와 '제3자>화자≧청자'관계는 배제하였는데 [-지위]인 '청자>화자≧제3자'관계에서의 제3자와 '제3자>화자≧청자'에서의 청자는 비존대의 대상으로 비존대법이 실현되기 때문에 [+지위]인 '청자>제3자>화자'에서의 청자와 '제3자>청자>화자'에서의 제3자를 존대하는 양상과 같기 때문에 설문 조사 문항에서는 배제하였다. 이렇게 화자, 청자, 제3자의 관계로 4가지 상황을 설

정하여 [표 25]와 같이 문항을 구성하였다.

설문지에 대한 응답의 통계 처리는 SPSS 23.0을 사용하였다.

3.2 중국인 학습자의 대우법 사용 실태

중국인 학습자의 대우법 사용 실태는 먼저 주체대우법, 청자대우법, 객체대우법에 대한 의식 조사, 그리고 화자와 청자 간의 대우법 사용 실태, 화자와 청자 그리고 제3자 간의 대우법의 사용 실태로 분류하였다.

3.2.1 대우법에 대한 의식 조사

본격적으로 대우법의 사용에 대한 조사를 진행하기 전, 이 연구에서는 지금까지 주체대우법, 청자대우법, 객체대우법의 체계로 분류된 개념에 대해서 학습자들은 과연 정확하게 파악하고 있는지를 조사하기 위하여 주체대우법, 청자대우법, 객체대우법의 개념에 대한 설문 조사를 실시하였다. 주체대우법의 개념에 대한 설문 결과는 [표 26]과 같다.

[표 26] 주체대우법의 개념에 대한 설문 결과

[문항 A] 주체대우법이란?	
① 선어말어미 '-시-'를 사용하는 것이다.	13(14.4%)
② 문장의 주어를 높이거나 안 높이는 방법이다.	36(40.0%)
③ 술어의 동작이나 상태를 나타내는 대상을 높이거나 안 높이는 방법이다.	12(13.3%)
④ 모르겠다.	29(32.2%)
합계	90(100%)

주체대우법에서 주체는 '술어의 동작이나 상태를 나타내는 대상'을 가리킨다. [표 26]을 보면 중국인 고급 학습자들이 주체대우법의 개념에 대해 가장 많이 선택한 항목은 ②번으로 40%를 차지하고 있는데 학습자들은 주체대우법에서의 주체는 주어를 가리킨다고 인식하고 있다. 또한 선어말어미 '-시-'를 사용하는 방법이라고 답한 학습자는 13명으로 14.4%를 차지하였다. '모르겠다'고 답한 학습자도 적지 않은데 29명으로 전체 학습자의 32.2%를 차지하였다. 90명의 학습자들 중 주체대우법의 개념에 대해 알고 있는 학습자는 단 12명으로 나타난 것으로 보아 학습자 대부분은 주체대우법의 개념에 대해 잘 모른다는 것을 알 수 있다.

[표 27] 청자대우법의 개념에 대한 설문 결과

[문항 B] 청자대우법이란?	
① 듣는 사람을 높여서 말하는 방법이다.	34(37.8%)
② 듣는 사람을 대접하여 말하는 방법이다.	17(18.9%)
③ 듣는 사람을 높이거나 안 높여 말하는 방법이다.	20(22.2%)
④ 모르겠다.	19(21.1%)
합계	90(100%)

청자대우법은 '듣는 사람을 높이거나 안 높여 말하는 방법'으로 정답은 ③번이다. 중국인 고급 학습자들이 청자대우법의 개념에 대한 조사를 보면 가장 많이 선택한 문항은 ①번으로 학습자들은 높이는 것만 대우법이라고 인식하는 경우가 많은 것으로 보인다. '대우'라는 개념에 의하여 이를 '대접'의 개념으로 이해하고 ②번을 선택한 학습자도 17명으로 18.9%를 차지하였다. '모르겠다'고 답한 학습자는 19

명으로 청자대우법의 개념에 대해 잘 모르는 학습자는 70명으로 77.8%를 차지한다.

[표 28] 객체대우법의 개념에 대한 설문 결과

[문항 C] 객체대우법이란?	
① 제3자를 높이거나 낮추는 방법이다.	25(27.8%)
② 문장의 서술어의 대상을 높이거나 안 높이는 방법이다.	16(17.8%)
③ 문장의 목적어나 부사어가 지시하는 대상을 높이거나 안 높이는 방법이다.	11(12.2%)
④ 모르겠다.	38(42.2%)
합계	90(100%)

객체대우법에서 객체는 제3자를 가리키는 것이 아니라 문장에서 목적어나 부사어가 지시하는 대상을 말한다. 학습자들의 객체대우법에 대한 의식 수준을 보면 '모르겠다'고 답한 학습자가 가장 많았으며 38명으로 42.2%를 차지한다. 객체를 제3자로 인식한 학습자도 25명으로 27.8%를 차지한다. [표 28]을 보면 객체대우법의 개념에 대한 설문 결과에서 정답률은 단 12.2%에 불과한 것을 볼 수 있다.

이와 같이 중국인 고급 학습자들은 한국어능력시험 5급과 6급에 해당하지만 대우법의 주체대우법, 청자대우법, 객체대우법의 개념에 대한 인식 수준이 낮은 것으로 나타났으며 '모르겠다'고 답한 학습자가 적지 않은 것을 알 수 있다.

3.2.2 화자와 청자 간의 대우법 사용 실태

화자와 청자 간의 대우법의 사용 실태 조사는 [지위], [친밀], [나이], [동성 간/이성 간], [공적 상황과 사적 상황], [제3자의 유와 무]

등 요인에 의하여 대우법의 사용 양상과 상황 별로 종결어미에서의 완곡 표현의 사용을 각각 살펴보았다.

3.2.2.1 지위

학교 내에서의 대우법의 사용이 지위 요인으로 분류되는 것은 일반적으로 절대적인 상위자 '교수', 그리고 '선배', '동기', '후배'로 나뉜다. [문항 1]은 절대적인 상위자 '교수'에 대한 대우법의 사용 조사 문제이고 [문항 2]는 '선배'에 대한 대우법의 사용 문제, [문항 3]은 '동기', [문항 4]는 '후배'에 대한 조사 내용으로 지위 요인에 따른 학습자들의 대우법의 사용 양상과 청유 화행의 완곡 표현 사용을 살펴보기 위하여 작성하였다.

[문항 1] 당신은 지금 당신의 교수에게 '시간이 되면 나와 같이 밥을 먹자'는 말을 하려고 합니다. 당신은 어떻게 말합니까?

[표 29] 절대적 상위자에 대한 청유 화행의 대우법 사용 양상

선택항목 사용 양상					합계
호칭어	교수	0(0%)	교수님	90(100%)	90(100%)
선어말어미	되면	3(3.3%)	되시면	87(96.7%)	90(100%)
1인칭	나	0(0%)	저	90(100%)	90(100%)
어휘	밥	4(4.4%)	식사	86(95.6%)	90(100%)

종결어미 사용 양상

	완곡 표현		직접 표현	합계
합니다 체	하시겠습니까?	6(6.7%)		15 (16.7%)
	하셔도 됩니까?	5(5.6%)		
	할 수 있으십니까?	2(2.2%)		

	하시면 어떻습니까?	2(2.2%)			
	소계	15(16.7%)			
해요체	하실래요?	9(10.0%)	하세요	3(3.3%)	35 (38.9%)
	하실 수 있으세요?	5(5.6%)	해요	2(2.2%)	
	하면 어떠세요?	3(3.3%)	하시지요	1(1.1%)	
	하시겠어요?	3(3.3%)			
	하실까요?	2(2.2%)			
	하실 시간 있으세요?	2(2.2%)			
	하시면 어떨까요?	1(1.1%)			
	하시면 안 될까요?	1(1.1%)			
	가능하세요?	1(1.1%)			
	해도 될까요?	1(1.1%)			
	할 수 있나요?	1(1.1%)			
	소계	29(32.2%)	소계	6(6.7%)	
하오체			합시다	19(21.1%)	34 (37.8%)
			하십시다	15(16.7%)	
			소계	34(37.8%)	
오류	잡수시겠습니까?	1(1.1%)	잡술래요?	1(1.1%)	6 (6.7%)
	드실까요?	1(1.1%)	드시면 되십니까?	1(1.1%)	
	드실래요?	1(1.1%)	드세요	1(1.1%)	
합계					90 (100%)

절대적인 상위자에 대해서, 특히 절대적인 상위자가 제3자가 아닌 청자에 대해서는 존대법의 최대존대를 사용하는 것을 원칙으로 하여야 한다. 학습자들이 절대적인 상위자에 대한 존대법의 사용 양상을 살펴보면 [표 29]와 같이 절대적인 상위자인 청자에 대한 호칭어의 사용에서 학습자들의 오류는 0%이며 선어말어미 '–시–'를 사용하지

않은 학생은 3명으로, 3.3%를 차지하고, 1인칭인 화자 자신에 대하여 학습자 100% 전체가 1인칭 겸손 표현을 사용하였다. 존대 어휘를 사용하지 않고 일반 어휘 '밥'으로 답한 학생은 4명으로 4.4%를 차지한다.

절대적인 상위자인 청자에 대하여 '합니다체'를 사용한 학습자는 모두 15명으로 16.7%를 차지하고 '해요체'를 사용한 학습자는 35명으로 38.9%를 차지하여 '합니다체'보다 '해요체'를 사용한 학습자가 더 많은 것으로 나타났다. 하지만 [표 29]를 살펴보면 '하오체'의 종결어미를 사용한 학습자가 34명으로 37.8%를 차지하는데 이들 중 '합시다'를 사용한 학습자는 19명으로 21.1%를 차지하고 '하십시다'를 사용한 학습자는 15명으로 16.7%를 차지하였다. 학습자들은 '합니다체'로 절대적인 상위자를 존대하여야 한다는 것은 알고 있지만 '합시다'와 '하십시다'는 '하오체'임을 모르기 때문에 범한 오류인 것으로 나타났다. 설문 후 개인 면담을 통하여 요해한 결과 이는 학습자들이 학습과정에서 '합니다체'에 해당하는 적절한 청유형의 종결 표현을 찾지 못한데 있다. 앞에서도 제시하다시피 많은 연구에서 '합니다체'에 해당하는 청유형의 종결 표현에 '(하시지요)'로 설정하였다. 하지만 이 연구에서 '하시지요'를 '해요체'로 본 것과 같이 학습자들의 인지 능력 속에서도 이를 '해요체'에 해당한다고 생각하기 때문에 '합니다체'에서는 적절한 종결 표현을 찾지 못하여 '합시다'를 사용한 것이라고 하였다. 대우법의 교육과정에서 교사는 응당 '-ㅂ시다'는 명령형 종결어미로 '하오체'에 속하며 동급자끼리 존대하는 경우에는 사용할 수 있으나 이는 '합니다체'가 아님을 설명하고 '-ㅂ시다'는 윗사람에게는 절대 사용하지 못함을 학습자들에게 인지시켜야 한다.

이렇게 절대적인 상위자에 대한 학습자들의 종결 표현을 살펴보면 '합니다체'의 완곡 표현을 사용한 학습자는 15명으로 16.7%를 차지하며 '해요체'의 완곡 표현을 사용한 학습자는 29명으로 32.2%를 차지한다. [문항 1]에서 완곡 표현을 사용한 학습자는 48.9%로 절반에 미치지 못하였다. '합니다체'의 직접 표현을 사용한 학습자는 19명으로 21.1%를 차지하고 '해요체'의 직접 표현을 사용한 학습자는 6명으로 6.7%를 차지하여 [문항 1]에서 직접 표현을 사용한 학습자는 25명으로 27.8%를 차지한다.

완곡 표현의 종결어미는 다양하게 나타났는데 '합니다체'에서는 '하시겠습니까?'를 가장 많이 사용하였으며 6명으로 6.7%를 차지하고 '해요체'에서는 '하실래요?'를 사용한 학습자는 9명으로 10.0%를 차지한다. 다음 '하시겠어요?', '하실까요?', '하면 안 될까요?' 등 종결 표현들이 골고루 나타난 것을 알 수 있다.

또한 이 연구에서는 '하세요'와 '해요'를 오류로 보았는데 문법적인 오류는 아니나 이는 절대적인 상위자에 대한 대우법의 사용에 있어서 공손성이 떨어지는 직접 표현을 사용하였기 때문에 화행 오류로 판단하였다. 다음 '드실까요?', '드시면 되십니까?', '드실래요?', '드세요', '잡수시겠습니다', '잡술래요'와 같이 '먹다'의 존대 어휘 '드시다'와 '잡숫다'로 절대적인 상위자를 존대하고자 한 것으로 보인다. 하지만 앞에서 '밥'에 대한 존대 어휘의 선택 항목으로 '식사'를 선택하였다면 종결어미는 '하다'가 결합되어야 하는데 '밥'을 선택한 오류를 보여 종결 표현의 사용에 있어서도 오류를 범한 것이다. 종결 표현의 사용에 있어서 오류를 범한 학습자가 많기는 하나 결과적으로 보면 절대적인 상위자에 대해서 학습자들은 '해요체'보다는 '합니다체'를 많이 사용하는 것을 알 수 있다.

다음은 '선배'에 대한 대우법의 문항과 조사 결과이다.

[문항 2] 당신은 당신과 친하지 않은 선배에게 '조별 과제를 나와 같이
하자'고 청유하여 말하려고 합니다. 당신은 어떻게 말합니까?

[표 30] 선배에 대한 청유 화행의 대우법 사용 양상

선택항목 사용 양상					합계
호칭어	선배	6(6.7%)	선배님	84(93.3%)	90(100%)
1인칭	나	7(7.8%)	저	83(92.2%)	90(100%)

종결어미 사용 양상

	완곡 표현		직접 표현		합계
합니다체	하시겠습니까?	6(6.7%)			10 (11.1%)
	할 수 있으십니까?	4(4.4%)			
	소계	10(11.1%)			
해요체	하실래요?	7(7.8%)	하세요	12(13.3%)	54 (60.0%)
	하시겠어요?	5(5.6%)	해요	8(8.9%)	
	하실까요?	4(4.4%)			
	하면 안 될까요?	3(3.3%)			
	하는 게 어때요?	2(2.2%)			
	하실 수 있으세요?	2(2.2%)			
	할래요?	2(2.2%)			
	할까요?	2(2.2%)			
	할 수 있으세요?	2(2.2%)			
	할 수 있나요?	2(2.2%)			
	하셨으면 좋겠어요	1(1.1%)			
	하지 않으시겠어요?	1(1.1%)			

	하면 안 돼요?	1(1.1%)		
	소계	34(37.8%)	소계	20(22.2%)	
하오체			합시다	18(20.0%)	36 (40%)
			하십시다	8(8.9%)	
			소계	36(40%)	
합계					90 (100%)

친하지 않은 선배에 대한 호칭어로 중급 학습자들은 '선배'보다는 '선배님'을 더 많이 사용하는 것으로 나타났으며 학습자 84명, 즉 93.3%의 학습자들이 '선배님'을 사용한다고 하였다. 1인칭 겸손 표현으로는 '나'를 사용한다고 한 학습자가 7명으로 7.8%를 차지하며 '저'를 사용한다고 한 학습자가 83명으로 92.2%를 차지한다.

친하지 않은 선배에 대한 종결어미로 '합니다체'를 사용한 학습자는 10명으로 11.1%를 차지하고 '해요체'를 사용한 학습자는 54명으로 60.0%를 차지한다. 하지만 여기서도 '하오체'의 '합시다'와 '하십시다'를 사용한 학습자가 모두 36명으로 40%를 차지하는 것으로 나타난다. 이는 '합시다'와 '하십시다'를 '합니다체'로 본 결과이다.

친하지 않은 선배에 대한 청유 화행의 사용 양상을 살펴보면 '합니다체'의 완곡 표현을 사용한 학습자는 10명으로 11.1%를 차지하며 '해요체'의 완곡 표현을 사용한 학습자는 34명으로 37.8%를 차지하여 친하지 않은 선배에 대한 청유 화행의 완곡 표현을 사용한 학습자는 모두 44명으로 48.9%를 차지한다. '해요체'의 직접 표현을 사용한 학습자는 20명으로 22.2%를 차지하고 '하오체'의 '합시다'를 사용한 학습자는 18명으로 20%를 차지하여 모두 38명으로 42.2%의 학습자가 직접 표현을 사용하였다. 완곡 표현의 사용에 있어서는 '합니다체'의 '하시겠습니까?'를 가장 많이 사용하였으며 '해요체'에서는 '하실래요?'를 가장 많이 사용한 것으로 나타난다. 다음 '하실까요?', '하면 안 될까요?', '하는 게 어때요?' 등 종결 표현들이 골고루 다양하게 나타났음을 알 수 있다.

다음은 '동기'에 대한 대우법의 문항과 조사 결과이다.

[문항 3] 당신은 당신과 친한 동기 김유진(동성)에게 '수업 끝나고 도서관에 나랑 같이 가자'고 청유하여 말하려고 합니다. 당신은 어떻게 말합니까?

[표 31] 동기에 대한 청유 화행의 대우법 사용 양상

선택항목 사용 양상					합계
호칭어	유진아	79(87.8%)	김유진	1(1.1%)	90(100%)
	유진 씨	6(6.7%)	김유진 씨	4(4.4%)	
1인칭	나	82(91.1%)	저	8(8.9%)	90(100%)

종결어미 사용 양상

	완곡 표현		직접 표현		합계
해요체			가요	3(3.3%)	3(3.3%)
하오체			갑시다	3(3.3%)	3(3.3%)
해체	갈래?	12(13.3%)	가	13(14.4%)	28(31.1%)
	갈까?	3(3.3%)			
한다체			가자	52(57.8%)	52(57.8%)
오류	갑니까?	2(2.2%)	갈 거예요?	1(1.1%)	4(4.4%)
	가라	1(1.1%)			
합계					90(100%)

친한 동기에 대한 호칭어로 중국인 학습자들은 '이름+아'인 '유진 아'를 가장 많이 사용한다고 하였으며 모두 79명의 학습자로 87.8% 를 차지한다. 다음으로는 '유진 씨'가 6명으로 6.7%를 차지하며 다음 '김유진 씨'가 4명으로 4.4%, '김유진'이 1명으로 1.1%를 차지하였다. 1인칭의 사용에 대해서는 일반 1인칭 '나'를 사용한 학습자가 82명으로 91.1%를 차지하였으며 겸손 1인칭 '저'는 8명으로 8.9%를 차지하였다.

친한 동기에게 사용하는 종결 표현으로는 '한다체'의 '가자'를 가장 많이 사용하였는데 90명 중 52명의 학생이 '가자'를 사용하였으며 이는 전체의 57.8%를 차지하였다. 그 다음으로는 '해체'의 '가'를 많이 사용하였는데 14.4%를 차지하며 '갈래?'가 12명으로 13.3%를 차지하였다. 그리고 '가요', '갈까?', '갑시다'가 각각 3명씩 각각 3.3%씩 차지하였다. 친한 동기에게 사용하는 대우법의 종결어미로 '한다체'를 가장 많이 사용하여 57.8%를 차지하며 그다음 '해체'를 많이 사용하였는데 28명으로 31.1%를 차지하였다.

청유 화행의 사용에 있어서 [표 31]에서 보다시피 존대법의 완곡 표현을 사용한 학습자는 없으며 존대법의 직접 표현을 사용한 학습자는 '하오체'의 '갑시다'와 '해요체'의 '가요'가 각각 3명으로 모두 6.6%의 학습자가 사용하였다. 비존대법의 완곡 표현 사용을 살펴보면 '해체'의 '갈래?'와 '갈까?'가 각각 12명-13.3%, 3명-3.3%로 모두 15명, 16.7%의 학습자가 비존대법의 완곡 표현을 사용하였다. 반면 비존대법의 직접 표현을 사용한 학습자는 '가자'가 52명으로 57.8%를 차지하였고 '가'가 13명으로 14.4%를 차지하여 모두 65명으로 72.2%에 달하는 학습자가 직접 표현을 사용하였다.

'후배'에 대한 대우법의 문항과 조사 결과는 아래와 같다.

[문항 4] 당신은 친한 후배 김유진과 밥을 먹고 있습니다. 당신은 이 후배에게 '밥 다 먹고 같이 커피 마시자'고 말하려고 합니다. 당신은 어떻게 말합니까?

[표 32] 후배에 대한 청유 화행의 대우법 사용 양상

호칭어의 사용 양상				합계
유진아	86(95.6%)	유진 씨	2(2.2%)	90
김유진	1(1.1%)	김유진 씨	1(1.1%)	(100%)

종결어미 사용 양상					
	완곡 표현		직접 표현		합계
해요체			마셔요	3(3.3%)	3(3.3%)
해체	마실래?	9(10.0%)	마셔	21(23.3%)	33(36.7%)
	마실까?	3(3.3%)			
한다체			마시자	53(58.9%)	53(58.9%)
오류	마십니까?	1(1.1%)			1(1.1%)
합계					90(100%)

친한 후배에 대한 호칭어로는 '유진아'를 가장 많이 사용한다고 하였으며 86명으로 95.6%를 차지하였고 '유진 씨'가 2명으로 2.2%, '김유진'과 '김유진 씨'가 각각 1명으로 1.1%씩을 차지하였다.

종결어미의 사용에 있어서 존대법의 '해요체'를 사용한 학습자는 3명으로 3.3%를 차지하였다. 나머지 학습자들은 모두 비존대법을 사용한 것으로 나타났는데 '해체'를 사용한 학습자는 33명으로 36.7%를 차지하고 '한다체'를 사용한 학습자는 53명으로 58.9%를 차지하였다.

여기서 친한 후배에 대한 청유 화행의 종결 표현을 살펴보면 '해체'
의 완곡 표현을 사용한 학습자는 '마실래?'가 9명으로 10%를 차지하
고 '마실까?'가 3명으로 3.3%를 차지하여 모두 12명의 학습자가 완곡
표현을 사용하였다. 이는 전체 학습자의 13.3%를 차지한다. 나머지
학습자들은 모두 직접 표현을 사용하였는데 여기서 '합니다체'의 '마
셔요'를 사용한 학습자는 3.3%를 차지하였으며 '해체'의 '마셔'는 21
명으로 23.3%를 차지하였고 '한다체'의 '마시자'가 53명으로 58.9%
를 차지하여 가장 많이 사용한 것으로 나타났다.

[표 33] 지위 요인에 의한 대우법의 사용 양상

	존대법			비존대법		합계
+지위 (절대적 상위자)	교수님		90 (100%)	교수	0 (0%)	90 (100%)
	되시면		87 (96.7%)	되면	3 (3.3%)	90 (100%)
	저		90 (100%)	나	0 (0%)	90 (100%)
	식사		86 (95.6%)	밥	4 (4.4%)	90 (100%)
	존대 종결 어미	합니다체	15 (16.7%)	비존대 종결어미	0 (0%)	90 (100%)
		해요체	35 (38.9%)			
		하오체	34 (37.8%)			
	종결어미 오류			6 (6.6%)		
+지위	선배님/선배		90 (100%)	–	–	90 (100%)
	저		83 (92.2%)	나	7 (7.8%)	90 (100%)

지위	구분		수(%)	구분		수(%)	합계
	선배님/선배		90 (100%)	–		–	90 (100%)
	저		83 (92.2%)	나		7 (7.8%	90 (100%)
	존대 종결어미	합니다체	10 (11.1%)	비존대 종결어미		0 (0%)	90 (100%)
		해요체	54 (60.0%)				
		하오체	36 (40.0%)				
=지위	유진씨/김유진씨		10 (11.1%)	김유진/유진아		80 (88.9%)	90 (100%)
	저		8 (8.9%)	나		82 (91.1%)	90 (100%)
	존대 종결어미	해요체	3 (3.3%)	비존대 종결어미	해체	28 (31.1%)	90 (100%)
		하오체	3 (3.3%)		한다체	52 (57.8%)	
	종결어미 오류					4 (4.4%)	
-지위	유진씨/김유진씨		3 (3.3%)	김유진/유진아		87 (96.7%)	90 (100%)
	존대 종결어미	합니다체	1 (1.1%)	비존대 종결어미	해체	33 (36.7%)	90 (100%)
		해요체	3 (3.3%)		한다체	53 (58.9%)	

위의 [표 33]은 지위 요인에 의한 중국인 고급 학습자들의 대우법의 사용 양상 결과이다. 보다시피 절대적인 상위자와 지위가 높은 선배에 대하여서는 존대 호칭어, 선어말어미 '-시-', 겸손 1인칭, 존대 어휘를 사용하지 않은 학생은 있지만 종결어미에서는 화자보다 지위가 높은 청자에게 학습자 100% 모두가 존대 종결어미를 사용하였다. 앞의 [표 29]와 [표 30]에서와 같이 절대적인 상위자와 [+지위]인 청

자에 대한 청유 화행의 종결어미에 '하오체'인 '합시다'와 '하십시다'
를 '합니다체'로 알고 사용하는 오류를 범하긴 하였지만 그래도 절대
적인 상위자에 대해서는 '합니다체'나 '해요체'의 존대법을 사용해야
한다는 것은 인식하고 있는 것이다. 하지만 지위가 같은 동기와 지위
가 화자보다 낮은 후배에 대해서는 비존대법을 사용하여 90%의 학습
자들은 동기에게 비존대 종결어미를 사용하여 비존대법을 사용하였
고, 95.6%의 학습자들이 후배에게 비존대 종결어미로써 비존대법을
사용하였다. 즉 화자보다 지위가 높은 청자에게는 존대법을 사용하
였고, 화자와 지위가 같거나 화자보다 지위가 낮은 청자에게는 비존
대법을 사용하는 것으로 나타났다. 또한 절대적인 상위자에 대해서
는 종결어미의 사용에 있어서 '합니다체'를 가장 많이 사용하는 것으
로 나타나고 '+지위'인 선배에 대해서는 '해요체'를 가장 많이 사용하
는 것으로 나타났으며 '=지위'거나 '-지위'인 동기와 후배에 대해서
는 '한다체'를 가장 많이 사용하는 것으로 나타났다.

[표 34] 지위 요인에 의한 종결 표현의 사용 양상

	완곡 표현	직접 표현	오류	합계
+지위 (교수)	44 (48.9%)	40 (44.4%)	6 (6.7%)	90 (100%)
+지위 (선배)	44 (48.9%)	38 (42.2%)	8 (8.9%)	90 (100%)
=지위 (동기)	15 (16.7%)	71 (78.9%)	4 (4.4%)	90 (100%)
-지위 (후배)	13 (14.4%)	77 (85.6%)	−	90 (100%)

지위 요인에 따라 중국인 고급 학습자들의 완곡 표현의 사용을 보

면 절대적인 상위자인 '교수'와 [+지위]인 '선배'에게 완곡 표현을 사용한 학습자는 각각 44명으로 48.9%를 차지하였다. 이는 전체 학습자의 절반도 안 되는 수로 절대적인 상위자와 [+지위]인 청자에게 직접 표현을 사용한 학습자도 각각 44.4%와 42.2%를 차지하는 것으로 보아 중국인 고급 학습자들은 [+지위]인 사람에게 존대법을 사용하여야 하는 것은 알고 있지만 직접 표현이 상대방에게 공손하지 못하고 무례를 범할 수 있는 표현으로 특히 윗사람에게는 가급적으로 사용하지 말아야 함을 모르는 것이다.

[=지위]인 '동기'와 [−지위]인 '후배'에게는 완곡 표현보다 직접 표현을 더 많이 사용하는 것으로 나타났다.

3.2.2.2 친밀

친밀에 관한 설문지의 구성은 친한 선배와 친하지 않은 선배에 대한 대우법의 설문 내용으로 작성하였으며 각각 [문항 2-1]과 [문항 2-2]이다.

[문항 2-1] 당신은 2번의 이 선배에게 '내가 내일 팀플 못 간다'고 거절하여 말하려고 합니다. 당신은 어떻게 말합니까?

[표 35] 친하지 않은 선배에 대한 거절 화행의 대우법 사용 양상

선택항목 사용 양상					합계
호칭어	선배	6(6.7%)	선배님	84(93.3%)	90(100%)
1인칭	내	7(7.8%)	제	83(92.2%)	90(100%)

종결어미 사용 양상

		완곡 표현		직접 표현		합계
합니다체	못 갈 것 같습니다	33(36.7%)	못 갑니다	19(21.1%)		62(68.9%)
	못 가게 되었습니다	7(7.8%)	못 가겠습니다	3(3.3%)		
	소계	40(44.4%)	소계	22(24.4%)		
해요체	못 갈 것 같아요	11(12.2%)	못 가요	8(8.9%)		26(28.9%)
	못 가게 되었어요	2(2.2%)	못 가겠어요	5(5.6)		
	소계	13(14.4%)	소계	13(14.4%)		
오류	못 갈 것 같은데	1(1.1%)	못 갈게요	1(1.1%)		2(2.2%)
합계						90(100%)

친하지 않은 선배에 대한 대우법의 사용 양상을 살펴보면 호칭어로 '선배'라고 한다고 한 학습자는 6명으로 6.7%를 차지하고 존대 호칭어 '선배님'을 사용한다고 한 학습자는 84명으로 거의 대부분을 차지한다. 1인칭의 사용에 있어서 '내'라고 한다고 한 학습자는 7명으로 7.8%를 차지하며 1인칭 겸손 표현 '제'를 사용한다고 한 학습자는 83명으로 92.2%를 차지한다.

친하지 않은 선배에 대한 종결어미의 사용에 있어서 '합니다체'를 사용한다고 한 학습자는 62명으로 68.9%를 차지하고 '해요체'를 사용한다고 한 학습자는 26명으로 28.9%를 차지하여 전체 학습자가 존대법의 존대 종결어미를 사용하였음을 알 수 있다. 그 외 오류를 범한 학습자는 2명으로 2.2%를 차지하였다.

친하지 않은 선배에 대한 거절 화행의 종결 표현을 살펴보면 '합니다체'의 완곡 표현을 사용한 학습자는 40명으로 44.4%를 차지하며 '해요체'의 완곡 표현을 사용한 학습자는 13명으로 14.4%를 차지하

여 친하지 않은 선배에 대해 거절 화행을 사용한 학습자는 모두 53명
으로 58.9%를 차지하였다. 직접 표현을 사용한 학습자는 '합니다체'
가 22명으로 24.4%를 차지하며 '해요체'를 사용한 학습자는 13명으
로 14.4%를 차지하여 친하지 않은 선배에 대한 직접 표현을 사용한
학습자는 35명으로 38.9%를 차지하였다.

　다음은 친한 선배에 대한 대우법 조사의 문항과 결과이다.

　　[문항 2-2] 당신은 당신과 평소에 친한 선배(동성)에게 '<u>주말에 보기로</u>
　　　　　　<u>한 영화 못 본다</u>'고 약속하여 말하려고 합니다. 당신은 어
　　　　　　떻게 말합니까?

[표 36] 친한 선배에 대한 거절 화행의 대우법 사용 양상

선택항목 사용 양상					합계
호칭어	언니/형	57(63.3%)	형님	4(4.4%)	90(100%)
	선배	18(20.0%)	선배님	11(12.2%)	
1인칭	내	44(48.9%)	제	46(51.1%)	90(100%)

종결어미 사용 양상				
	완곡 표현		직접 표현	합계
합니다체	못 볼 것 같습니다	1(1.1%)	못 봅니다　3(3.3%)	4(4.4%)
해요체	못 볼 것 같아요	23(25.6%)	못 봐요　26(28.9%)	56(62.2%)
	못 보게 됐어요	4(4.4%)		
	못 보게 될 것 같아요	3(3.3%)		
	소계	30(33.3%)	소계　26(28.9%)	
해체	못 볼 것 같아	10(11.1%)	못 봐　8(8.9%)	25(27.8%)
	못 보게 됐어	2(2.2%)	못 보겠어　5(5.6%)	
	소계	12(13.3%)	소계　13(14.4%)	

오류	못 볼거에요	2(2.2%)	못 볼거야	2(2.2%)	5(5.6%)
	못 볼게	1(1.1%)			
합계					90(100%)

친한 선배에 대한 호칭어로는 '언니/형'을 사용한다는 학습자가 57
명으로 63.3%를 차지하며 그 다음으로 '선배'는 18명으로 20%를 차
지하며, 다음은 '선배님'은 11명으로 12.2%를 차지한다. '형님'이라는
호칭어를 사용하는 학습자는 4명으로 이는 남성 학습자가 선택한 것
임을 알 수 있다. 친한 선배에 대한 겸손 표현 '제가'를 사용한 학습자
는 46명으로 51.1%를 차지하며 일반 1인칭 '내가'를 사용한 학습자는
44명으로 48.9%를 차지한다.

친한 선배에 대한 종결어미의 사용을 보면 '합니다체'를 사용한 학
습자는 4명으로 4.4%를 차지하며 '해요체'를 사용한 학습자는 56명
으로 62.2%를 차지하였다. 다음 '해체'를 사용한 학습자는 25명으로
27.8%를 차지하였다.

친한 선배에 대한 거절 화행의 종결 표현 양상을 살펴보면 완곡 표
현을 사용한 학습자는 '합니다체'가 1명으로 1.1%를 차지하며 '해요체'
의 완곡 표현을 사용한 학습자는 30명으로 33.3%를 차지하고 '해체'
의 완곡 표현을 사용한 학습자는 12명으로 13.3%를 차지한다. 친한
선배에 대한 거절 화행의 완곡 표현을 사용한 학습자는 이렇게 모두
43명으로 전체 학습자의 47.8%를 차지하였다. 친한 선배에 대한 거절
화행의 직접 표현을 사용한 학습자는 '합니다체'가 3명으로 3.3%를
차지하며 '해요체'는 26명으로 28.9%를 차지하고 '해체'의 직접 표현
은 13명으로 14.4%를 차지한다. 이렇게 친한 선배에 대한 직접 표현

을 사용한 학습자는 42명으로 전체 학습자의 46.7%를 차지하였다.

아래 친밀 요인에 의한 학습자들의 대우법의 사용 양상을 [표 37]에서 살펴보도록 하겠다.

[표 37] 친밀 요인에 의한 대우법의 사용 양상

			존대법			비존대법	합계
-친밀	선배님/선배		90 (100%)	–		–	90 (100%)
	제가		83 (92.2%)	내가		7 (7.8%)	90 (100%)
	존대 종결어미	합니다체	62 (68.9%)	비존대 종결어미	해체	0 (0%)	90 (100%)
		해요체	26 (28.9%)		한다체	0 (0%)	
+친밀	존대 호칭		90 (100%)	비존대 호칭		0 (0%)	90 (100%)
	제가		46 (51.1%)	내가		44 (48.9%)	90 (100%)
	존대 종결어미	합니다체	4 (4.4%)	비존대 종결어미	해체	25 (27.8%)	90 (100%)
		해요체	56 (62.2%)		한다체	0 (0%)	

친밀 요인에 의한 대우법의 설문 조사는 친하지 않은 선배와, 친한 선배와의 대우법 사용 내용으로 설정하였다. 친하지 않은 선배에 대한 호칭어의 사용 조사를 보면 앞의 [표 37]에서 93.3%의 학습자들이 '선배님'이라고 호칭한다고 하였으며 친한 선배에 대해서는 12.2%의 학습자들이 '선배님'이라고 호칭한다고 하며 63.3%의 학습자들이 친족 호칭어 '언니/형'을 사용한다고 하였고 20%의 학습자들은 '선배'라고 부른다고 하였으며 4.4%의 학습자들이 '형님'이라고 부른다고 하였다. 보다시피 친한 선배에 대해서는 친족 호칭어나 친밀 호칭어를 사용

하지만 친하지 않은 선배에 대해서는 존대 접사 '-님'을 결합하여 '선배님'이라고 호칭하는 것을 알 수 있다. 또한 1인칭의 사용에 있어서 친하지 않은 선배에 대해서는 겸손 1인칭 '제가'를 사용한 학습자가 92.2%인 것에 반해 친한 선배에 대해서는 일반1인칭 '내가'를 사용한 학습자가 48.9%를 차지하였다. 종결어미의 사용에 있어서 중국인 고급 학습자들은 친하지 않은 선배에게는 '합니다체'를 사용한 학습자가 45.6%, '해요체'를 사용한 학습자가 54.4%로 100%의 학습자들이 존대 종결어미를 사용하였다. 하지만 친하지 않은 선배에 대해서는 '합니다체'를 사용한 학습자가 4.4%, '해요체'를 사용한 학습자가 64.4%로 68.8%의 학습자가 존대법을 사용함으로써 친하지 않은 선배에 대한 존대 종결어미의 사용보다 확연히 낮은 것을 알 수 있으며 또한 친한 선배에게 '합니다체'를 사용한 학습자가 4.4%로 친하지 않은 선배에게 사용한 것에 비해 '해요체'를 더 많이 사용하였으며 또한 나머지 30%의 학습자들은 '해체'를 사용하였고 1.1%의 학습자는 '한다체'를 사용하였다. 이렇게 청자가 화자와 친한 경우, 청자가 화자보다 지위가 조금 높거나 혹은 나이가 조금 많더라도 친하지 않은 청자에 비해 종결어미의 존대 단계를 낮춰서 사용하거나 혹은 비존대법을 사용한다.

[표 38] 친밀 요인에 의한 종결 표현의 사용 양상

	완곡 표현	직접 표현	오류	합계
−친밀 (선배)	53 (58.9%)	35 (38.9%)	2 (2.2%)	90 (100%)
+친밀 (선배)	43 (47.8%)	42 (46.7%)	5 (5.6%)	90 (100%)

친밀 요인에 의한 중국인 고급 학습자들의 거절 화행 종결 표현의

사용을 보면 친하지 않은 선배에 대한 완곡 표현을 사용한 학습자는 53명으로 58.9%를 차지하였고 친한 선배에게는 완곡 표현을 47.8%가 사용하였다. 친하지 않은 선배에게 직접 표현을 사용한 학습자는 35명으로 38.9%를 차지하였으며 친한 선배에게 직접 표현을 사용한 학습자는 42명으로 46.7%를 차지하였다. 친한 선배에게 친하지 않은 선배보다 직접 표현을 더 사용한 것으로 나타났다. 하지만 친하지 않은 선배에 대한 거절 화행에서 직접 표현을 한 학습자가 적지 않은데 이는 실제 생활에서 사용할 시, 친하지 않은 상대방에게 불쾌감을 줄 수 있다.

3.2.2.3 나이

나이 요인에 따른 설문지의 내용 구성은 화자보다 나이가 많은 동기인 청자와의 대우법의 설문문제, 그리고 화자보다 나이가 어린 동기에 대한 대우법의 설문문제로 설정하였다. 문항은 각각 [문항 3-1]과 [문항 3-2]이다. 아래 나이 요인에 따라 존대법과 비존대법이 어떻게 다르게 사용되는지 살펴보고자 한다.

[문항 3-1] 당신은 당신보다 나이가 많고 친하지 않는 동기 김유진에게 '이 책을 철수(동기)에게 주라'고 말하려고 합니다. 당신은 어떻게 말합니까?

[표 39] 나이가 많은 동기에 대한 요청 화행의 대우법 사용 양상

호칭어의 사용 양상				합계
유진아	2(2.2%)	김유진	0	
유진 씨	40(44.4%)	김유진 씨	27(30.0%)	90(100%)
유진언니/형	21(23.3%)			

종결어미의 사용 양상

	완곡 표현		직접 표현		합계
해요체	줄 수 있어요?	10(11.1%)	주세요	56(62.2%)	85(94.4%)
	주실래요?	9(10.0%)	줘요	1(1.1%)	
	줄래요?	3(3.3%)			
	주시겠어요?	2(2.2%)			
	주실 수 있으세요?	2(2.2%)			
	주시면 안 될까요?	1(1.1%)			
	주실 수 있어요?	1(1.1%)			
	소계	28(31.1%)	소계	57(63.3%)	
해체	줄 수 있어?	2(2.2%)			2(2.2%)
오류	줘도 돼요?	1(1.1%)	줘도 될까요?	1(1.1%)	3(3.3%)
	드려	1(1.1%)			
합계					90(100%)

　　나이가 많고 친하지 않은 동기에 대한 호칭어로 중급 학습자들은 '이름+씨'형태인 '유진 씨'를 40명이 사용한다고 하였으며 이는 44.4%를 차지한다. 그 다음으로는 '김유진 씨'를 사용한다고 하였는데 이는 27명으로 30%를 차지한다. 친족 호칭어인 '유진언니/형'도 많이 사용한다고 하였는데 21명으로 23.3%를 차지한다. 다음 '유진아'는 2명이 사용한다 하였으며 '김유진'을 선택한 학습자는 없었다.

　　화자보다 나이가 많은 친하지 않은 동기에 대한 종결어미의 사용을 보면 '해요체'를 가장 많이 사용하였는데 85명으로 94.4%를 차지하였다. 종결 표현으로 가장 많이 사용된 것은 '해요체'의 '주세요'이다. 학습자 중 56명이 선택하였으며 62.2%를 차지하였다. 다음으로는 '줄 수 있어요?'가 10명으로 11.1%를 차지하였으며 '주실래요?'는

9명으로 10%를 차지하였고 '줄래요?'와 '주시겠어요?'는 각각 3명, 2
명으로 3.3%, 2.2%를 차지하였다. 아무리 동기라 하더라도 나이가
많고 친하지 않으면 보편적으로 '해요체'를 사용함을 알 수 있다.

그 외 '주실 수 있으세요?', '줄 수 있어?'가 각각 2명으로 2.2%씩
차지하며 다음 '주시면 안 될까요?', '줘요', '주실 수 있어요?'가 각각
1명으로 1.1%씩 차지하였다.

다음은 화자보다 나이가 어리고 친하지 않은 동기에 대한 대우법
의 설문 문항과 조사 결과이다.

[문항 3-2] 당신은 당신보다 나이가 어리고 친하지 않은 동기 김유진
에게 동기 바로 옆에 있는데 '거기 볼펜을 주라)'고 말하려
고 합니다. 당신은 어떻게 말합니까?

[표 40] 나이가 어린 동기에 대한 요청 화행의 대우법 사용 양상

호칭어의 사용 양상				합계
유진아	43(47.8%)	김유진	4(4.4%)	90(100%)
유진 씨	40(44.4%)	김유진 씨	3(3.3%)	

	종결어미의 사용 양상				
	완곡 표현		직접 표현		합계
해요체	줄래요?	3(3.3%)	주세요	21(23.3%)	43(47.8%)
	주실래요?	2(2.2%)	줘요	17(18.9%)	
	소계	5(5.6%)	소계	38(42.2%)	
해체	줄래	14(15.6%)	줘	23(25.6%)	41(45.6%)
	줄 수 있어?	4(4.4%)			
	소계	18(20.0%)	소계	23(25.6%)	
한다체	주라	6(6.7%)			6(6.7%)
합계					90(100%)

나이가 어리고 친하지 않은 동기에 대한 호칭어로 학습자들이 가장 많이 사용하는 호칭어는 '유진아'이며 43명으로 47.8%를 차지한다. 그 다음으로는 '유진 씨'를 많이 사용한다고 하였으며 40명으로 44.4%를 차지하는 것을 알 수 있다. '김유진'과 '김유진 씨'는 4명, 3명으로 각각 4.4%, 3.3%를 차지하고 있다.

친하지 않지만 화자보다 나이가 어린 동기에 대한 종결어미의 사용을 보면 '해요체'를 사용한 학습자는 43명으로 47.8%를 차지하며 '해체'를 사용한 학습자는 41명으로 45.6%를 차지한다. 그리고 '한다체'는 6명으로 6.7%를 차지한다. 종결 표현으로 가장 많이 사용된 것은 '해체'의 '줘'이다. 90명 중 23명이 사용한다고 하였으며 전체의 25.6%를 차지한다. 다음 '해요체'인 '주세요'인데 21명으로 23.3%를 차지한다. 그 다음으로는 '해요체'의 '줘요'가 17명으로 18.9%를 차지하면 '해체'의 청유의문형 '줄래'가 14명으로 15.6%를 차지한다. 다음 '주라'는 6명으로 6.7%, '줄 수 있어?'는 4명으로 4.4%, '줄래요?'는 3명으로 3.3%, '주실래요'는 2명으로 2.2%를 차지한다. 오류는 발생하지 않았다.

[표 41] 나이 요인에 의한 대우법의 사용 양상

				비존대법			합계
			존대법				
+나이	존대 호칭	유진씨/ 김유진씨	67 (74.4%)	김유진/유진아		2 (2.2%)	90 (100%)
		유진언니/형	21 (23.3%)				
	존대종 결어미	합니다체	0 (0%)	비존대 종결어미	해체	3 (3.3%)	90 (100%)
		해요체	87 (96.7%)		한다체	0 (0%)	

-나이		유진씨/김유진씨	43 (47.8%)	김유진/유진아		47 (52.2%)	90 (100%)
	존대종 결어미	합니다체	0 (0%)	비존대 종결어미	해체	41 (45.6%)	90 (100%)
		해요체	43 (47.8%)		한다체	6 (6.7%)	

나이 요인에 관한 설문 내용은 화자와 청자가 같은 지위일 때 나이의 많고 적음에 따라 대우법이 어떻게 다르게 실현되는지 조사하기 위하여 나이가 많은 동기와 나이가 어린 동기와의 설문 내용으로 설정하였다. 그리고 '친밀'요인은 [-친밀]로 설정하였다. [표 41]과 같이 호칭어의 사용에 있어서 나이가 많은 동기에게는 '이름+씨' 혹은 '성+이름+씨'의 형태로 호칭한다고 한 학습자가 74.4%를 차지하였으며 친족 호칭 '언니'를 사용한다고 학습자는 21명으로 23.3%를 차지하였다. 비존대 호칭어인 '김유진' 혹은 '유진아'를 사용한다고 한 학습자는 2명으로 2.2%를 차지한다. 하지만 나이가 어린 동기에 대해서는 존대 호칭어를 사용한 학습자는 47.8%를 차지하였고 비존대 호칭어를 사용한 학습자는 52.2%로 친하지 않은 동기지만 '나이'요인에 의하여 비존대 호칭어를 사용함을 알 수 있다. 종결어미의 사용에 있어서 나이가 많은 동기에 대해서 96.7%의 학습자가 '해요체'를 사용한다고 답했으며 비존대 종결어미 '해체'를 사용한다고 한 학습자는 3명으로 3.3%를 차지한다. 하지만 나이가 어린 동기에 대해서는 존대 종결어미 '해요체'를 사용한다고 한 학습자는 43명으로 47.8%를 차지하였으며 비존대 종결어미 '해체'를 사용한다고 답한 학습자는 41명으로 45.6%, '한다체'를 사용한다고 답한 학습자는 6명으로 6.7%를 차지하여 52.2%의 학습자들이 나이가 어린 친하지 않은 동기

에게는 비존대법을 사용한 것으로 나타나고 나이가 많은 친하지 않은 동기에게는 96.7%의 학습자들이 존대법을 사용한 것으로 나타났다.

[표 42] 나이 요인에 의한 종결 표현의 사용 양상

	완곡 표현	직접 표현	오류	합계
+나이 (동기)	30 (33.3%)	57 (63.3%)	3 (3.3%)	90 (100%)
-나이 (동기)	29 (32.2%)	61 (67.8%)	-	90 (100%)

나이 요인에 의한 학습자들의 요청 화행 종결 표현을 살펴보면 [표 42]에서와 같이 나이가 많고 친하지 않은 동기에게 완곡 표현을 사용한 학습자는 30명으로 33.3%를 차지하고 직접 표현을 사용한 학습자는 63.3%를 차지하였다. 나이가 어린 친하지 않은 동기에게도 비슷하게 나타났는데 완곡 표현을 사용한 학습자는 29명으로 32.2%를 차지하고 직접 표현을 사용한 학습자는 61명으로 67.8%를 차지하였다. 이는 동기라는 [=지위]요인이 작용하여 완곡 표현보다는 직접 표현을 더 많이 사용된 것으로 볼 수 있다. 하지만 친하지 않은 동기에게, 그것도 나이가 많은 동기에게 완곡 표현보다 직접 표현을 사용하여 요청하는 상황에서는 직접 표현은 상대방의 기분을 상하게 할 수 있다.

3.2.2.4 성별

성별 요인에 따른 대우법의 설문 조사는 동성에 대한 대우법과 이성에 대한 대우법으로 분류하여 조사하였다. 문항은 각각 [문항 3-2]와 [문항 3-3]이다. 아래 조사결과를 살펴보도록 하겠다.

[문항 3-2] 당신은 당신보다 나이가 어리고 친하지 않은 동기 김유진 (동성)에게 동기 바로 옆에 있는데 '거기 볼펜을 주라'고 말하려고 합니다. 당신은 어떻게 말합니까?

[표 43] 동성인 동기에 대한 요청 화행의 대우법 사용 양상

호칭어의 사용 양상				합계
유진아	43(47.8%)	김유진	4(4.4%)	90(100%)
유진 씨	40(44.4%)	김유진 씨	3(3.3%)	

종결어미의 사용 양상

		완곡 표현		직접 표현		합계
해요체	줄래요?	3(3.3%)	주세요	21(23.3%)		43(47.8%)
	주실래요?	2(2.2%)	줘요	17(18.9%)		
	소계	5(5.6%)	소계	38(42.2%)		
해체	줄래	14(15.6%)	줘	23(25.6%)		41(45.6%)
	줄 수 있어?	4(4.4%)				
	소계	18(20.0%)	소계	23(25.6%)		
한다체	주라	6(6.7%)				6(6.7%)
합계						90(100%)

　나이가 어리고 친하지 않은 동성 동기에 대한 호칭어로 학습자들이 가장 많이 사용하는 호칭어는 '유진아'이며 43명으로 47.8%를 차지한다. 그 다음으로는 '유진 씨'를 많이 사용한다고 하였으며 40명으로 44.4%를 차지하는 것을 알 수 있다. '김유진'과 '김유진 씨'는 4명, 3명으로 각각 4.4%, 3.3%를 차지하고 있다.

　종결어미의 사용을 보면 나이가 어리고 친하지 않은 동성 동기에 대한 종결어미로 '해요체'를 사용한 학습자는 43명으로 47.8%를 차지하며 '해체'를 사용한 학습자는 41명으로 45.6%를 차지하였다.

친하지 않지만 화자보다 나이가 어린 동기에 대한 요청의 종결 표현으로 가장 많이 사용된 것은 '해체'의 '줘'이다. 90명 중 23명이 사용한다고 하였으며 전체의 25.6%를 차지한다. 다음 '해요체'인 '주세요'인데 21명으로 23.3%를 차지한다. 그 다음으로는 '해요체'의 '줘요'가 17명으로 18.9%를 차지하면 '해체'의 청유의문형 '줄래'가 14명으로 15.6%를 차지한다. 다음 '주라'는 6명으로 6.7%, '줄 수 있어?'는 4명으로 4.4%, '줄래요?'는 3명으로 3.3%, '주실래요'는 2명으로 2.2%를 차지한다. 오류는 발생하지 않았다.

[문항 3-3] 당신은 당신보다 나이가 어리고 친하지 않은 동기 김유진 (이성)에게 동기 바로 옆에 있는데 '거기 볼펜을 주라)'고 말하려고 합니다. 당신은 어떻게 말합니까?

[표 44] 이성인 동기에 대한 요청 화행의 대우법 사용 양상

호칭어의 사용 양상				합계
유진아	6(6.7%)	김유진	1(1.1%)	90(100%)
유진 씨	48(53.3%)	김유진 씨	35(38.9%)	

종결어미의 사용 양상					
	완곡 표현		직접 표현		합계
해요체	줄래요?	18(20.0%)	주세요	43(47.8%)	83 (92.2%)
	주실래요?	16(17.8%)	줘요	1(1.1%)	
	줄 수 있어요?	2(2.2%)			
	주면 안돼요?	1(1.1%)			
	주실 수 있어요?	1(1.1%)			
	주실 수 있으세요?	1(1.1%)			
	소계	39(43.3%)	소계	44(48.9%)	

	줄 수 있어?	3(3.3%)	줘	2(2.2%)	7 (7.8%)
해체	줘봐	2(2.2%)			
	소계	5(5.6%)	소계	2(2.2%)	
합계					90 (100%)

　이성인 경우, 친하지 않은 나이 어린 동기에 대한 호칭어로 학습자들은 '유진 씨'를 가장 많이 사용한다고 하였는데 48명으로 53.3%를 차지하였다. 다음 '김유진 씨'를 많이 사용한다고 하였는데 35명으로 38.9%를 차지한다. 이는 앞의 설문과는 사뭇 다른 결과를 나타내고 있다. 반면 '유진아'는 6명만이 사용한다고 하였으며 이는 6.7%를 차지한다. 마지막으로 '김유진'이라고 부른다고 한 학습자는 1명으로 1.1%를 차지한다.

　친하지 않고 나이가 어린 이성 동기에 대한 종결어미의 사용을 보면 '해요체'를 사용한 학습자는 83명으로 전체 학습자의 92.2%를 차지하였다. 다음 '해체'를 사용한 학습자는 7명으로 전체 학습자의 7.8%를 차지하였다.

　친하지 않은 나이가 어린 이성 동기에 대한 요청의 종결 표현으로 '해요체'의 '주세요'가 47.8%를 차지하였으며 90명에서 43명이 '주세요'를 사용한다고 하였다. 그 다음으로는 '줄래요?'가 18명으로 20%를 차지하고 '주실래요?'는 16명으로 17.8%를 차지하였으며 '줄 수 있어?'는 3명으로 3%, '줄 수 있어요?', '해체'의 '줘', '줘봐'는 각각 2명으로 2%씩 차지하였다. 마지막으로 '해요체'의 '줘요', '주면 안돼요?', '주실 수 있어요?', '주실 수 있으세요?'가 각각 1명으로 1%씩 차지하였다. 오류는 없었다.

[표 45] 성별 요인에 의한 대우법의 사용 양상

			존대법		비존대법		합계
동성 간		유진씨/김유진씨	43 (47.8%)	김유진/유진아		47 (52.2%)	90 (100%)
	존대 종결 어미	합니다체	0 (0%)	비존대 종결 어미	해체	41 (45.6%)	90 (100%)
		해요체	43 (47.8%)		한다체	6 (6.7%)	
이성 간		유진씨/김유진씨	83 (92.2%)	김유진/유진아		7 (7.8%)	90 (100%)
	존대 종결 어미	합니다체	0 (0%)	비존대 종결 어미	해체	7 (7.8%)	90 (100%)
		해요체	83 (92.2%)		한다체	0 (0%)	

성별 요인에 의한 대우법의 사용 양상 조사는 동성 간, 이성 간으로 나누어 설문 문항을 작성하였으며 다른 요인으로는 친하지 않고 나이가 어린 동기로 설정하여 성별의 차이로 인한 대우법의 사용 양상이 어떻게 다른지 살펴보았다. [표 45]에서 보다시피 동성 간에는 존대 호칭어를 사용한다고 답한 학습자가 43명으로 48.8%를 차지하고 있지만 이성 간에는 존대 호칭어를 사용한다고 한 학습자는 83명으로 92.2%를 차지하여 확연한 차이를 나타내고 있다. 또한 종결어미의 사용에 있어서 동성 간에는 존대 종결어미를 사용한 학습자가 43명으로 47.8%를 차지하였는데 이 중에 '합니다체'를 사용한 학습자는 한 명도 없었다. 하지만 이성 간에는 비록 '합니다체'를 사용자는 없지만 '해요체'를 사용한다고 한 학습자가 83명으로 92.2%를 차지하여 존대 종결어미의 사용에 있어서도 확연한 차이를 나타내고 있다. 동성 간에 비존대 호칭어를 사용한 학습자는 47명으로 52.2%를 차지하였으며 비존대 종결어미를 사용한다고 한 학습자는 47명으

로 52.2%를 차지하였다. 하지만 이성 간에는 비존대 호칭어를 사용
한 학습자는 7명으로 7.8%를 차지하였으며 존대 종결어미 '해체'를
사용한 학습자 역시 7명으로 7.8%를 차지하였다. 성별 요인에 따라
친하지 않고 나이가 어린 동기에 대해서는 동성 간은 존대법을 사용
한 학습자 수와 비존대법을 사용한 학습자 수가 각각 47.8%, 52.2%
를 차지하지만 이성 간은 존대법을 사용한 학습자 수와 비존대법을
사용한 학습자 수가 각각 92.2%, 7.8%를 차지하는 것으로 나타나 동
성에 비해서 이성에게 존대법을 더 많이 사용하는 것을 알 수 있다.

[표 46] 성별 요인에 의한 종결 표현의 사용 양상

	완곡 표현	직접 표현	오류	합계
동성 간	29 (32.2%)	61 (67.8%)	–	90 (100%)
이성 간	44 (48.9%)	46 (51.1%)	–	90 (100%)

　　성별 요인에 의하여 동성 간과 이성 간의 중국인 고급 학습자들의
요청 화행 종결 표현 사용 양상을 살펴보면 나이가 어리고 친하지 않
은 동성 동기에게 완곡 표현을 사용한 학습자는 29명으로 32.2%를
차지하고 직접 표현을 사용한 학습자는 61명으로 67.8%를 차지하였
다. 하지만 친하지 않고, 나이가 어린 이성 동기에 대한 종결 표현은
좀 다른 양상을 보이는데 완곡 표현을 사용한 학습자는 44명으로
48.9%를 차지하고 직접 표현을 사용한 학습자는 46명으로 51.1%를
차지하는데 이는 동성보다 이성에게 더욱 공손하게 발화한다는 것을
알 수 있다. 직접 표현을 사용한 학습자는 동성 간과 이성 간에서도
모두 높은 수치를 나타내는데 아무리 어리다고 하여도 친하지 않은

동기에게는 직접 표현보다는 완곡 표현을 사용하여 상대방을 공손하고 예의가 있게 발화해야 한다.

3.2.2.5 공적 상황과 사적 상황

중국인 고급 학습자들이 공적과 사적인 상황에서 대우법을 어떻게 사용하는지를 알기 위하여 설문문제를 한 친한 후배에 대하여 공적인 상황과 사적인 상황에서의 제안 화행으로 설정하여 각각 [문항 5]와 [문항 5-1]로 제시하였다.

> [문항 5] 당신은 친한 후배 김유진과 쇼핑을 하고 있습니다. 당신은 이 후배에게 '너한테는 흰색이 더 잘 어울린다'고 제안하여 말하려고 합니다. 당신은 어떻게 말합니까?

[표 47] 사적 상황에서 후배에 대한 제안 화행의 대우법 사용 양상

	선택항목 사용 양상				합계
호칭어	유진아	87(96.7%)	김유진	0	90(100%)
	유진 씨	3(3.3%)	김유진 씨	0	
2인칭	너	87(96.7%)	당신	0	90(100%)
	유진 씨	3(3.3%)	김유진 씨	0	

	종결어미의 사용 양상				
	완곡 표현		직접 표현		합계
해요체			어울려요	3(3.3%)	3(3.3%)
해체	어울리는 것 같아	10(11.1%)	어울려	61(67.8%)	79(87.8%)
	어울리는 것 같은데	2(2.2%)	어울리네	6(6.7%)	
	소계	12(13.3%)	소계	67(74.4%)	

한다체	어울린다	6(6.7%)	어울리는 것 같다	1(1.1%)	7(7.8%)
오류	어울릴거야	1(1.1%)			1(1.1%)
합계					90(100%)

친한 후배에 대한 호칭어로는 87명이 '유진아'를 사용한다고 하였으며 이는 96.7%를 차지한다. 다음 '유진 씨'를 사용한다고 한 학습자는 3명으로 3.3%를 차지하며 '김유진'과 '김유진 씨'라고 부르는 학습자는 없었다. 2인칭은 '너'를 사용한다고 한 학습자가 87명으로 96.7%를 차지하며 '유진 씨'는 3%를 차지하였으며 '당신'과 '김유진 씨'를 선택한 학습자는 없었다.

앞의 호칭어와 맞물리게 '해요체'를 사용한 학습자는 3명으로 제안의 종결 표현으로 '어울려요'를 사용한다고 하였다. 가장 많이 사용하는 제안의 종결 표현으로는 '해체'의 '어울려'를 67.8%인 61명의 학습자가 사용한다고 하였으며 다음 순으로는 '어울리는 것 같아'가 10명으로 11.1%를 차지하며 '어울리네'와 '한다체'의 '어울린다'가 각각 6명으로 6.7%씩 차지하였으며, '어울리는 것 같은데'가 2명으로 2.2%를, '어울리는 것 같다'가 1명으로 1.1%를 차지하였다. 오류를 범한 학습자는 한명으로 '어울릴거야'를 사용한다고 하였다.

이렇게 사적인 상황에서 친한 후배에 대한 종결어미의 사용을 살펴보면 '해체'를 가장 많이 사용한 것으로 나타나는데 79명으로 전체 학습자의 87.8%를 차지하였다. 다음 '한다체'를 사용한 학습자는 7명으로 7.8%를 차지하였다. 이중 완곡 표현을 사용한 학습자는 '해체'의 완곡 표현을 사용한 학습자가 12명으로 13.3%를 차지하고 '한다체'의 완곡 표현을 사용한 학습자는 6명으로 6.7%를 차지하였다. 하지만 직접 표현을 사용한 학습자는 '해요체'가 3명으로 3.3%, '해체'의 직접 표현을 사용한 학습자는 67명으로 전체 학습자의 74.4%를 차지하였으며 '한다체'의 직접 표현을 사용한 학습자는 1명으로 1.1%를 차지하였다. 사적인 상황에서 친한 후배에 대한 직접 표현을 사용한 학습자는 모두 71명으로 이는 전체 학습자의 78.9%를 차지하였다.

다음은 [문항 5]에서의 같은 청자에 대하여 공적인 상황에서 제안 화행의 대우법을 어떻게 사용하는지 그 문항과 조사 결과를 살펴보고자 한다.

[문항 5-1] 당신은 지금 학과세미나에 참석하였습니다. 당신은 논문을 발표하는 6번의 이 후배에게 '김유진이 논문에서 제시한 이 방안이 학습자들에게 너무 어렵다'고 제안하여 말하려고 합니다. 당신은 어떻게 말합니까?

[표 48] 공적 상황에서 후배에 대한 제안 화행의 대우법 사용 양상

선택항목 사용 양상					합계
호칭어	유진아	18(20.0%)	김유진	6(6.7%)	90(100%)
	유진 씨	19(21.1%)	김유진 씨	47(52.2%)	
2인칭	너	24(26.7%)	김유진 씨	47(52.2%)	90(100%)
	유진 씨	19(21.1%)	–	–	

종결어미의 사용 양상				
	완곡 표현		직접 표현	합계
합니다체	어려운 것 같습니다	22(24.4%)	어렵습니다 15(16.7%)	37(41.1%)
해요체	어려운 것 같아요	13(14.4%)	어려워요 10(11.1%)	29(32.2%)
	어렵지 않을까요?	5(5.6%)		
	어려운 것 같네요	1(1.1%)		
	소계	19(21.1%)	소계 10(11.1%)	

해체	어려운 것 같아	5(5.6%)	어려워	14(15.6%)	22(24.4%)
			어려워 보여	1(1.1%)	
			어렵네	1(1.1%)	
			어려운데	1(1.1%)	
	소계	5(5.6%)	소계	17(18.9%)	
한다체	어렵다	1(1.1%)			1(1.1%)
오류	어려울까?	1(1.1%)			1(1.1%)
합계					90(100%)

공적인 상황에서 앞 문제의 친한 후배에 대한 호칭어로 '김유진 씨'를 사용한다는 학습자는 47명으로 52.2%를 차지하며 '유진 씨'는 19명으로 21.1%를 차지하고 '유진아'를 사용한다고 한 학습자는 18명으로 20.0%를 차지하며 '김유진'은 6명으로 6.7%를 차지하였다.

공적인 상황에서 친한 후배에 대한 종결어미의 사용을 보면 '합니다체'를 사용한 학습자는 37명으로 41.1%를 차지하고 '해요체'를 사용한 학습자는 29명으로 32.2%를 차지하며 '해체'를 사용한 학습자는 22명으로 24.4%를 차지하였다.

제안 화행의 사용 양상을 살펴보면 '합니다체'의 완곡 표현을 사용한 학습자는 22명으로 24.4%를 차지하며 '해요체'의 완곡 표현을 사용한 학습자는 19명으로 21.1%를 차지하였다. '해체'의 완곡 표현은 5명으로 5.5%를 차지하는데 공적인 상황에서 친한 후배에 대한 제안 화행의 완곡 표현을 사용한 학습자는 모두 46명으로 51.1%를 차지하였다. 반면 직접 표현을 사용한 학습자는 '합니다체'는 15명으로 16.7%를 차지하고 '해체'의 직접 표현을 사용한 학습자는 17명으로 18.9%를 차지하여 모두 42명의 학습자가 직접 표현을 사용하였는데 이는 전체 학습자의 46.7%를 차지하였다.

　공적인 상황에서 친한 후배에 대한 제안의 종결 표현으로 '합니다
체'의 '어려운 것 같습니다'와 '어렵습니다'가 각각 22명, 15명으로
24.4%, 16.7%를 차지하였으며 다음으로는 '해요체'의 '어려운 것 같
아요'와 '어려워요'가 각각 13명, 10명으로 14.4%, 11.1%씩 차지하였
다. 다음 '어렵지 않을까요?'는 5명으로 5.6%, '어려운 것 같네요'는
1명으로 1.1%를 차지하였다. 반면 공적인 상황에서 여전히 '해체'를
사용한다고 오류를 범한 학습자는 모두 24명으로 26.7%를 차지한
다. 이는 공적인 상황에서는 존대의 화계를 사용해야 한다는 학습지
도가 부족함을 나타낸다.

[표 49] 공적 상황과 사적 상황 요인에 의한 대우법의 사용 양상

	존대법			비존대법			합계
사적	유진씨		3 (3.3%)	유진아		87 (96.7%)	90 (100%)
	유진씨		3 (3.3%)	너		87 (96.7%)	90 (100%)
	존대 종결어미	합니다체	0 (0%)	비존대 종결어미	해체	80 (88.9%)	90 (100%)
		해요체	3 (3.3%)		한다체	7 (7.8%)	
공적	호칭어	김유진 씨	47 (52.2%)	호칭어	김유진	6 (6.7%)	90 (100%)
		유진 씨	19 (21.1%)		유진아	18 (20.0%)	
	2인칭	김유진 씨	47 (52.2%)	2인칭	너	24 (26.7%)	90 (100%)
		유진 씨	19 (21.1%)				
	존대 종결어미	합니다체	37 (41.1)	비존대 종결어미	해체	23 (25.6%)	90 (100%)
		해요체	29 (32.2%)		한다체	1 (1.1%)	

[표 49]는 친한 후배인 청자에 대해서 환경 요인 사적과 공적일 때 대우법이 어떻게 다르게 나타나는지 그 양상을 조사한 결과이다. 보다시피 친한 부배에 대해서는 사적인 환경에서는 존대 호칭어와 존대 지칭어를 사용한다고 한 학습자는 3명으로 3.3%를 나타내고 있으며 존대 종결어미 '해요체'를 사용한다고 한 학습자도 3명으로 3.3%를 차지하였다. 그리고 비존대 호칭어와 비존대 지칭어를 사용한다고 한 학습자는 각각 87명으로 96.7%를 차지하고 있다. 하지만 공적인 상황에서는 다른 결과를 나타내는 것을 볼 수 있다. 사적에서 대부분 비존대 호칭어를 사용한 것에 반해 공적인 상황에서는 같은 친한 후배에 대해서 존대 호칭어와 지칭어를 사용한 학습자는 66명으로 73.3%를 차지하였으며 비존대 호칭어와 지칭어를 사용한 학습자는 24명으로 26.7%를 차지한 것으로 나타났다. 종결어미의 사용에 있어서도 사적인 상황에서 친한 후배에게 존대 종결어미 '해요체'를 사용한 학습자는 3명으로 3.3%를 차지하고 비존대 종결어미 '해체'를 사용한 학습자는 80명으로 88.9%를 차지하고, 비존대 종결어미 '한다체'는 7명으로 7.8%를 차지하였다. 하지만 공적인 상황에서는 이 친한 후배에게 존대 종결어미를 사용한 학습자는 '합니다체'를 사용한 학습자가 37명으로 41.1%, '해요체'를 사용한 학습자는 29명으로 32.2%를 차지하였으며 비존대 종결어미를 사용한 학습자는 '해체' 23명으로 25.6%, '한다체'는 1명으로 1.1%를 차지한 것으로 나타났다. 공적인 상황에서 비존대 종결어미를 사용한 학습자는 모두 오류를 범한 것으로 학교 내의 회의, 세미나 같은 공적인 상황에서는 존대법을 사용하는 것을 원칙으로 한다. [표 48]에서도 나타나듯이 친한 후배에게 사적인 상황에서는 비존대법을 사용하지만 공적인 상

황에서는 더 많은 학습자들이 존대법을 사용하는 것으로 나타났다.

[표 50] 공적 상황과 사적 상황 요인에 의한 종결 표현의 사용 양상

	완곡 표현	직접 표현	오류	합계
사적 (후배)	18 (20.0%)	71 (78.9%)	1 (1.1%)	90 (100%)
공적 (후배)	47 (52.2%)	42 (46.7%)	1 (1.1%)	90 (100%)

친한 후배에 대해 사적 상황과 공적 상황에서 사용한 제안 화행의 종결 표현을 보면 사적 상황에서 친한 후배에 완곡 표현을 사용한 학습자는 18명으로 20.0%를 차지하며 직접 표현을 사용한 학습자는 78.9%를 차지한다. 하지만 사적 상황에서의 이 청자에게 공적 상황에서 사용한 종결 표현에서는 다른 양상을 나타내는데 공적 상황에서 완곡 표현을 사용한 학습자는 47명으로 52.2%를 차지하고 직접 표현을 사용한 학습자는 42명으로 46.7%를 차지한다. 비록 화자와 청자사이에서 벌어지는 대화이지만 공적 상황에서는 다른 청자들도 있고 또한 격식을 차려야 하기 때문에 직접 표현보다는 완곡 표현을 사용하여 모두를 공손하게 존대하여야 한다.

3.2.2.6 제3자의 유와 무

대화 현장에 제3자가 있을 때와 없을 때 화자와 청자 사이의 대화가 어떻게 달라지는가를 알아보기 위하여 청자는 화자와 친한 친구로 설정하였고 제3자는 친하지 않은 동기로 설정하여 제3자가 현장에 있을 때와 없을 때 제3자에 대한 대우법을 어떻게 사용하는지 [문항 6]과 [문항 6-1]로 설정하였다.

[문항 6] 당신은 지금 친한 친구 영희와 단둘이 있습니다. 당신은 친구에게 당신보다 친하지 않은 '동기 김유진이 이번에 미국에 교환학생으로 간다.'고 말하려고 합니다. 당신은 어떻게 말합니까?

청자 : 친한 친구
제3자 : 친하지 않은 동기 (대화 현장 无)

[표 51] '제3자 무'의 요인에 의한 대우법 사용 양상

선택항목					합계
지칭어	유진	22(24.4%)	김유진	50(55.6%)	90(100%)
	유진씨	10(11.1%)	김유진씨	8(8.9%)	
조사	이/가	82(91.1%)	께서	8(8.9%)	90(100%)
선어말어미	간대	84(93.3%)	가신대	6(6.7%)	90(100%)

친한 친구와 대화 현장에 없는 친하지 않은 동기에 대한 대우법의 사용 양상은 [표 51]과 같이 비존대 지칭어를 사용한 학습자는 '유진'이 22명으로 24.4%, '김유진'이 50명으로 55.6%를 차지하여 모두 72명이 비존대 호칭어를 사용한다고 하였으며 이는 80.0%를 차지한다. 존대 지칭어를 사용한 학습자는 '유진 씨'가 10명으로 11.1%, '김유진 씨'가 8명으로 8.9%를 차지하여 모두 18명의 학습자가 현장에 없는 친하지 않은 동기를 존대하여 존대 호칭어를 사용하였는데 이는 20.0%를 차지하였다. 제3자에 대한 조사의 사용에 있어서 일반 조사 '이/가'를 사용한 학습자는 82명으로 91.1%를 차지하며 존대 조사 '-께서'를 사용한 학습자는 8명으로 8.9%를 차지하였다. 또한 선어말어미 '-시-'로 제3자를 존대한 학습자는 6명으로 6.7%를 차지하며 비존대한 학습자는 84명으로 93.3%를 차지하였다.

[문항 6-1] 만약 13에서의 동기 김유진이 당신들과 지금 같이 있을 때
당신은 어떻게 말합니까?

청자 : 친한 친구
제3자 : 친하지 않은 동기 (대화 현장 有)

[표 52] '제3자 유'의 요인에 의한 대우법 사용 양상

선택항목					합계
지칭어	유진	4(4.4%)	김유진	0	90(100%)
	유진씨	47(52.2%)	김유진씨	39(43.3%)	
조사	이/가	71(78.9%)	께서	19(21.1%)	90(100%)
선어말어미	간대	30(33.3%)	가신대	60(66.7%)	90(100%)

[표 52]와 같이 친한 친구에게 대화 현장에 있는 친하지 않은 동기
에 대한 대우법의 사용에 있어서 비존대 호칭어를 사용한 학습자는
'유진'이가 4명으로 4.4%를 차지하였다. 하지만 존대 호칭어 '유진
씨'를 사용한 학습자는 47명으로 52.2%를 차지하였으며 '김유진 씨'
를 사용한다고 한 학습자는 39명으로 43.3%를 차지하여 모두 86명
의 학습자가 현장에 있는 친하지 않은 동기를 존대 호칭어로 존대하
여 사용하였는데 이는 전체의 95.6%를 차지하였는데 이는 앞의 [표
51]과 비교하였을 때 사뭇 다른 결과를 나타낸다. 조사의 사용에 있
어서는 일반 조사를 사용한 학습자는 71명으로 78.9%를 차지하였고
존대 조사 '-께서'를 사용한 학습자는 19명으로 21.1%를 차지하였다.
또한 선어말어미 '-시-'로 현장에 있는 친하지 않은 동기를 존대하여
사용한 학습자는 60명으로 66.7%를 차지하였고 비존대한 학습자는
30명으로 33.3%를 차지하였다.

[표 53] 제3자의 유와 무의 요인에 의한 대우법의 사용 양상

		존대법		비존대법		합계
제3자 무	유진씨/김유진씨	18(20.0%)	유진/김유진	72(80.0%)		90(100%)
	께서	8(8.9%)	이/가	82(91.1%)		90(100%)
	가신대	6(6.7%)	간대	84(93.3%)		90(100%)
제3자 유	유진씨/김유진씨	86(95.6%)	유진	4(4.4%)		90(100%)
	께서	19(21.1%)	이/가	71(78.9%)		90(100%)
	가신대	60(66.7%)	간대	30(33.3%)		90(100%)

제3자가 대화 현장에 유와 무에 따라 학습자들이 사용한 대우법은 [표 53]과 같다. 제3자가 현장에 없을 때와 있을 때 친한 친구 청자와의 대우법 사용에 있어서 호칭어, 조사, 선어말어미 '-시-'의 사용을 각각 비교해 보면 제3자가 현장에 있을 때 존대 호칭어를 사용한 학습자는 18명으로 20.0%를 차지하였지만 제3자가 현장에 있을 때에는 존대 호칭어를 사용한 학습자는 86명으로 95.6%를 차지하였다. 또한 조사의 사용에 있어서 제3자가 현장에 없을 때에는 존대 조사를 사용한 학습자가 8명으로 8.9%를 차지하였지만 현장에 있을 때에는 존대 조사를 사용한 학습자가 19명으로 21.1%를 차지하였다. 선어말어미 '-시-'의 사용에 있어서 제3자가 현장에 없을 때에는 선어말어미 '-시-'를 사용한 학습자는 6명으로 6.7%를 차지하였지만 제3자가 현장에 있을 때에는 선어말어미 '-시-'를 사용한 학습자는 60명으로 66.7%를 차지하였다. 이렇게 친하지 않은 동기인 제3자가 현장에 있을 때에는 존대법을 사용하여 존대하였지만 현장에 없을 때에는 비존대법을 사용하여 비존대 호칭어를 사용한 학습자가 72명으로 80.0%를 차지하였고 비존대 조사를 사용한 학습자는 82명으로 91.1%를 차지하였으

며 선어말어미 '-시-'를 사용하지 않은 학습자는 84명으로 93.3%를
차지하여 현장에 있을 때보다 엄연히 많은 수치를 나타내고 있다.

3.2.3 화자, 청자, 제3자 간의 대우법 사용 실태

3.2.3.1 청자 = 제3자 > 화자

[문항 7] 당신은 연구실에 있습니다. 당신은 당신의 교수가 자리를 비
운 사이에 다른 교수에게서 걸려온 전화 내용을 당신의 교수
에게 전달하려고 합니다. 당신은 당신의 교수에게 '금방 이교
수에게서 전화가 왔는데 내가 교수님 들어오면 다시 전화하겠
다고 했다'고 말하려고 합니다.

청자: 교수님
제3자: 다른 교수님 (대화 현장 无)

[표 54] '청자 = 제3자 > 화자'의 대우법 사용 양상

	선택 사항				합계
호칭어	교수	0	교수님	90(100%)	90(100%)
지칭어	이교수	0	이교수님	90(100%)	90(100%)
조사	이/가	8(8.9%)	께서	82(91.1%)	90(100%)
선어말어미	왔는데	5(5.6%)	오셨는데	85(94.4%)	90(100%)
1인칭	내가	4(4.4%)	제가	86(95.6%)	90(100%)
호칭어	교수	0	교수님	90(100%)	90(100%)
선어말어미	들어오면	1(1.1%)	들어오시면	89(98.9%)	90(100%)
어휘	하겠다고	7(7.8%)	하시겠다고	15(16.7%)	90(100%)
	드리겠다고	68(75.6%)	–	–	
종결어미	했어요	12(13.3%)	했습니다	37(41.1%)	90(100%)
	하셨습니다	41(45.6%)	–	–	

[표 54]와 같이 청자와 제3자가 화자에게 모두 절대적인 상위자이고 또한 청자와 제3자가 동급일 때 화자는 청자와 제3자에게 모두 존대법을 사용한 것으로 나타났다. 호칭어의 사용에 있어서 비존대 호칭어를 사용한 학생은 없었으며 90명, 100%가 존대 호칭어 '교수님'을 사용하였으며 제3자를 지칭하는 지칭어 역시 90명 모두 100%가 존대 지칭어 '이 교수님'을 선택하였다. 제3자에 대한 조사의 사용에 있어서는 8명인 8.9%가 비존대법의 비존대 조사를 사용하였으며 나머지 82명인 91.1%가 존대 조사 '-께서'를 사용하였다. 제3자에 대하여 선어말어미 '-시-'를 사용한다고 한 학생은 85명으로 94.4%를 차지하며 사용하지 않은 학생은 5명으로 5.6%를 차지하였다. 다음 1인칭의 사용에 있어서 겸손 1인칭을 사용한 학습자는 86명으로 95.6%를 차지하고 일반1인칭을 사용한다고 한 학습자는 4명으로 4.4%를 차지하였다. 다음 청자에 대한 선어말어미 '-시-'를 사용한다고 한 학습자는 89명으로 98.9%를 차지하고 사용하지 않은 학생은 1명으로 1.1%를 차지하였다. 존대 어휘의 사용에 있어서 일반 어휘를 사용한 학습자는 7명으로 7.8%를 차지하며 일반 어휘에 선어말어미 '-시-'를 결합하여 사용한 학습자는 15명으로 16.7%를 차지하였으며 존대 어휘를 사용한 학습자는 68명으로 75.6%를 차지하였다. 종결어미의 사용에 있어서는 이는 1인칭에 대한 종결어미로 선어말어미 '-시-'를 결합하여 사용할 수 없다. 여기서 학습자 모두 존대법의 존대 종결어미를 사용하였으며 13.3%를 차지하는 12명의 학습자는 '해요체'를 사용하였고 41.1%를 차지하는 37명의 학습자는 '합니다체'를 사용하였다. 오류를 범하여 '합니다체'에 선어말어미 '-시-'를 결합하여 사용한 학습자는 41명으로 45.6%를 차지하였다.

3.2.3.2 청자 > 제3자 > 화자

[문항 8] 당신은 수업시간 전 출석을 부르는 교수에게 '선배 김유진이
어제 교통사고를 당하여 입원했다.'고 교수에게 알려주려고
합니다. 이 선배는 당신보다 나이가 많고 당신과 친하지 않습
니다. 당신은 어떻게 말합니까?

청자: 교수님

제3자: 선배 김유진 (대화 현장 无)

[표 55] '청자 > 제3자 > 화자'의 대우법 사용 양상

	선택 사항				합계
호칭어	교수	0	교수님	90(100%)	90(100%)
지칭어	유진언니	2(2.2%)	김유진선배	23(25.6%)	90(100%)
	유진선배	33(36.7%)	김유진선배님	31(34.4%)	90(100%)
조사	이/가	65(72.2%)	께서	25(27.8%)	90(100%)
종결어미	했어요	26(28.9%)	했습니다	34(37.8%)	90(100%)
	하셨어요	10(11.1%)	하셨습니다	20(22.2%)	90(100%)

중국인 고급 학습자들이 대화 현장에 없는 선배에 관해서 청자인
'교수님'과의 대우법 사용 양상을 보면 [표 55]와 같이 청자에 대한
호칭어는 모두 존대법의 존대 호칭어를 사용하였으며 비존대 호칭어
를 사용한 학습자는 없었다. 대화 현장에 없는 제3자의 지칭에 대해
서 친족 호칭어를 사용한 학습자는 2명으로 2.2%를 차지하였으며
'선배'를 사용한 학습자는 33명으로 36.7%를 차지하였으며 '성+이름
+선배'를 사용한 학습자는 23명으로 25.6%를 차지하며 '성+이름+
선배+님'을 사용한다고 한 학습자는 31명으로 34.4를 차지한다. 제3

자에 대한 조사의 사용에 있어서 72.2%를 차지하는 65명의 학습자는 일반 조사 '이/가'를 사용한다고 하였으며 존대 조사 '-께서'를 사용한다고 한 학습자는 25명으로 27.8%를 차지하였다. 종결어미의 사용에 있어서 제3자를 존대하여 선어말어미 '-시-'를 결합하여 사용한 학습자는 '해요체'에 10명으로 11.1%를 차지하고 '합니다체'에는 20명으로 22.2%를 차지하여 선어말어미 '-시-'를 사용한 학습자는 30명으로 33.3%를 차지하였다. 반면 현장에 없는 제3자에 대해 선어말어미 '-시-'를 결합하여 사용하지 않은 학습자는 '해요체'가 26명으로 28.9%, '합니다체'가 34명으로 37.8%를 차지하여 선어말어미 '-시-'를 사용하지 않은 학습자는 모두 60명으로 66.7%를 차지하였다. 청자에 대해 존대 종결어미 '해요체'를 사용한 학습자는 36명으로 40.0%를 차지하며 '합니다체'를 사용한 학습자는 54명으로 60.0%를 차지하는 것으로 나타났다.

3.2.3.3 제3자 > 청자 > 화자

> [문항 9] 당신은 지금 당신과 친한 선배 김유진과 단둘이 있습니다. 선배가 당신에게 리포트 언제까지 제출하는지 묻자 당신은 '교수가 이번 주까지 리포트를 제출하라고 말했다.'고 선배에게 알려주려고 합니다. 당신은 어떻게 말합니까?

> 청자: 친한 선배 김유진
> 제3자: 교수님 (대화 현장 无)

[표 56] '제3자 > 청자 > 화자'의 대우법 사용 양상

	선택 사항				합계
지칭어	교수	6(6.7%)	교수님	84(93.3%)	90(100%)
조사	이/가	40(44.4%)	께서	50(55.6%)	90(100%)
종결어미	했어	9(10.0%)	하셨어	14(15.6%)	90(100%)
	했어요	17(18.9%)	하셨어요	29(32.2%)	
	했습니다	5(5.6%)	하셨습니다	16(17.8%)	

대화 현장에 없는 절대적인 상위자 교수에 관한 대우법의 사용 양상은 [표 56]과 같다. 학습자 6명은 현장에 없는 제3자를 비존대 호칭어 '교수'를 사용한다고 하였으며 93.3%를 차지하는 84명의 학습자는 현장에 없는 제3자를 존대 호칭어 '교수님'으로써 존대하여 사용하였다. 제3자에 대한 조사의 사용에 있어서 일반 조사 '이/가'를 사용한다고 한 학습자는 40명으로 44.4%를 차지하며 존대 조사 '-께서'를 사용한다고 한 학습자는 50명으로 55.6%를 차지한다. 또한 제3자에 대하여 선어말어미 '-시-'를 사용한 학습자는 '하셨어'가 14명으로 15.6%를 차지하고 '하셨어요'가 29명으로 32.2%를 차지하며 '하셨습니다'가 16명으로 17.8%를 차지하여 현장에 없는 제3자를 선어말어미 '-시-'로 존대한 학습자는 모두 59명으로 65.6%를 차지하였다. 청자인 선배에 대한 종결어미의 사용에 있어 '해체'를 사용한 학습자는 '했어'가 9명-10.0%, '하셨어'가 14명-15.6%로 모두 23명-25.6%의 학습자가 '해체'를 사용한다고 하였으며 '해요체'는 '했어요'가 17명-18.9%, '하셨어요'가 29명-32.2%로 모두 46명-51.1%의 학습자가 '해요체'를 사용하였으며 '합니다체'는 '했습니다'가 5명-5.6%, '하셨습니다'가 16명-17.8%로 모두 21명-23.3%의 학습자

가 '합니다체'를 사용하였다.

중국인 고급 학습자들의 대우법 사용 실태를 조사하고 분석한 결과, 먼저 대우법에 대한 의식 조사에서 학습자 대부분은 주체대우법과 객체대우법에 대해 정확하게 알고 있는 학습자가 적었으며 대다수의 학습자들이 주체대우법, 청자대우법, 객체대우법에 대한 정확한 개념을 '모른다'고 답하였다. 이는 중국인 고급 학습자들이 대우법을 사용함에 있어서 주체대우법, 청자대우법, 객체대우법의 체계를 파악하고 사용하는 것이 아니라 단지 존대하여야 하는 대상에게 존대법을 사용하고 존대하지 않는 대상에게는 비존대법을 사용함을 알 수 있다.

대우법의 규범적 용법에서 중국인 고급 학습자들은 지위 요인, 친밀 요인, 나이 요인, 성별 요인, 공적 상황과 사적 상황 요인, 제3자의 유와 무 요인에 따라 존대법과 비존대법의 사용 양상이 달리 나타났으며 특히 종결어미의 사용에 있어서 직접 표현을 많이 사용하는 것을 알 수 있는데 직접 표현의 사용은 상대에게 공손하지 못하고 무례를 범할 수 있으며 실제 생활에서 사람들과의 우호적인 교류에도 영향을 미칠 수 있다. 이는 한국어 대우법의 교육에서 바로 잡아야 할 과제이다.

이러한 실태 조사를 바탕으로 제4장에서는 한국어 대우법의 체계를 존대와 비존대로 분류하고 실제 생활에서의 여러 상황들을 설정하여 대우법의 종결어미 사용에 있어서 직접 표현보다는 한국의 언어 문화를 대표하는 대우법의 언어예절에 맞게 완곡 표현을 사용하게끔 교육 방안을 제시하고자 한다.

제4장

한국어 대우법의
교육 방안

한국어의 대우법은 한국어를 학습함에 있어서 가장 기본적인 문법 중의 하나로 특히 동방예의지국으로 불리며 예의범절을 중요시하는 한국의 문화와 한국어의 특징을 가장 잘 반영한다. 또한 대인관계에 있어서 원활한 의사소통을 위하여 화자는 상대방에 대한 공손함을 나타내고 예의를 표하면서 발화를 해야 하기 때문에 오로지 문법적인 지식만으로는 대우법을 제대로 사용할 수 없다. 현재 교육 현장에서의 한국어 대우법 교육은 보편적으로는 형태위주의 교육으로 다양한 환경에서의 활용과 연습이 부족한 실정이다. 대우법은 문법지식뿐만 아니라 화행과도 연관되며 화자가 처한 상황에 따라 여러 가지 형식으로 다르게 실현된다. 때문에 대우법의 교육은 화자가 처할 수 있는 여러 가지 실제적인 상황과 결합하여 수업 내에서도 부단히 학습자들에게 연습 시키고 교육하여야 한다.[1]

---

1 오미정(2007:202)에서는 '성공적인 의사소통을 위해서 한국어 학습자는 상대의 발화들이 자신을 존대하는 정도 또는 친밀의 정도가 다르다는 것을 사용된 존대 표현 요소들을 통해 이해할 수 있어야 한다. 또한 한국어 존대 표현에 대한 교육을 통해서 한국어

Brown(1994, 이언경 2005:81 재인용)에서는 제2언어 학습자가 습득해야 할 의사소통 능력에 사회언어학적 능력이 포함됨을 언급하면서 교실 수업에서 가급적 학습자가 밖에서 자주 접할 가능성이 많은 실제적인 언어 사용과 맥락을 다룰 것을 제안하고 있다. 또한 학생들은 궁극적으로는 교실 밖에서 연습을 하지 않은 상황에서 이해하고 표현하는 데 언어를 사용해야 하기 때문에 교실에서의 과제는 그런 상황에 필요한 기술을 학습자에게 갖춰줘야 한다고 하였다. 그리하여 이 연구에서는 중국인 학습자들이 현실 생활에서 대우법을 정확하게 사용하게 하기 위하여 현실과 결부를 시킨 여러 상황들을 교육 방안에 도입하여 실제적인 사용에 있어서 효과적인 교육 방안을 모색하고자 한다.

이 장에서는 중국인 중급 학습자를 대상으로 실험 집단과 비교 집단으로 나누어 실험 집단은 대우법을 존대법과 비존대법으로 분류한 체계에 절충식 교수법으로 교육 방안을 작성하여 교수하고, 비교 집단은 지금까지 보편적으로 분류되어 온 대우법의 주체대우법, 청자

학습자들은 자신의 존대 의도의 정도와 상대와의 나이, 친밀도, 사회적 관계 등에 따라 선택적으로 사용할 수 있어야 한다.'고 하면서 한국어 존대 표현의 원리와 전략을 아래와 같이 제시하였다.
1. 제1원리 종결어미 화계 선택
2. 제2원리 선어말어미 '-시-'의 결합
3. 제3원리 선어말어미 '-시-'의 결합 금지
4. 제4원리 존대 용언 및 체언 선택
5. 제5원리 자신을 낮추는 겸양의 어휘 선택
6. 제6원리 존대 조사 사용
7. 제7원리 상대방을 지칭하는 말과 호칭어 선택
8. 제8원리 길게 말하기
9. 제9원리 화자 의도성 반영

대우법, 객체대우법의 체계에 전통 교수법인 문법–번역식 교수법으로 교육 방안으로 교수하여 두 집단의 비교 분석을 통하여 실험 결과를 검증하고 논의하고자 한다.

4.1 한국어 대우법의 교육과정

4.1.1 교육 목표

한국어의 특성 중 하나는 특히 대우법이 정교하게 발달되어 있다는 것이다. 대우법의 용법에 어긋나게 발화하면 의사소통이 원만하게 이루어지지 않는 것은 물론 상대방에게 무례를 일으키고 실례를 범할 수 있다. 하지만 대우법은 문법 지식만으로는 원활한 의사소통을 할 수 없다. 대우법은 화자의 의도가 가장 중요한데다가 또한 상대방에 대한 공손함을 겸비하여 종결어미의 사용에 있어서 직접 표현보다는 완곡 표현을 능숙하게 사용할 수 있어야만 대우법을 제대로 사용할 수 있다고 보아야 한다. 그리하여 이 연구의 교육 목표는 중국어권 한국어 중급 학습자로 하여금 한국어 대우법의 의미와 형태에 대해 제대로 이해하고 여러 가지 상황과 결부한 연습을 통하여 현실 생활에서 대우법의 용법과 화행에 맞게 정확한 의사소통을 할 수 있는 능력을 갖도록 하는 데 있다.

4.1.2 교육 내용

대우법의 교육 내용은 형태·통사적 측면과, 의미·화용적 측면으로 나누어 제시하고자 한다. 형태·통사적 측면에서는 대우법을 존대법과 비존대법으로 분류한 체계로 대우법을 이루는 각 실현 요소들의 교육 내용에 대해 제시하고, 의미·화용적 측면에서는 대우법을 결정짓는 규범적 용법의 사회적 요인과 전략적 용법에서의 종결어미의 완곡 표현에 대한 교육 내용을 제시하고자 한다.

4.1.2.1 형태·통사적 측면

중국인 중급 학습자를 대상으로 하는 대우법의 교육 내용으로, 존대법과 비존대법의 체계로 분류하여 작성하면 아래 [표 57]과 같다.

[표 57] 대우법의 교육 내용

	존대법	비존대법
호칭어	-님, -씨	-씨, -아/야,
1인칭	저, 저희	나, 우리
조사	-께서	-이/가
선어말어미	-시-	-
어휘	말씀, 진지, 댁, 드리다, 말씀하다 등	말, 밥, 집, 주다, 말하다 등
종결어미	합니다체	해체
	해요체	한다체

대우법의 교육 내용은 존대법과 비존대법의 체계로 각각 사용되는 호칭어의 사용, 1인칭의 사용, 조사, 선어말어미 '-시-'의 사용 여부, 존대 어휘와 일반 어휘의 사용 그리고 종결어미의 사용이 있다.

1) 호칭어/지칭어

대우법의 호칭어와 지칭어 실현 형식은 존대 접사 '-님'과 '-씨'를 결합한 존대 호칭어와 '-씨', '성+신분', '-아/야'가 결합한 비존대 호칭어로 나눌 수 있다.

[표 58] 대우법의 호칭어와 지칭어 실현 형식

존대법	'-님'의 결합	ㄱ. 부모님, 할아버님, 할머님, 아버님, 어머님, 이모님, 오라버님, 아주버님, 며느님, 형님, 형수님, 누님, 따님, 아드님, 시누님
		ㄴ. 선생님, 사장님, 원장님, 목사님, 수녀님
		ㄷ. 사장님, 부장님, 과장님, 팀장님, 이사님, 대표님, 선배님
		ㄹ. 김사장님, 박부장님, 이과장님, 정팀장님, 김이사님, 박대표님
		ㅁ. 김유진 사장님, 박영희 사장님, 이철수 과장님
		ㅂ. 김유진님, 박영희님, 이철수님
존대법/ 비존대법	'-씨'의 결합	김씨, 지연 씨, 김지연 씨
비존대법	성+신분	김대리, 김부장, 이박사, 김선생
	'-아/야'의 결합	지연아, 철수야

호칭어와 지칭어의 교육에 있어서 존대 접사 '-님'은 존대해야 할 청자나 제3자에 대하여 '지위/신분+님' 혹은 '성+지위/신분+님'의 형태로 사용되는데 이는 보편적으로 화자보다 지위가 높은 대상에게 사용된다. '이름+님' 혹은 '성+이름+님'은 존대해야 할 청자나 제3자에 대해 유대 관계를 나타내기 위해서 사용된다. 존대 접사 '-씨'는 '-님'보다 존대의 정도가 낮은데 일반적으로 나이가 비슷한 사람끼리, 동급자끼리 서로 존대할 때 사용된다. '-씨'가 비존대법에도 사용되는 경우가 있는데 일반적으로 회사에서 상급자가 하급자를 부를 때도 많이 사용되어 종결어미는 '해체'를 사용하는 경우가 많다. 일반접사 '-아/야'는 비존대의 대상을 호칭할 때 '이름+아/야' 형태로 사용된다. 이러한 점들을 학습자들에게 구체적인 예문으로 설명하여 교육하여야 한다.

2) 1인칭

대우법의 1인칭 사용에 있어서 존대법에서는 화자 자신인 '나'를 겸손 표현인 '저'로, '우리'를 '저희'로, 비존대법에서는 '나', '우리'를 사용하면 된다. 이러한 1인칭과 결합하는 조사는 존대법과 비존대법에서 각각 아래와 같은 형태로 실현된다.

[표 59] 1인칭과 조사의 결합 형식

존대법	저(희) + 가 → 제가/저희가 저(희) + 는 → 저(희)는 저(희) + 더러 → 저(희)더러 저(희) + 도 → 저(희)도 저(희) + 를 → 저(희)를 저(희) + 보고 → 저(희)보고 저(희) + 에게 → 저(희)에게 저(희) + 와 → 저(희)와 저(희) + 의 → 저(희)의 저(희) + 한테 → 저(희)한테
비존대법	나(우리) + 가 → 내(우리)가 나(우리) + 는 → 나(우리)는 나(우리) + 더러 → 나(우리)더러 나(우리) + 도 → 나(우리)도 나(우리) + 를 → 나(우리)를 나(우리) + 보고 → 나(우리)보고 나(우리) + 에게 → 나(우리)에게 나(우리) + 와 → 나(우리)와 나(우리) + 의 → 나(우리)의 나(우리) + 한테 → 나(우리)한테

대우법의 1인칭과 결합할 조사는 [표 59]에서처럼 존대법에서는 '저', '저희'와 결합되고 비존대법에서는 '나', '우리'와 결합되는데 일반적으로 1인칭과 조사의 결합은 한국어 교육의 초급 단계에서 가르치는 내용이다.

3) 조사

조사의 사용에 있어서 존대법에서는 '-께서/께', 비존대법에서는 '-이/가, -에게'를 사용하는데 그 결합 형식은 아래 [표 60]과 같다.

[표 60] 대우법의 조사 결합 형식

존대법	교수님께서, 사장님께서, 사모님께서, 선생님께서 교수님께, 사장님께, 사모님께, 선생님께
비존대법	이철수씨가, 철수가, 선배가, 오빠가, 김부장이 이철수씨에게, 철수에게, 선배에게, 오빠에게, 김부장에게

대우법의 조사 결합 형식은 존대법에서는 '교수님께서, 사장님께서, 사모님께서, 선생님께서'와 '교수님께, 사장님께, 사모님께, 선생님께' 등과 같이 존대하여야 하는 인물에 대한 호칭에 존대 조사를 결부하여 사용하여야 한다. 다음 비존대법에서는 '이철수씨가, 철수가, 선배가, 오빠가, 김부장이', 그리고 '이철수씨에게, 철수에게, 선배에게, 오빠에게, 김부장에게'와 같이 실현된다.

4) 선어말어미 '-시-'

선어말어미 '-시-'는 존대법에서 동사의 어간에 붙어 사용되어 청자나 제3자를 존대한다. 하지만 화자 자신의 행위에 대한 동사에는 결합하지 못하는 제한이 있으므로 교사는 이 점에 주의하도록 잘 설명하여 교육하여야 한다. 비존대법에서는 선어말어미 '-시-'가 사용되지 않는다. 일반 동사와 선어말어미 '-시-'의 결합을 보면 다음과 같다.[2]

---

2 박성일(2012:54)에서는 일반 동사와 '-세요'가 결합되는 높임에 대하여 제시하면서 동사를 각 유형별로 '가다', '살다', '읽다', '짓다', '돕다', '걷다'류로 분류하여 '-세요'와

[표 61] 동사와 선어말어미 '-시-'의 결합 형식

'가다'류	가다→가시다, 가르치다→가르치시다, 가지다→가지시다, 기다리다→기다리시다, 끄다→끄시다, 끝내다→끝내시다, 대답하다→대답하시다, 사다→사시다, 쓰다→→쓰시다, 춤추다→춤추시다, 피우다→피우시다, 하다→하시다 등
'살다'류	살다→사시다, 놀다→노시다, 들다→드시다, 만들다→만드시다, 불다→부시다, 알다→아시다, 열다→여시다, 울다→우시다, 팔다→파시다 등
'읽다'류	읽다→읽으시다, 깎다→깎으시다, 닦다→닦으시다, 닫다→닫으시다, 받다→받으시다, 벗다→벗으시다, 신다→신으시다, 씻다→씻으시다, 앉다→앉으시다, 웃다→웃으시다, 입다→입으시다, 있다→있으시다, 잡다→잡으시다, 적다→적으시다, 찍다→찍으시다, 찾다→찾으시다 등
'짓다'류	낫다→나으시다, 짓다→지으시다, 잇다→이으시다, 붓다→부으시다 등
'돕다'류	돕다→도우시다, 눕다→누우시다, 굽다→구우시다 등
'걷다'류	걷다→걸으시다, 깨닫다→깨달으시다, 묻다→물으시다, 듣다→들으시다, 싣다→실으시다 등

위의 [표 61]을 보면 동사의 유형별로 선어말어미 '-시-'와 결합했을 때 받침의 탈락과 '-(으)시-'의 결합 규칙을 가지고 있다. '가다'류의 동사는 선어말어미 '-시-'가 그대로 결합하고, '살다'류의 동사는 받침 'ㄹ'이 탈락하면서 선어말어미 '-시-'가 결합된다. '읽다'류의 동사는 '-(으)시-'가 그대로 결합하며, '짓다'류의 동사는 받침 'ㅅ'이 탈락하면서 '-(으)시-'가 결합된다. '돕다'류의 동사는 받침 'ㅂ'의 탈락과 함께 '-우시-'가 결합되며 '걷다'류의 동사는 받침 'ㄷ'의 탈락과 함께 '-ㄹ(으)시-'가 결합된다. 이렇게 선어말어미 '-시-'의 교육 과정에서 교사는 학습자들에게 이러한 유형에 따라 동사와 선어말어미

결합하는 동사의 활용 유형을 정리하였다. 이 연구에서는 이 동사들에 선어말어미 '-시-'를 결합하여 제시하였다.

'-시-'의 결합 규칙에 대하여 구체적으로 설명하여 교육하여야 한다.

5) 어휘

존대법에서는 용언이나 체언이 모두 존대 용언이나 존대 체언으로
바뀌어 사용되며 이를 통합적으로 존대 어휘로 하여 청자와 제3자를
존대하여 사용한다. 비존대법에서는 일반 명사와 일반 동사를 사용
하여 사용하면 되는데 이는 2.2.1.4에서 제시한 [표 15]와 같다.

6) 종결어미

종결어미의 교육에 있어서 존대법에서는 '합니다체'와 '해요체'를
교육하고 비존대법에서는 '해체'와 '한다체'를 교육하는데 평서문, 의
문문, 명령문, 청유문, 약속문 등에 의한 종결어미를 교육하면 된다.

[표 62] 한국어 대우법의 종결어미에 나타나는 종결 표현

		평서문	명령문	청유문	의문문	약속문
존대 종결어미	합니다체	-ㅂ니다, -습니다, -입니다, -십니다	-십시오	-	-ㅂ니까?, -습니까?, -입니까?, -십니까?	-겠습니다
	해요체	-아요/-어요/-세요, -여요/-셔요, -이에요/-이세요, -니까요, -ㄴ데요, -구요, -네요, -면서요, -는데요, -대요, -래요, -니까, -거든요, -군요 등	-아요/ -어요/ -세요/ -지요/ -시지요	-아/ -어요/ -세요/ -지요/ -시지요	-아/-어요/-세요?, -ㄹ까요?, -ㄹ래요?, -나요?, -지요?, -구요?, -네요?, -면서요?, -ㄴ데요?, -대요?, -려구요? 등	-ㄹ게요, -ㄹ래요, -려구요,

비존대 종결어미	해체	-아/-어, -니까, -ㄴ데, -구, -네, -면서, -는데, -대, -래, -니까, -거든, -지, -군 등	-아/어, -지	-아/어, -지	-아?/-어?, -ㄹ까?, -ㄹ래?, -나?, -지요?, -구?, -네?, -면서?, -ㄴ데, -대?, -려구?	-을게
	한다체	-는다	-아라/-어라	-자	-느냐/니?	-으마

한국어 대우법의 종결어미는 문장 유형별로 여러 가지 종결 표현들이 있는데 그 표현들은 의미에 따라 초급, 중급, 고급으로 나누어 교육된다. 한국어 대우법에서 종결어미의 작용이 큰 만큼 대우법 교육에서 화계의 도입 순서에 대한 의견들도 분분한데 일반적으로 한국어 교육 기관의 교재들은 대부분 '합니다체'를 먼저 교육하고 그다음 '해요체'를 교육한다. 하지만 화계의 사용면에서 볼 때 실제 생활에서 '해요체'는 '합니다체'보다 더 많이, 더 보편적으로 사용되기 때문에 대우법의 종결어미 교육에서는 먼저 '해요체'를 교육하고 그다음 '합니다체'를 교육하여야 한다. 대우법의 존대법을 교육한 후 존대법의 '해요체'와 비존대법의 '해체'를 '-요'의 결락 규칙으로 비교하면서 교육하면 존대와 비존대의 경계를 이해시키는데 유리할 뿐만 아니라 전체적인 존대법과 비존대법의 사용에 있어서도 효과적인 교육 방법이 될 것이다.

대우법의 종결어미 교육에서 주의해야 할 점은 약속문의 종결어미는 1인칭에만 제한되어 사용된다는 것을 학습자들에게 설명해주어야하며 또한 약속문의 종결어미에는 선어말어미 '-시-'가 결합되지 못함을 꼭 설명해야 한다. 이러한 교육이 제대로 이루어지지 않으면 현재 서비스업에서 자주 사용되는 '손님, 저쪽으로 앉으실게요.', '고객님, 계산 이쪽에서 하실게요.' 등과 같은 오류를 범한 문장들을 사용하게 된다.

또한 제3장의 실태 조사에서도 나타났지만 학습자들은 '합시다'와 '하십시다'를 '합니다체'로 보고 상위자에 대한 청유 화행에서 스스럼없이 사용하는 것을 알 수 있는데 '합시다'와 '하십시다'는 '하오체'로 동급자를 존중할 때 사용 가능하며 이는 손윗사람에게는 절대 사용할 수 없음을 학습자들에게 꼭 주의시켜 교육해야 할 부분이다.

4.1.2.2 의미·화용적 측면

의미·화용적 측면의 교육 내용은 규범적 용법과 전략적 용법에 대해 제시하고자 한다. 규범적 용법은 이 연구에서 제시한 대우법의 요인에 따른 규칙도에 따라 대우법의 실현에 대한 교육 내용을 제시할 것이고 전략적 용법에서의 교육 내용으로는 완곡 전략에서의 거절 화행, 청유 화행, 요청 화행, 제안 화행으로 분류하여 제시하도록 하겠다.

1) 규범적 용법

궁극적으로 존대해야 할 대상과 비존대해야 할 대상은 화자의 의도에 달려있어 규정짓기는 어렵지만 교사는 [+지위], [−친밀], [+나이], [공적 상황] 등 요인이 작용하는 인물에 대해서는 존대법을 사용하도록 권장하고 [−지위], [+친밀], [−나이], [사적 상황]에서는 비존대법을 사용해도 된다고 설명하여야 한다. 대우법은 [성별]요인에 의해 [동성 간], [이성 간]의 사용에 있어서 각각 다른 양상을 나타내지만 이를 교육 내용에 포함시키는 것을 적절하지 않다. 학습자로 하여금 [이성 간]에는 존대법을 사용하고 [동성 간]에는 비존대법을 사용한다고 가르칠 수 없기 때문이다. [공적 상황]에서는 존대법을 사용하고, [사적 상황]에서는 비존대법을 사용하지만 [지위], [친밀], [나이] 요인이 복합적으로 나타날 때에는 규정적인 존대법, 비존대법의 사용을 단정 짓기는 어렵다. 양명희·김려연(2014)에서는 대우법을 결정하는 요인으로 지위>친밀>나이 순서로 나타난다고 하였다. 이에 따라 아래와 같은 규칙도를 제시하고자 한다.

[표 63] 대우법의 요인에 따른 규칙도

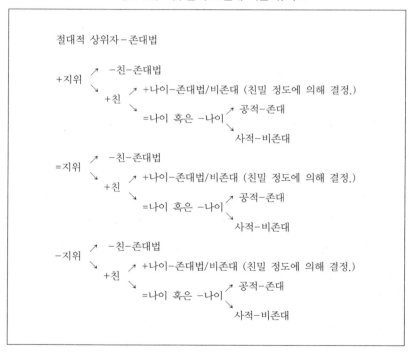

[표 63]은 대우법의 사회적 요인에 따른 규칙도이다. 대우법을 결정하는 사회적 요인으로 순서대로 나열하면 '지위>친밀>나이'의 순으로 [+지위]일 때 [-친밀]이면 무조건 존대법을 사용하여 상대를 존대하여야 하며 [+친밀]일 때에는 다시 [나이]요인에 따라 대우법의 실현이 달라지는데 [+나이]일 때에는 친한 정도에 따라 존대법을 사용할 수도 있고 비존대법을 사용할 수도 있다. 이는 사람 대 사람의 관계로만이 볼 수 있는 상황이다. 다시 [나이] 요인에 따라 [-나이] 혹은 [=나이]일 때 이는 또 [공적/사적]의 요인에 의해 대우법의 실현이 달라지는데 [공적]일 때에는 존대법을 사용하여야 하며 [사적]일 때에는 비존대법을 사용하여도 된다. 친밀의 요인은 화자와 청자, 제3자 사이에서 스스로 판단하는 것이므로 이에 대해 절대적인 존대법과 비존대법의 사용은 결정할 수 없다.

2) 전략적 용법의 완곡 표현

대우법에서 가장 중요한 교육 내용은 종결어미에 있는데 이는 단순히 서술문, 명령문, 청유문, 의문문 등에 의한 종결어미의 사용이 아니라 상대방에 대한 공손함, 그리고 예의와도 직결되는 문제이기 때문에 화용과 밀접한 관계를 가지며 학습자들에게 직접 표현보다는 완곡 표현을 사용하도록 권장해야 한다. 때문에 이 부분에서의 교사의 역할과 교수 내용이 중요한 부분을 차지한다. 교사는 거절 화행, 청유 화행, 요청 화행, 제안 화행의 직접 표현과 완곡 표현의 차이를 예문으로써 제시하면서, 직접 표현은 특히 윗사람에게 사용될 때 공손하지 못하고 무례가 되어 실례를 범할 수 있다는 것을 강조하여 학습자로 하여금 이에 대해 이해하고 수긍하여 실제 생활에서도 완곡 표현을 사용하도록 권장해야 한다.

(1) 거절 화행

거절 화행의 교육에 있어서는 학습자들에게 먼저 거절 화행의 직접 표현의 예를 들어 직접 표현은 상대방에게 공손성이 떨어지고 예의가 없음을 설명하여야 한다. 그리고 다시 완곡 표현을 예를 들어 설명하여 그 차이를 학습자로 하여금 인지하게 하여야 한다.

(62) ㄱ. 못해요→못할 것 같아요, 못하겠습니다→못할 것 같습니다.
ㄴ. 못가요→못가게 되었어요, 못갑니다→못가게 되었습니다.

(63) ㄱ. 선생님, 저 오늘 아파서 학교에 못갑니다.
ㄴ. 선배님, 제가 시간이 없어서 오늘 이걸 다 못해요.

(64) ㄱ. 선생님, 저 오늘 아파서 학교에 못 갈 것 같습니다.
ㄴ. 선배님, 제가 시간이 없어서 오늘 이걸 다 못할 것 같아요.

예문 (62ㄱ), (63ㄱ)과 같이 '못가다'의 직접 표현은 '못갈 것 같아요'의 완곡 표현으로 사용하여야 함을 설명하여야 하며 '못가겠습니다.'는 '못갈 것 같습니다'와 같이 직접 표현보다는 완곡 표현을 사용하도록 권장하여야 한다.

(2) 청유 화행

청유 화행에 있어서 가장 중요한 부분은 상위자에게 '하오체'의 '-ㅂ시다'를 사용하지 못하는 것인데 학습자들이 가장 많이 오류를 범하는 종결 표현이기도하다. 교사는 아래 예문 (65)에서와 같이 '가

요', '갑시다' 등의 직접 표현을 완곡 표현으로 바꾸어 사용하는 예문
을 들어주면서 설명하여야 한다.

> (65) ㄱ. 가요→갈까요?, 갈 수 있어요?, 가지 않겠어요?, 갈 수 있을까?
>   ㄴ. 갑시다→가시면 어떻겠습니까?, 가실 수 있습니까?, 가지 않
>   으시겠습니까?
>
> (66) ㄱ. 교수님, 시간 괜찮으시면 같이 식사하러 갑시다.
>   ㄴ. 사장님, 도착했습니다. 내립시다.
>
> (67) ㄱ. 교수님, 시간 괜찮으시면 같이 식사하러 가시겠습니까?/ 같이
>   식사할 수 있을까요?/ 같이 식사하면 어떻겠습니까?/ 같이 식
>   사하러 가지 않으시겠습니까? 등등
>   ㄴ. 사장님, 도착했습니다. 내리시지요./내릴까요?/내리지 않으
>   시겠습니까? 등등

(3) 요청 화행

요청 화행은 상대방에 대한 일종 부탁으로 반드시 겸손하고 공손
하게 하여야 한다. 그리하여 직접 표현보다는 완곡 표현을 사용하는
것이 학습자들에게는 앞으로 실제적인 대우법의 사용에 있어서 상대
방과의 의사소통 과정이 더욱 원만하게 진행이 될 수 있다. 그리하여
교사는 '해줘요', '해주십시오' 등과 같은 직접 표현을 '해줄래요?',
'해주실래요?' 등과 같은 완곡 표현으로 사용할 수 있도록 권장하여
야 한다.

> (68) ㄱ. 해줘요→해주지 않을래요? 해주면 고맙겠어요, 해줄 수 있어

요?/없어요?, 해줄 수 있을까요?, 해주면 안될까요?, 해주겠
어요?

ㄴ. 해주십시오 → 해주지 않으시겠습니까? 해주면 고맙겠습니다,
해주실 수 있습니까?/없습니까?, 해주시겠습니까?

(69) ㄱ. 교수님, 그 논문 저한테 보내주십시오.

ㄴ. 선배님, 이 책 철수 선배한테 주세요.

(70) ㄱ. 교수님, 그 논문 저한테 보내주실 수 있습니까?/보내주시면
안될까요?/보내주실 수 있나요? 등등

ㄴ. 선배님, 이 책 철수선배한테 주실 수 있나요?/주실래요?/주시
면 안될까요? 등등

(4) 제안 화행

제안 화행은 자신의 생각을 상대방에게 권유하는 것으로 공손하게
자신의 의견을 드러내면서 상대방에게 제안을 하여야 한다. 그리하
여 직접적인 표현보다는 간접적인 완곡 표현으로 상대방이 자신의
제안을 수용하게끔 하여야 한다. 아래 예문 (71)과 같이 '낫다', '어렵
다', '안 맞다' 등과 같은 직접 표현을 완곡 표현으로 공손하게 사용할
것을 학습자들에게 습득시켜야 한다.

(71) ㄱ. 이게 낫아요 → 이게 낫은 것 같아요, 이게 낫지 않을까요?, 이
게 어때요?, 이게 좋겠어요, 이게 더 좋을 것 같아요

ㄴ. 어렵습니다 → 어려운 것 같습니다, 어렵지 않겠습니까?

(72) ㄱ. 선배님, 그 방안은 이 주제와 안 맞습니다.

ㄴ. 교수님, 설명이 너무 어렵습니다.

(73) ㄱ. 선배님, 그 방안은 이 주제와 안 맞는 것 같습니다./안 맞지
　　　　않을까요?/(다른 방은)이게 더 낫지 않을까요? 등등
　　　ㄴ. 교수님, 설명이 너무 어려운 것 같습니다.

완곡 표현은 전략적 용법에서의 일종의 전략으로 화자가 존대하고
자 하는 청자나 제3자에게는 완곡 표현을 사용하여 그 대상에 대한
공손함과 예의를 갖춰 발화해야 한다. 하지만 비존대 대상에게는 무
조건 완곡 표현을 사용하지 않아도 되기 때문에 완곡 표현의 교육 과
정에서 교사는 학습자들에게 완곡 표현의 공손성에 대하여 중요시하
여 설명하여야 하며 학습자들에게 완곡 표현에 대해 정확하게 이해
시키고 대우법의 종결어미에서 완곡 표현을 사용하여야 하는 중요성
과 필요성에 대해 인지하게 하여야 하며 학습자들로 하여금 실제 생
활에서 완곡 표현을 사용할 수 있도록 권장하여야 한다.

4.1.3 교육 방법

대우법의 교육 방법은 시청각 교수법, 의미 중심 형태 교수법, 과
제 중심 교수법, 역할 놀이 교수법, 상황 중심 교수법 등 대우법 교육
에 있어서 효과적인 교수법들을 적절하게 절충한 절충식 교수법을
활용할 것이다. 아래 구체적으로 살펴보도록 하겠다.

4.1.3.1 시청각 교수법

시청각 교수법은 말 그대로 실물, 지도, 그림, 사진, 모형, 표본,
도해, 녹음기, 레코드, 환등기, 연극, 영화, 견학, 도표, 필름, 라디
오, TV, 컴퓨터 등 시각과 청각 자료를 활용한 교수법이다.

일반적으로 한국어교육 현장에서 많이 사용되는 시청각 교수법은 현재 한류의 영향을 받아 한국어에 관심을 가진 학습자들이 많기 때문에 이러한 학습자들의 흥미를 유발하고자 드라마, 영화, 오락프로 등 매체를 사용하는 시청각 교수법이 보편적이다. 이는 실제적인 상황에서 시각적으로, 청각적으로 발화 현장, 발화 의도, 발화 상황 등을 쉽게 알아볼 수 있기 때문에 대우법의 교육에 있어서 시청각 교수법은 효과적인 교수법이라고 할 수 있다. 정세란(2012:14~16)에서는 시청각 교수법의 효과를 아래와 같이 제시하였다.

첫째, 실제적인 의사소통 상황을 제시한다. 김재은(2010)에서는 언어라는 것은 같은 표현이라 하더라도 실제 상황에 따라 의미가 달라질 수 있기 때문에 언어 습득은 실생활과 분리되어 언어화된 형태로 이루어지기보다는 상황 맥락 속에서 이해하는 것이 더 효과적이라고 하였다. TV 드라마나 영화, 시트콤과 같은 시청각 매체는 화면과 음성언어가 결합하여 실생활과 유사한 의사소통 상황을 제공해 주기 때문에 학습자들은 이러한 시청각 매체를 통하여 의사소통에서 필요한 언어적 요소를 더 쉽고 정확하게 이해할 수 있다.

둘째, 실제적 언어를 학습할 수 있다. Geddes와 White(1978)는 실생활 자료를 '수정되지 않은 실생활 담화'와 '모의 실생활 담화' 두 가지 유형으로 구분하였다. '수정되지 않은 실생활 담화'란 실제 의사소통에서 발생하는 그대로의 언어 자료를 의미하는 것이며, '모의 실생활 담화'는 교육적 목적을 위해 만들어진 언어이나 실제 의사소통 상황에서 발생할 가능성이 높은 특징을 가진 언어 자료를 의미한다고 하였다. 대부분의 한국어 학습자들은 '모의 실생활 담화' 유형의 대표적 자료인 교과서를 통해 한국어를 학습한다. 이러한 학습자들이 실제 한국인과의 대화에서 겪는 어려움은 주어 등 주요 문장 성분의 생략과 문법에 맞지 않은 표현, 그리고 구어에서만 사용하는 표현 등을 접하였을 경우 이를 이해할 수 없다는 데에 있다. 시청각 매체는 한국어 교육에서 '수정되지 않은 실생활 담화'를 가르칠 수 있는 좋은 학습 자료이다. 시트콤이나 드라마, 영화와 같은 시청각 매체에서는 문어 표현보다는 주로 구어 표현을 사용하기 때문에 한국인들이 말하는 속도와 억양으로 이루어지고 비문법적인 표현과 생략이 많다. 그리고 그 시대에 통용되는 유행어나 신조어, 속어 등도 제공된다. 따라서 학습자들은 이러한 실제적 언어 자료인 시청각 매체를 통해 살아있는 한국어를 자연스럽게 익힐 수 있고 나아가 효과적이고 성공적인 의사소통을 하는 데 도움이 될 것이다.

셋째, 한국어 학습의 흥미와 동기를 부여할 수 있다. Jakobovits (1970)에서는 외국어 학습의 성공률은 적성 33%, 지능 20%, 동기 33%, 기타14%라고 한다. 이처럼 동기는 지능보다도 성공적인 외국어 학습에 있어 중요한 요소임을 알 수 있다. 동기는 학습자 스스로 형성하는 것이 가장 바람직하나 모든 학습자에게 이러한 이상적인 상황을 기대할 수는 없다. 그러므로 Woolfolk(2004)에서는 교실수업에서의 리더인 교사가 학습자의 동기유발을 도와야 한다고 한다. 그러나 한국어 학습자들은 서로 다른 목표를 가지고 있고 원하는 수업방식과 내용 또한 다르기 때문에 교실에 있는 모든 학습자들의 동기와 흥미를 유발할 수 있는 방법을 찾아내기란 쉽지 않은 일이다. Moor와 Kearsley(1996)에서는 학습자들에게 높은 동기를 고취시킬 수 있는 가장 좋은 방법은 학습자들이 배우고 있는 학습 내용을 현실 생활과 접목시켜 배운 내용을 일상생활 속에서 사용할 수 있는 기회를 제공

해 주는 것이라고 한다. 이러한 측면에서 볼 때, 시청각 매체는 한국
인의 실생활을 제공해주어 학습자에게 현실감을 느끼며 한국어를 배
울 수 있도록 하고, 시청 중 느낀 감정이나 상상력을 통해 시청 후
활발하고 역동적인 교실 활동을 가능하게 한다. 또한 흥미진진한 이
야기 전개를 통해 흥미를 유발하고 지속시켜 주어 학습 효과를 올리
는 데 도움을 준다. 텔레비전이나 인터넷과 같은 매체에 익숙한 현재
의 학습자들에게 기존의 단조로운 수업 방식은 흥미를 이끌어 낼 수
없으며 이러한 시청각 매체를 활용한 학습법은 이제 영상 세대들에게
자연스러운 학습 방식이 되고 있다.

넷째, 한국 문화에 대한 이해를 도울 수 있다. 김정숙(1997)에서는
언어 교육의 목표는 학습자가 목표 언어를 사용해 원만히 자신이 원
하는 기능을 수행하도록 하는 것이므로 문화적 숙달이 없이는 원만
히 기능을 수행할 수 없다고 한다. 문화 학습을 배제한 언어 습득은
원만한 의사소통으로 연결되지 못한다. 이것은 언어가 그 사회의 문
화를 반영하기 때문이다. 즉 한국어에는 한국 사회의 가치관이나 사
고 방식, 생활 양식 등이 담겨져 있기 때문에 한국어를 배울 때 문화
적 부분까지 배워야지만 효과적으로 배울 수 있다고 본다. 이러한 점
에서 시청각 매체는 실제적 언어뿐만 아니라 한국 사회의 생활 방식,
세계관, 사상 등 문화나 사회적인 내용이 자연스럽게 표현되어 있으
므로 학습자의 한국어와 한국 문화에 대한 이해를 돕는 데 좋은 자료
가 된다.

다섯째, 실생활과 관련된 과제 수행을 할 수 있다. 언어를 교육하
는 데 있어서 중요한 또 하나는 과제 수행 중심으로 교육을 실시해야
한다는 것이다. 과제(Task)란 의미를 중심으로 하여 의사소통을 위

해 행하는 모든 이해, 처리, 생산 대응 활동으로 언어를 이용해 무엇을 행할 수 있는가하는 언어의 기능적인 측면을 말하는 것이다. 드라마나 영화와 같은 시청각 매체를 통한 한국어 수업은 이러한 과제를 실제 생활과 큰 차이가 없이 수행할 수 있는 하나의 모형을 학습한다는 점에서 의의가 있다고 본다. 즉 드라마나 영화의 다양한 장면을 통해서 학습자들은 실제적인 상황을 간접적으로 경험하고 이를 활용한 여러 가지 과제를 수행하면서 실제 생활에서 필요한 의사소통 능력을 키울 수 있다.

시청각 교수법은 의사소통 능력을 향상시키는데 도움이 되고 또한 학습자의 흥미를 유발할 수 있기 때문에 초반에 제시하는 것이 효과적이다. 이 연구에서는 중급 학습자들의 흥미를 유발할 수 있는 한류 스타 '김수현'이 출연한 인기드라마 '프로듀사'를 활용한 시청각 교수법으로 도입 부분에 제시하고자 한다.

4.1.3.2 의미 중심 형태 교수법

의미 중심 형태 교수법은 의미를 전달하는 의사소통 과제 수행 중에서 상황에 집중하면서 자연스럽게 학습자가 문법 규칙이나 형태에 대해서도 주목할 수 있도록 하여 의사소통 능력과 문법적 정확성을 통합적으로 추구하는 교수 방법이다. 이는 기존의 문법적 형태에 중점을 둔 교수법이나 의사소통만을 중시하는 교수법과는 달리 의미를 이해하고 파악하는 데 어려움이 있는 문법 형태에 주목할 수 있도록 유창성과 정확성을 함께 추구하는 교수법이다.

의미 중심 형태 교수법은 Long(1991)에 의해 처음으로 제기되었

다. 1980년대 이후 외국어 교육에서는 문법적 정확성을 중심으로 하
는 형태 중심 접근 방법[3]보다는 의사소통을 중심으로 하는 의미 중심
접근 방법[4]에 더욱 치중하면서 문법적 정확성이 떨어져 학습효과에
균형을 잃게 되었다. 이렇게 형태 중심 접근 방법과 의미 중심 접근
방법이 각각 너무 한쪽으로 치우쳐 학습자들에게는 비효과적인 것은
물론 교육 방향 자체를 너무 극단화시키기 때문에 Long(1988)에서는
의미 중심의 의사소통 과제 수행 중에서도 필요에 의해 형태에 초점
을 맞추어 문법에 대한 정확성도 제고할 수 있는 방법으로 학습자에
게 의미 중심으로 교수하면서 동시에 형태에도 관심을 갖도록 유도
하기 위하여 의미 중심 형태 교수법의 교수법을 제안하였다. 민현식
(2003:75)에서는 의미 중심 형태 교수법의 특징을 아래와 같이 제시
하였다.

---

3 민찬규(2002:71)에서는 '형태 중심 접근법은 외국어 교육에서 전통적으로 사용해 오던
   방법으로 언어 형태를 학습하는데 대부분의 수업 시간을 사용하는 방법이다. 구조적
   교수요목에 의해 교수가 이루어지기 때문에 학습자가 주어진 상황에서 사용되는 표현
   의 의미를 총체적으로 이해하기보다는 문장을 구성하는 언어 구성 요소에 대한 단편적
   지식을 기억 장치 안에 체계적으로 축적하는 것이 목표이다. 언어 능력이란 언어 지식을
   축적하는 과정에서 언어 체계에 대한 이해와 습관을 형성함으로써 신장되는 것으로
   본다. 이런 점에서 형태 중심 접근 방법은 언어 자체의 내재적 지식에 의존하는 상향식
   교수 접근 방법이라 할 수 있다.'고 하였다.
4 민찬규(2002:71)에서는 '형태 중심 접근법에 비해 의미 중심 접근 방법은 형태 중심
   접근 방법과 달리 영어 학습에서 중요한 것은 의미를 상황에 어우리게 이해하거나 발화
   하는 능력으로 보고, 문법이나 어휘와 같은 단편적인 언어 항목에 대한 명시적 지식보다
   는 이를 상황에 따라 적절히 운용할 수 있는 암시적 지식을 습득하도록 하는데 초점을
   맞추고 있다. 이때 학습자는 언어 내적인 요소와 함께 목표 문화와 같은 언어 외적인
   요소를 동시에 학습하고 활용하도록 한다는 점에서 하향식 접근 방법이라 할 수 있다.'
   고 하였다.

1. 교수·학습 초점: 언어 형태, 의미 기능.
2. 교수·학습 목표: 정확성화 유창성 신장.
3. 교수·학습 내용: 일상생활의 정보 및 언어 형태 자료.
4. 교수요목: 과제 중심 교수요목, 의사소통 교수요목.
5. 교수·학습 방법: 의사소통 활동, 언어 자료의 암시적 제시와 피드백.
6. 교사 역할: 학습의 감시자, 학습의 촉진자, 학습 자료 및 피드백 제
   공자.
7. 학습자 역할: 학습 활동의 적극적인 참여자.
8. 교수·학습 접근 유형: 귀납적 학습.

의미 중심 형태 교수법은 의사소통 능력과 문법 능력의 균형을 잃
지 않고 의미와 형태를 모두 효과적으로 교육할 수 있는 교수법으로
현재 교육 현장에서 활발하게 사용되고 있다. 대우법은 문법적 정확
성도 중요하지만 실제적인 상황에서의 의사소통의 유창성도 중요한
문법으로 의미와 형태에 모두 초점을 두어 학습자들에게 교육하여야
하기 때문에 대우법의 교육에 있어서 효과적인 교수법이다.

4.1.3.3 과제 중심 교수법

과제 중심 교수법은 학습언어를 사용하여 어떤 과제를 수행하거나
주어진 문제를 해결하는 과정에 초점을 두고 있다. 과제나 문제 해결
을 위해서는 자연적으로 의사소통과 상호 행위가 수반되고 학습 언
어를 사용해야 하는 동기를 유발하고 자연스러운 의사소통 상황을
통해 학습 언어 습득을 촉진시킨다는 것이다. 한재영 외(2010:30)에
서는 과제 중심적 교수법에서는 학습자가 의사소통 상황을 이해하는
데에 도움이 된다고 생각할 경우에 학습자가 모국어를 사용하는 것

을 허용하기도 한다. 또한 과제 수행에 필수적으로 필요한 문법 유형과 기본 문형을 수행해 과제와 관련지어 핵심 문형이라는 학습 형태로 다룬다고 하였다.

과제의 기능에 대해서 김미옥(2000:48~51, 홍정은 2006:6 재인용)에서는 아래와 같이 제시하였다.

첫째, 협상(negotiation)의 기회를 제공해 준다. 협상이란 대화 중서로의 말을 이해하기 위해 끼어드는 것으로 협상을 함으로써 대화의 격차를 줄여주며 이해를 도와주고 성공적인 의사소통에 필요한 주의력 집중과 대화 참여가 요구되므로 습득의 촉매 역할을 한다.

둘째, 상위 언어적 인지 활동(metalinguistic awareness)을 하도록 한다. 상위 언어적 인지란 문법 규칙을 배우거나 단어를 외우는 것과 같은 활동으로 언어를 사고 표현이나 의사소통의 수단으로서만이 아니라 그 자체를 대상으로 생각하는 능력을 말한다.

셋째, 의식의 상승(conscious-ness raising)을 가능하게 해 준다. 의식의 상승이란 학습자는 의미의 협상 과정 중에 일어나는 질문이라든가 명료화 등을 통해 자신이 말하는 동안 실수하는 것에 대하여 깨닫게 된다. 이때 자신의 말을 수정하거나 적절하게 반응하면서 자신의 문제점을 인식하고 이를 해결해 나가는 능력을 말한다.

넷째, 자동화(autonomaticity)와 재구조화(reconstructuring)를 가능하게 해 준다. 자동화란 지속적으로 같은 입력이 여러 번에 걸쳐 같은 패턴으로 시도될 때 생기는 것으로 익숙해져서 나중에는 별 노력 없이도 자동적으로 내적 기제화 되는 것을 말한다. 재구조화란 기존 지식의 변화를 포함하는 개념으로 순간의 통찰 또는 깨달음, 현재의 수준에서 한 단계 높이 향상되는 것을 의미한다.

과제 중심 교수법을 적용한 수업은 과제를 준비하는 과제 전 활동(pre-task activity), 과제를 수행하는 과제 활동(task activity), 과제 수행 내용을 평가하는 과제 후 활동(post-task activity)으로 진행된다. 수업에서 사용하는 교재는 과제 중심의 교과서, 실물, 신물, TV, 인터넷 등으로 매우 다양하다. 과제 전 활동 단계에서 교사는 학습자들에게 과업의 주제, 목표 등을 소개하고 주제와 관련된 어휘를 다루거나 브레인스토밍(brainstorming) 활동을 할 수 있다. 과제 활동 단계에서는 학습자들이 짝이나 조별로 목표어로 대화하면서 과제를 수행하고 그 내용을 보고하거나 발표할 준비를 한다. 교사는 발표 내용에 대해 의견을 말하지만 오류 수정을 공개적으로 하지 않는다. 과제 후 활동 단계에서는 학습자들의 발표를 녹음하여 이를 듣도록 하거나 과제를 수행하는 방법을 비교하게 한다. 필요할 경우에 교사는 학습자들에게 언어 자료를 연습하도록 한다. 과제 중심 언어 교수법에서 교사는 언어 형식을 설명하거나 가르치지 않고 과제를 준비하고 제공하는 역할을 한다. 학습자들은 짝 활동과 조별 활동 과정에서 갖고 있는 외국어 지식을 사용할 뿐만 아니라 자기가 말하고 싶은 것을 전달하기 위해 어휘와 문법을 새로이 조합해서 사용하며 목표어가 어떻게 의미를 전달하는지를 스스로 경험하고 배우게 된다. 과제 중심 언어 교수법은 교수를 위한 일차적인 교육적 입력 자료를 과제에 의존하기 때문에 체계적인 문법적 교수요목이 없다는 것이 특징이다. 학습자의 수행 능력에 따라 과제의 교육 효과가 다를 수밖에 없어서 담당 교사의 부담이 크다는 것도 특징이자 단점으로 꼽힌다. (한국어 교육학 사전, 2014:976~977)

대우법은 화자, 청자, 제3자 사이의 관계 요인, 환경 요인 등 복잡다다한 요소와 요인으로, 더욱이 화자의 의도가 가장 큰 역할을 하기 때문에 여러 가지 화행으로 이루어진다. 과제 중심 교수법은 과제를 수행하는 과정에서 학습자들이 스스로 자신의 생각을 나타내고 상대방과의 상호 작용을 통하여 자신의 의도를 드러내기 때문에 과제 후 교사는 학습자의 대우법 사용 양상에 대해 파악하고 오류를 수정해 주어 현실 생활에서 정확하게 사용할 수 있도록 권장할 수 있다.

4.1.3.4 역할놀이 교수법

역할놀이 교수법이란 실세계에서의 말하기를 최대한 반영하기 위해 설정된 가상의 상황 속에서 학습자가 특정 인물의 역할을 맡아 상호 작용하며 의사소통을 연습할 수 있는 교수·학습 활동이다.

역할놀이를 통해 학습자는 다양한 상황에서 사용되는 여러 가지 언어 구조와 어휘, 기능 등을 학습하게 되고 목표 문화와 대인 관계에 필요한 사회적 기술 및 언어 사용법을 배울 수 있다. 학습에 대한 의식 없이 언어를 배우고 창의력을 기르게 되며 내성적인 학습자도 역할이라는 가면을 쓰고 정서적으로 안정된 분위기에서 대화에 참여할 수 있다. 교사는 학습자에게 가게 주인, 손님, 의사, 환자와 같은 특정 인물이나 가게에서, 병원에서와 같은 특정 상황을 가정하여 상상하도록 요구한다. 상황을 설정할 때에는 복잡하지 않고 단순하게 설정해야 한다. 역할놀이를 수행하기 전에 설정된 상황에서의 모범 대화문과 기능 표현이나 도움 표현 및 어휘를 제시하고 식당의 메뉴판, 가격표, 시간표 등의 부교재를 사용하여 의사소통을 수행할 재료를 제공한다. 역할놀이를 수행하지 않는 나머지 학습자들은 역할놀이를 보면서 문법이나 담화적 요소를 모니터링하게 할 수 있다. 역할놀이의 유형은 교사가 학습자에게 어떠한 정보를 제시하느냐에 따라 암기한 대화를 연기하는 역할놀이, 어휘 및 상황 교체 역할놀이, 상황 및 행동이나 표현 등에 대한 단서가 제시된 역할놀이, 토론 형식의 역할놀이로 나눌 수 있다. 역할놀이의 특징은 아래와 같다. (윤정희 2001: 9~10, 손경애 2015: 26 재인용)

특징: 1. 역할놀이는 언어적인 규칙(문법, 발음 등)과 대화 규칙(문형 연습)을 둘 다 가르치기 위한 장면을 제공한다.
2. 역할놀이는 다른 문화의 의해와 지각을 높이기 위하여 학생들이 활동할 상황을 제공한다.
3. 역할놀이는 자신의 반응과 다른 사람들의 반응간의 차이점과 유사점을 알 수 있게 한다. 이러한 연습은 동질감을 갖는 상황에서 실수를 통해 배울 수 있는 기회를 제공해 준다.
4. 역할놀이는 또한 새로운 방법으로 문제를 해결하는 수단을 제공한다.
5. 역할놀이의 문제 해결적인 성격은 학생들로 하여금 그들이 이질적인 문화 속에서 고립되어 있다는 생각을 하지 않게 한다.

역할놀이 교수법은 자연스럽게 학습자의 학습 동기를 유발시키고 서로 협동하는 과정에서 편하게 언어지식을 활용할 수 있기에 더욱 실생활적인 의사소통 능력을 키우고 장기 기억에 도움을 줄 수 있다.

4.1.3.5 상황 중심 교수법

상황 중심 교수법(situational language teaching)은 언어 구조에 대한 지식을 중시하며 그 지식을 언어가 사용되는 상황과 연결하여

지도하는 교수법이다. 이 교수법에서는 언어 사용에서 가장 기본적인 것이 말하기라고 보고 이를 습득하기 위해서는 언어 구조에 대한 지식이 필요하다고 본다. 구조 중심 교수요목과 단어 목록 활용이 중요한 근간을 이루는 교수법이기도 하다.

1920년대와 1930년대 영국 응용언어학자들에 의해서 구화식 접근법(oral approach)이 발전하기 시작하고 1950년대 이와 관련된 구체적인 교육 안이 발표되면서 이것이 상황 중심 교수법으로 진화하여 교육 현장에서 지속적으로 사용되고 있다. 또한 상황 중심 교수법은 A. S. Hornby(1995)의 ≪Oxford progressive English course for adult learners≫라는 언어 수업을 시작으로 발전하였고 구어 담화 연습, 문법과 문형 연습의 강조는 현장에서 일하는 교사들에게 실제적인 활용 면에서 큰 호응을 받았다. 구화식 접근법을 제시할 때 '상황'이라는 용어가 빈번하게 사용되면서 상황 중심 교수법이라는 용어가 보편적으로 사용되기 시작했다.

구조 중심 교수요목을 중심으로 구체적인 상황과 연계된 단어 목록을 활용하여 가르치는 것이 상황 중심 교수법의 기본적인 골격이다. 구조 중심 교수요목은 문장에서 구조를 가르치는 것을 의미하고 구조와 연관된 단어 목록을 선정한다. 상황 중심 교수법의 특징은 모든 언어 교수가 구어로 시작하며 목표어로 수업을 진행하고 문법 항목은 단순한 형태로부터 복잡한 형태로 가르치는 것이다. 읽기와 쓰기는 문법적 기초를 잡은 후에 도입한다. 이 교수법에서는 회화 연습이 큰 비중을 차지하기 때문에 교사는 학생들이 목표어로 유창하게 의사소통할 수 있도록 중점을 두어 지도한다.

상황 중심 교수법의 기초가 되는 학습 이론은 행동주의자들의 습관 형성 이론으로, 학습자들이 끊임없이 반복 연습을 하면 자동적으로 언어 지식을 받아들이게 되고 그것이 자신의 기술로 발전되어 실제 상황에서도 연습한 언어를 사용할 수 있게 된다는 것이다. 학습자는 정확하고 신속하게 바른 문형을 생성해 낼 수 있어야 하며 이는 수십 번의 모방 훈련을 통해 길러진다. 이러한 연습 과정은 정확한 언어 습관을 형성하는 데 도움을 준다. 이 교수법은 정확한 언어 습관을 기대하기 때문에 발음과 문법의 정확성을 강조한다. 교사는 직접적인 설명을 자제하고 학습자가 특정 구조나 어휘를 제시했을 때 귀납적으로 의미를 추론하여 규칙을 발견하게 한다. 따라서 새로운 어휘나 문형들은 설명보다는 예를 들어 가르치며 문법 설명이나 번역은 하지 않는다. 대우법은 실제적으로 벌어지는 상황에서 청자와 제3자에 대한 발화를 그 상황에 맞고 정확하게 하여야 하기 때문에 학습자들이 현실 생활에서 면대하게 되는 상황을 가설하여 자신의 역할에 맞게 역할극 교수법과 함께 반복적인 연습을 통하여 수업을 진행하는 것이 대우법의 학습에는 더없는 도움이 될 것이다

4.1.3.6 절충식 교수법

모든 교수 학습이론은 타당하며 각자의 장단점을 가지고 있다. 학습자들의 학습 환경, 학습자들의 수준과 수용능력 그리고 수행되어야 하는 과업 수준 정도가 매우 다양하기 때문에 어떤 학습이론이 가장 효과적이냐가 아니라 어떤 이론이 특정 학습자들에 의한 특정 과업을 수행할 때 효과적으로 작용할 수 있느냐가 중요하다. 교수요목이 이러한 요소들을 고려하여 디자인됨에도 불구하고 학습과정에서 어떤 전략과 어떤 활동 그리고 언제 어디서 어느 특정 과업과 전략을

투입할지에 대한 결정은 교사들의 임무이다. 이러한 것들을 고려할 때 교육학자들은 학습전략에 대한 결정이 교수 시간 전에 이루어지는 것이 아니라 교수 활동 중에 이루어져야 한다.

Ertmer & Newby(1993)에서는 절충식 접근법이 'sortness'를 준다며 절충식 교수법을 제안하면서 교사는 다양한 교육방법과 전략을 학생들에게 제공하기 위해 이를 적용해야 한다고 하였다. Reigeluth(1992:150)에서도 절충식 교수법은 각자의 이론적 관점이 다양한 종류의 학습을 촉진시키는 데 유용하며 교사들이 하나의 이론적 관점을 고수하기보다는 여러 교수법의 장점들을 적절하게 절충하여 절충식 접근법을 활용해야 한다고 하였다. 교수·학습 설계에 있어서 Snelbecker(1993)도 '한'가지 이론에만 제한을 두면 풍성한 교수 학습 설계를 할 수 없다고 하면서 교수설계자들은 어느 특정한 이론적 관점을 고수하기보다는 학습 환경에 따라 적절하게 보다 절충식 철학을 가지고 변화시킬 필요가 있다고 하였다. Bonner(1998)에서는 '교수·학습 설계는 인지주의에서부터 또 다른 이론들로부터 나오는 절충식인 것 이어야하며 이러한 선택적인 다양성은 절충식 접근법의 강점이 될 것이다. 교수·학습 설계에서의 기술은 절충 주의적 성향을 가져야하며 그것은 행동주의, 인지주의, 성인 학습, 체계이론 그리고 미디어 기술 등 많은 영역의 아이디어를 통합한다.'라고 주장하며 절충주의를 강조하였다.

이렇게 여러 교수법들은 모두 장단점이 각각 존재하는데 절충식 교수법은 이상의 교수법들을 적절하게 절충하여 단점을 보완하고 장점을 적극적으로 활용하여 대우법의 교육에 효과적인 교수방안을 기대할 수 있다. 이 연구에서는 대우법을 존대법과 비존대법으로 분류한 체계를 시청각 교수법, 의미 중심 형태 교수법, 문법-번역식 교수법, 역할놀이 교수법, 과제 중심 교수법 등 학습 절차에 따라 적절하게 활용하여 교육 방안을 모색하고자 한다.

대우법의 교육 방안은 절충식 교수법으로 모두 2교시로 나누어 수업을 진행한다. 1교시는 대우법의 의미와 형태에 대한 설명과 교사와의 간단한 연습으로 구성할 것이고 2교시는 학습자들이 스스로 과제를 완성하기 위한 연습으로 구성할 것이다. 절충식 교수법을 바탕으로 고안한 1교시와 2교시의 교육 모형은 아래와 같다.

[표 64] 대우법 1교시 교육 모형

도입	▷ 학습 동기 유발 (시청각 교수법) ▷ 학습 목표와 학습 내용 제시

⇓

설명	▷ 학습할 대우법에 대한 형태·통사적 특성 설명 ▷ 학습할 대우법에 대한 의미·화용적 특성 설명

⇓

연습	▷ 대우법이 실현되는 여러 가지 상황을 가설하여 다양한 예문을 통해 대우법의 용법을 정확히 사용하도록 연습

⇓

정리	▷ 수업 내용 정리 ▷ 학습한 내용을 실제 언어생활 속에서 정확하게 활용할 수 있도록 권장

✔ 도입

교사는 학습자에게 이 시간에 교수·학습할 대우법의 내용이 담긴 동영상 자료를 보여주어 학습자의 학습 동기를 유발한다. 그리고 이 시간 수업의 학습 목표와 학습 내용을 간단히 제시한다.

✔ 설명

설명 단계에서는 교수·학습할 대우법의 형태·통사적 특성과 의미·화용적 특성에 대하여 설명한다. 학습 대상자가 중급 학습자로 대우법에 대한 어느 정도의 기본 지식을 갖고 있기 때문에 형태·통사적 특성에 대해서는 대우법을 존대법과 비존대법으로 분류한 체계와 각각의 문법 사항에 대해서 간단하게 설명한다. 대우법의 의미·화용적 특성에 대해서는 대우법의 사회적 요인에 의한 실현을 규칙도와 함께 제시하고 각각의 요인에 따라 대우법의 사용에 대해 예문을 들면서 구체적으로 설명한다. 각각의 요인에 의해 대우법이 실현되는 예문을 드는 동시에 이와 함께 종결 어미의 사용에 있어서 완곡 표현과 직접 표현의 차이를 설명하며 학습자들에게 완곡 표현에 대한 사용을 이해시킨다.

✔ 연습

연습 단계에서는 여러 가지 상황을 가설하여 그 상황에 맞게 대우법의 형태·통사적 특성과 의미·화용적 특성까지 모두 정확하게 사용할 수 있도록 교사와 학습자의 상호 작용을 통한 질의응답으로 연습 활동을 가진다.

✔ 정리

이 시간에 학습한 대우법의 내용을 정리하고, 일상 언어생활에서 수업에 학습한 대우법 지식을 정확히 활용하도록 학습자들에게 권장한다.

[표 65] 대우법 2교시 교육 모형

과제 준비	▷ 전 시간에 수업한 내용을 끌어냄 ▷ 과제 관련 지식을 이끌어내 과제 제공

⇓

과제 이해	▷ 과제의 목표와 과제 내용을 제시 ▷ 과제의 가설적 상황과 과제 수행 방법을 설명

⇓

과제 수행	▷ 그룹별로 주어진 상황에 맞게 과제 수행 ▷ 다른 그룹과의 상호 작용을 통해 과제 수행

⇓

과제 정리	▷ 과제 수행 중 오류를 수정 ▷ 실제 언어생활에서 정확히 사용하도록 권장

✔ 과제 준비

과제 준비 단계는 학습자에게 대우법 실현 형식을 제시하고 그룹별로 연습 활동을 준비하는 단계이다. 교사는 학습자들이 학습 활동에 적극 참여하도록 유도한다. 그리고 대우법 용법에 기초하여 전 시간에 학습한 형태·통사적 측면의 교육과 의미·화용적 측면의 교육에 대한 내용을 끌어낸다.

✔ 과제 이해

과제 이해 단계는 과제 활동을 수행하기 위한 준비 단계로 교사는 과제의 목표와 내용을 간단히 설명하고 과제 수행 방법을 제시한다. 이를 위해 교사는 과제의 목표와 대우법 실현 형식을 활용할 수 있는 상황과 내용을 설명하면서 학습자에게 과제의 주제를 명확히 인식하도록 한다. 학습자들은 이를 통해 과제의 목표와 내용 그리고 과제 활동의 수행 방법을 구체적으로 인식한다.

✔ 과제 수행

과제 수행 단계는 과제 목표, 대우법이 실현되는 상황과 완곡 표현의 사용에 초점을 두면서 역할놀이 교수법을 활용하여 상황 중심의 의사소통 활동으로 과제를 수행하는 과정이다. 학습자들은 먼저 그룹으로 과제를 수행하고 다음 다른 그룹과의 상호 작용을 통해 과제를 수행한다. 이때 교사는 학습자들에게 대우법의 실현 요인과 형식, 그리고 완곡 표현의 사용을 의식하면서 대우법을 사용할 수 있도록 유도한다. 과제 수행이 진행되는 과정에서 교사는 그룹별 과제 수행을 모니터하며 어려움을 겪는 그룹에 대해서는 도움을 주어 문제를 원만히 해결하도록 도와주고 피드백을 제공함으로써 대우법을 정확히 사용할 수 있게 도움을 준다.

✔ 과제 정리

과제 정리 단계는 학습자의 오류를 수정해 주고 교사의 최종적인 피드백을 통해 학습한 내용을 정리한다. 그리고 학습자들에게 실제 언어생활에서 대우법을 정확히 사용할 수 있도록 권장한다.

4.2 실험과 검증

4.2.1 실험

절충식 교수법을 적용한 교수·학습안으로는 실험 집단을 교육하

고, 전통식 교수법의 일종인 문법-번역식 교수법을 적용한 교수·학
습안으로는 비교 집단을 교육한다. 수업은 실험 집단, 비교 집단 모
두 2교시로 나누어 한다.

실험 집단은 절충식 교수법으로 1교시에서는 대우법의 용법 설명
과 간단한 연습을 위주로 진행할 것이고 2교시에서는 1교시에서 배
운 대우법의 용법에 관한 지식을 이용하여 각 조별, 실제 상황을 가
설한 역할놀이로 과제를 수행하도록 진행할 것이다.

비교 집단은 문법-번역식 교수법으로 1교시에서는 대우법의 용법에
대한 설명을 위주로 하고 2교시에서는 연습을 위주로 진행할 것이다.

절충식 교수법을 활용한 대우법의 1교시 교수·학습안은 아래 [표
66]과 같다.

[표 66] 실험 집단의 대우법 1교시 교수·학습안

학습 목표	대우법의 형태·통사적 측면에 대해 이해한다. 대우법의 의미·화용적 측면에 대해 이해한다.
학습 내용	대우법의 형태·통사적 측면에 대한 설명과 연습. 대우법의 의미·화용적 측면에 대한 설명과 연습.
교육 대상	중국인 중급 학습자
교육 시간	1교시-50분
학습 자료	동영상 자료, PPT자료

교사: 자, 여러분, 여러분은 평소에 처음 보는 사람에게 존댓말을 합니까? 반말을 합니까?
학생: 존댓말을 합니다.
교사: 그럼 왜 존댓말을 합니까?
학생: 처음 보는 사람에게 예의를 지키기 위해서, 친하지 않아서… (등등의 대답을 기대할
　　　수 있다.)
교사: 네, 그럼 여러분들은 보통 어떤 사람들에게 존댓말을 합니까?
학생: 선생님, 주인집 할머니, 슈퍼 아주머니… (등등…)
교사: 네, 그럼 반대로, 여러분들은 어떤 사람들에게 반말을 합니까?
학생: 친한 친구, 동생… (등등…)
교사: 그럼 아래 먼저 동영상을 보도록 하겠습니다.

▶ 드라마 〈프로듀사 11화〉중의 한 장면을 보여준다.

도입
(5분)

후배 작가(다솜 분): **안녕하세요.**
선배 작가(손지연 분): 이거 누가 **뗐니?**
후배 작가(다솜 분): 아니, **저희** 회의가 잡혀 있어서…
다른 후배 작가(왕민정 분): **우리도** 잡혀 **있어요.** 우리도. 우리도 지금 회의 **급하거든요.**
후배 작가: **죄송합니다.**
선배 작가(손지연 분): 아니, 요즘 버라이어티 군기가 왜 **이러니?** **선배한테** 얘기도
　　　　안하고 남의 회의실 막 차지하구 그래도 **되는거니?**
선배 선배 작가(보라 분): **지연아.**
선배 작가(손지연 분): 네?, 아 **언니.**
선배 선배 작가(보라 분): 왜 무슨 문제 **있어?**
선배 작가(손지연 분): **저희가** 결방이라 저번 주에는 회의 **안했거든요.** 근데 이번
　　　　주에는 다시 방송인데…
선배 선배 작가(보라 분): **야 너네 없어진대.**
피디(백승찬 분): 편성이 아직 공식적으로 결정 난 상황이 아닌데 그렇게 **얘기하시는**
　　　　건 좀…
다른 후배 작가(왕민정 분): **피디님, 저희가** 원래 먼저 여기 예약 **했는데요.** 이 팀이
　　　　종이를 먼저 막 다 뜯어놓고…

선배 피디(형근 분): **야 백승찬.**
피디(백승찬 분): 아. **예예 선배님.**
선배 피디(형근 분): **뭐야?** 너네 회의실 **없어?** 빨리 딴 데 **찾아봐.** 우린 지금 정규편성
　　　　　　　　　얘기중이라 발등에 불 **떨어졌어.**
피디(백승찬 분): 회의실 예약을 **저희**가 먼저 했다고 **합니다.** 회의실 앞문에 이걸
　　　　　　　　먼저 붙이는 게 예능국의 불문예같은 예약 시스템이라면 그 룰을
　　　　　　　　따라야 한다고 **생각합니다.**
선배 피디(형근 분): **야** 너 뭔 말이 그렇게 **많아?** 그냥 빨리 딴 데 알아보라고 쫌.
　　　　　　　　너 위에 누구야?
선배 선배 피디(라준모 분): **나다!** 야, 그냥 **가라.** 내가 너랑 지금 싸울 힘까진 없거든.

(1) 교사: 동영상에서 왜 피디는 선배 피디에게 존댓말을 했습니까?
(1) 학생: 선배님이기 때문입니다.
(1) 교사: 그럼, 선배 피디는 왜 피디에게 반말을 했습니까?
(1) 학생: 후배이기 때문입니다.

(2) 교사: 자료에서 지위가 가장 높은 사람은 누구인가? 지위가 가장 낮은 사람은?
(1) 학생: 라준모 피디. 왕민정 작가입니다.

▶ 교사는 아래의 도표를 PPT로 제시한다.

▶ 대우법의 실현 형식을 제시

등분	1인칭	호칭	조사	어휘	'-사-'	청자화계
존대법	저/저희	-님, -씨,	께서/께	드리다, 말씀하다 등	○	합니다체
						해요체
비존대법	나/우리	-씨, -아/야	가/에게	주다, 말하다	×	해체
						한다체

▶ 교사는 존대법, 비존대법으로 분류된 대우법의 체계에 대해 각각 설명하고 대우법의
형태·통사적 측면에 대하여 예를 들면서 설명한다.

존대법 예문
예: 교수님, 교수님께서 저에게 좋은 말씀해주셔서 감사합니다.
예: 사장님, 식사하였어요? 안 하셨으면 제가 사다드릴게요.
예: 선배님, 제가 팀플자료 메일로 보내드렸어요.
예: 왕단 씨, 이따 시간 되면 나랑 같이 도서관 가요.

설명
(30분)

비존대법의 예문
예: 유진아, 네가 나에게 좋은 말해줘서 감사해.
예: 지연아, 밥 먹었어? 안 먹었으면 내가 사줄게.
예: 언니, 내가 팀플자료 메일로 보냈어.
예: 왕단아, 이따 시간 되면 나랑 같이 도서관 가자.

(대우법의 예를 드는 과정에서 교사는 대우법의 통사적 제약에 대해 설명하고 학습자들이 대우법을 사용함에 있어서 1인칭과 선어말어미 '-시-'의 결합 제약과 '-ㄹ게요'와 같은 종결어미가 결합되지 못함을 학습자들에게 인식시켜야 한다.)

▶ 대우법의 각 요인에 대해 설명

존대법	비존대법
지위에 따라: [+지위]	지위에 따라: [-지위]
친밀에 따라: [-친밀]	친밀에 따라: [+친밀]
나이에 따라: [+나이]	나이에 따라: [-나이]
공적/사적 상황에 따라: [공적]	공적/사적 상황에 따라: [사적]

[+지위]
예: -회장님, 제가 댁까지 잘 모셔다 드리겠습니다.
예: -사장님께서 말씀하신대로 인천공항까지 지금 출발하면 너무 이른 것 같습니다. 한 시간 뒤에 출발하시면 어떻겠습니까?
예: -교수님, 제가 오늘 퇴원해서 교수님께서 수업에 내주신 과제를 오늘까지 제출 못 할 것 같습니다.
예: -선배님, 선배님께서 빌린 책을 내일 갖다 드려도 될까요?/드리면 안 될까요?

[-친밀]
예: -안녕하십니까? 처음 뵙겠습니다.
예: -김지원 씨, 과장님께서 부르십니다.
예: -최선생님, 늦었는데 제가 태워다 드릴까요?
예: -저기요, 길 좀 물어도 될까요? 중앙대학교 가려면 여기서 어떻게 가면 가깝나요?

[+나이]
예: -아주머니, 저희 주문할게요.
예: -선배님, 혹시 내일 시간 괜찮으시면 저희 동아리에 참석할 수 있으세요?
예: -준기 씨, 교과서 잠깐 빌려주시면 안 될까요?
예: -강모연 씨, 오실 때 커피 한잔 부탁드려도 될까요?

[공적]
예: ―여러분 안녕하십니까? 오늘 행사에 참석해주셔서 너무 감사드립니다.
예: ―박팀장님, 이번 계획안은 중국 마케팅을 중심으로 하는 게 수익 면에서 훨씬 유리
하지 않을까요?
예: ―제가 왕밍 씨에게 질문을 드리겠습니다. 혹시 이러한 방안은 실제적인 사용에 있
어서 소비자들에게 어떤 유리한 점들이 있습니까?
예: ―이지훈 씨, 저희 회사에 지원하게 된 동기가 무엇인지 말씀해 보세요. 앞으로 이
회사의 비전은 어떻게 될 거라 생각합니까?

[-지위]
예: ―이영 씨, 이 자료 복사 좀 해줄래? 다 해서 사장님께 드리면 돼.
예: ―민정아, 이거 조교님 오시면 조교님께 드려.
예: ―장밍, 선생님이 너보고 사무실로 오래. 빨리 가봐.
예: ―김 비서, 차 대기시켜.

[+친밀]
예: ―안녕? 오랜만이야.
예: ―지원아, 과장님께서 부르셔.
예: ―최선생, 늦었는데 내가 태워다 드릴까?
예: ―철수야, 길 좀 물어도 될까? 중앙대학교 가려면 여기서 어떻게 가면 가까워?

[-나이]
예: ―아가야, 너 몇 살이니?
예: ―지연아, 내일 나랑 영화 보러 가자.
예: ―준기야, 책 좀 잠깐 빌려줘.
예: ―모연 씨, 올 때 커피 한잔 부탁해.

[사적]
예: ―오늘 행사 참석해줘서 너무 고마워.
예: ―김팀장, 이번 계획안은 중국 마케팅을 중심으로 하는 게 수익면에서 훨씬 유리해.
예: ―왕밍아, 혹시 이러한 방안이 실제적인 사용에 있어서 소비자들에게 어떤 유리한
점들이 있어?
예: ―지훈아, 왜 우리 회사에 지원했어?

▶ 교사는 대우법 요인의 규칙도를 PPT로 제시한다.

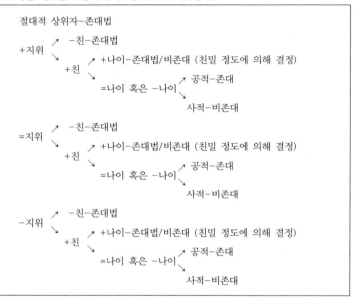

(대우법의 실현 요인이 함께 작용할 때의 여러 가지 인물과 상황을 설정하여 예문을 드는 동시에 대우법의 종결어미를 사용함에 있어서 직접 표현과 완곡 표현의 예문을 각각 들어주면서 학습자들에게 완곡 표현을 사용하도록 하여야 한다.)

▶ 특히 존대법을 사용할 때에는 공손하게 완곡 표현을 쓰도록 한다.

1. 거절 화행
못해요→못할 것 같아요, 못하겠습니다→못할 것 같습니다.
못가요→못가게 되었어요, 못갑니다→못가게 되었습니다.

예문: 선생님, 저 오늘 아파서 학교에 못갑니다.
　　⇒선생님, 저 오늘 아파서 학교에 못 갈 것 같습니다.

예문: 선배님, 제가 시간이 없어서 오늘 이걸 다 못해요.
　　⇒선배님, 제가 시간이 없어서 오늘 이걸 다 못할 것 같아요.

2. 청유 화행
가요→갈까요?, 갈 수 있어요?, 가지 않겠어요?, 갈 수 있을까?
갑시다→가시면 어떻겠습니까?, 가실 수 있습니까?, 가지 않으시겠습니까?

예문: 교수님, 시간 괜찮으시면 같이 식사하러 갑시다.
　　⇒교수님, 시간 괜찮으시면 같이 식사하러 가시겠습니까?/ 같이 식사 할 수 있을까
　　요?/ 같이 식사하면 어떻겠습니까?/ 같이 식사하러 가지 않으시겠습니까? 등등

예문: 사장님, 도착했습니다. 내립시다.
　　⇒사장님, 도착했습니다. 내리시지요./내릴까요?/내리지 않으시겠습니까? 등등

3. 요청 화행
해줘요→해주지 않을래요? 해주면 고맙겠어요, 해줄 수 있어요?/없어요?, 해줄 수
　　　있을까요?, 해주면 안될까요?, 해주겠어요? 등등
해주십시오→해주지 않으시겠습니까? 해주면 고맙겠습니다, 해주실 수 있습니까?/
　　　　없습니까?, 해주시겠습니까? 등등

예문: 교수님, 그 논문 저한테 보내주십시오.
　　⇒교수님, 그 논문 저한테 보내주실 수 있습니까?/보내주시면 안 될까요?/보내주
　　실 수 있나요? 등등

　　선배님, 이 책 철수선배한테 주세요.
　　⇒선배님, 이 책 철수선배한테 주실 수 있나요?/주실래요?/주시면 안 될까요?
　　등등

4. 제안 화행
이게 낫아요→이게 낫은 것 같아요, 이게 낫지 않을까요?, 이게 어때요?, 이게 좋겠
어요, 이게 더 좋을 것 같아요
어렵습니다→어려운 것 같습니다, 어렵지 않겠습니까?

예문: 선배님, 그 방안은 이 주제와 안 맞습니다.
　　⇒선배님, 그 방안은 이 주제와 안 맞는 것 같습니다./안 맞지 않을까요?/(다른
　　방은)이게 더 낫지 않을까요? 등등
예문: 교수님, 설명이 너무 어렵습니다.
　　⇒교수님, 설명이 너무 어려운 것 같습니다.

연습 (10분)	1. (거절 화행) 오늘은 수업이 있는 날입니다. 그런데 감기가 너무 심하게 걸려서 병원에 가야 합니다. 그래서 선생님에게 수업에 못 간다고 전화하려고 합니다. 어떻게 말겠습니까? 2. (청유 화행) 알바를 하는 곳의 사장님이 평소에 너무 잘해줘서 오늘 월급을 받은 당신은 사장님에게 밥을 사드리려고 같이 밥 먹자고 말하려고 합니다. 어떻게 말하겠습니까? 3. (요청 화행) 당신은 밥 먹으러 식당에 갔는데 아주머니가 바빠서 물도 안줬습니다. 당신은 아주머니에게 물을 달라고 말하려고 합니다. 어떻게 말하겠습니까? 4. (제안 화행) 당신은 회사에서 회의를 하고 있는데 부하직원이 내놓은 프로젝트 A방안이 마음에 안 들어서 B방안이 더 좋다고 말하려고 합니다. 어떻게 말하겠습니까?
정리 (5분)	대우법을 현실 생활에서 정확하게 활용하여 사용하도록 권장한다.

대우법의 1교시 교수·학습안은 도입단계 → 설명단계 → 연습단계 → 정리단계 등 네 단계로 구성하였으며 시청각 교수법, 의미 중심 형태 교수법을 활용하였다. 수업 시간은 50분으로 한국어를 공부하는 중급의 중국인 학습자를 대상으로 하였다.

도입 단계는 5분으로 학습자들의 학습 동기를 유발하기 위하여 시청각 교수법을 활용하여 대우법과 관련된 짧은 드라마 영상을 보여준다. 드라마 영상은 2분~3분 소요되며 드라마 내용은 학습자들에게 익숙하고 또한 중국에서도 인기 드라마였던 '프로듀사'로 선정하였다. 이는 학습자들이 흥미를 가지고 수업에 적극 참여할 수 있도록 도와준다. 다음 영상의 내용을 중심으로 대우법에 관한 쉬운 질문을 자연스럽게 이끌어내어 대우법 1교시의 학습 목표와 학습 내용을 제시한다.

설명 단계는 30분으로 의미 중심 형태 교수법으로 대우법의 형태·통사적 측면과 의미·화용적 측면에 대해 설명한다. 교수·학습안의 대상자는 중급 학습자로 이미 초급 과정에서 대우법의 문법 지식에 대해 어느 정도 기초가 있는 수준이기 때문에 형태적 설명보다는 통사적 측면과 의미·화용적 측면에 관한 설명에 초점을 두어야 한다. 특히 대우법은 복잡한 요인이 뒤섞여있기 때문에 문법 지식보다는 실제적인 사용 능력이 더욱 중요하므로 교사는 여러 가지 상황을 가설로 많은 예문을 들어주는 것이 중요하다. 또한 화용적 측면에서 거절 화행, 요청 화행, 청유 화행, 제안 화행 등 상황을 통하여 완곡 표현과 직접 표현의 차이와 그 차이에 따른 공손성에 대해서도 학습자들에게 인지시키고 실제 생활에서 대우법을 사용할 때 완곡 표현을 사용할 수 있도록 권장해야 한다.

연습 단계는 10분으로 교사와 학생들의 상호 작용으로 대우법에 대한 연습을 진행한다.

정리 단계는 5분으로 대우법 1교시의 학습 내용을 평가하고 정리하여 마무리 한다.

다음은 [표 67]은 실험 집단의 대우법 2교시 교수·학습안이다.

[표 67] 실험 집단의 대우법 2교시 교수·학습안

학습 목표	대우법을 현실 생활에서 정확하게 활용하여 사용한다.
학습 내용	상황 설정에 따라 역할놀이로써 그룹별로 과제를 완성.
교육 대상	중국인 중급 학습자
교육 시간	2교시-50분
학습 자료	명찰(가슴부분에 큰 종이로 부착)
학습 단계	교수·학습 활동
과제 준비 (5분)	▶ 교사는 지난 시간 배운 내용을 끌어낸다. ▶ 교사는 이 시간의 과제를 제시한다. ▶ 교사는 5명을 한 조로 그룹을 나누고 매 그룹의 학습자들을 원형 모양으로 자리에 앉게 한다.

과제 이해 (5분)	1조, 4조: 회사 내에서의 대우법 사용 인물 1: 사장(나이:38세), 인물 2: 사원(나이: 25세), 인물 3: 과장(동기, 나이: 38세), 인물 4: 과장(나이: 43세, 과장3과 안 친함), 인물 5: 부장(나이: 48세) (직장 내 직위 순: 사장 > 부장 > 과장 > 사원) 2조, 5조: 가족 내에서의 대우법 사용 인물 1: 자식1(나이: 26), 인물 2: 자식 2(나이:18), 인물 3: 할아버지(나이: 78), 인물 4: 어머니(나이:51), 인물 5: 아버지(나이: 53) 3조, 6조: 대학교 내에서의 대우법 사용 인물 1: 교수(나이: 42세), 인물 2: 대학교 2학년(나이: 27세), 인물 3: 대학교 3학년(나이: 23세, 인물4와 안 친함), 인물 4: 대학교 3학년(나이: 25세, 인물 5와 안 친함), 인물 5: 대학교 1학년(나이: 25세) ▶ 학습자들은 자신이 맡은 가상 인물의 명찰을 가슴 앞부분에 달고 그 가상 인물의 특징을 파악한다. 다음 그룹 내 다른 학습자들의 명찰을 보고 그들의 신분을 확인한다. ▶ 학습자들은 자신의 신분에 맞는 대우법을 구사하고 과제 활동을 준비한다.
과제 수행 (35분)	▶ 5명이 한 조로 새로운 과제를 주어 각 조별로 주어진 상황에 따라 역할놀이 진행하기. 주제: 1. 윗사람이 아랫사람 시키기 혹은 요청하기. (지위가 높은 순으로부터 낮은 순으로 가면서) 　　　2. 아랫사람이 윗사람에게 약속하기 혹은 거절하기. 　　　3. 아랫사람이 윗사람에게 청유하기 혹은 요청하기. 상황은 각 조마다 모두 동일하다. 1. 먼저 1이 2더러 이따가 3이 오면 3에게 이 자료(회사는 자료, 가족은 택배, 대학은 책)를 주라고 한다. 그러면 2는 알겠다며 '내가 주겠다.'고 약속하거나 혹은 '지금 어디 가봐야 돼서 안 된다.'고 거절한다. (화자가 말하고 싶은 의도 대로) 다음 이와 똑같은 상황을 이번에는 3이 4더러 5에게 주라고 하고 4 역시 그러겠다고 약속하거나 거절한다. 그 다음은 5가 1더러 2에게 주라고 하고 1이 알겠다고 하거나 거절한다. 그 다음은 2가 3더러 4에게 주라고 하고, 마지막 4가 5더러 1에게 주라고 한다. 이러면 이 상황에서 화자는 아랫사람에게는 '시키기', 윗사람에게 '부탁하기'가 된다. 다음 청자는 자신의 의도에 따라 '약속하기' 혹은 '거절하기'가 된다. 교사는 학습자들이 각각 맡은 역할에 따라 대우법을 어떻게 사용하는지, 어떤 화행을 사용하는 지 알 수 있다. 각 조마다 모두 이렇게 진행한다.

	2. 각 조마다의 역할놀이가 끝난 후, 각 조에서 가장 아랫사람 역할을 한 사람이 옆의 조의 가장 윗사람에게 가서 먼저 자기소개를 한다. 다음 자기 조의 가장 윗사람, 즉 각 조의 교수님, 사장님, 할아버지 역할이 자기를 보내서 이 조의 가장 윗사람을 데리러 왔는데 같이 가자고 말한다. 이때 제3자가 상황에 없으므로 학습자가 제3자를 어느 정도로 존대하여 말하는지 혹은 비존대하여 말하는지 볼 수 있다.
과제 정리 (5분)	▶ 교사는 학습자들에게 이 시간 수업의 최종 피드백을 통해 학습한 내용을 정리한다. ▶ 대우법을 현실 생활에서 정확하게 활용하여 사용하도록 권장한다.

　대우법의 2교시 교수·학습안은 과제 중심 교수법, 역할놀이 교수법, 상황 중심 교수법을 활용하여 과제 준비→과제 이해→과제 수행→과제 정리 4단계로 나누어 작성하였다. 2교시 수업은 학습자들이 팀으로 나누어 스스로 과제를 수행하게끔 이끌어주며 이로 하여금 실제 생활에서 더욱 활발하게 사용할 수 있도록 하는데 목적을 두었다.

　과제 준비 단계는 5분으로 앞의 1교시에서 배운 지식을 다시 간단히 제시하고 이번 수업의 과제 내용을 제공하여 학습자들이 대우법의 실현 형식에 주목하게 한다.

　과제 이해 단계에서는 5분으로 학습자들에게 이번 수업에서 사용하게 될 대우법의 실현 형식을 활용할 수 있는 상황과 내용에 대해 설명하고 학습자들로 하여금 수업의 과제를 잘 이해하도록 방법과 규칙 및 주의할 점에 대해 설명한다.

　과제 수행 단계는 35분으로 교사는 먼저 30명의 학습자들을 5명씩 한 그룹으로, 6개 그룹으로 만들며 각 조의 5명이 원형을 이루어 앉게 한다. 6개 그룹은 각각 회사 2개 그룹, 가정 2개 그룹, 학교 2개 그룹으로 정하고 자기의 신분을 나타내는 명찰 한 장씩 매 학생에게

배포하고 가슴 앞부분에 붙이게 한다. 다음 자기의 역할과 상황에 맞게 팀끼리 역할놀이를 진행한다. 각 팀은 서로 다른 집단으로 가설하여 자신이 속한 팀의 상황과 내용에 맞게 대우법을 사용하는데 대우법의 형태·통사적 특성과 의미·화용적 특성 모두를 고려하여 발화할 수 있도록 상황을 제공하며 나아가 팀 내에서의 모든 상황 활동을 마친 후 다른 팀과의 상호 작용을 통하여 또 다른 상황과 내용으로써 대우법을 사용하고 연습할 수 있는 기회를 제공한다. 같은 주제와 상황으로 과제를 수행하는 그룹은 각각 두 그룹으로 잘하는 그룹을 선발하여 나와서 상황을 재연하게 한다. 이때 다른 그룹의 학습자들은 그룹별로 함께 이 그룹의 오류를 찾아내고 논의한다.

과제 정리 단계는 앞서 수업한 1교시와 2교시의 내용에 대해 간단히 정리하고 대우법의 교수 내용에 대한 요점을 간단히 설명하고 또한 대우법을 사용함에 있어서 흔히 범하는 오류에 대해 최종 피드백을 하고 정리하여 마무리한다. 이 단계는 5분으로 배정한다.

비교 집단의 교수법은 문법-번역식 교수법으로 대우법을 주체대우법, 청자대우법, 객체대우법으로 분류한 체계에 따라 교육할 것이다.

[표 68] 비교 집단의 대우법 1교시 교수·학습안

학습 목표	대우법의 문법 지식에 대해 학습한다.
학습 내용	주체대우법, 청자대우법, 객체대우법에 대한 문법 설명과 연습.
교육 대상	중국인 한국어 중급 학습자
교육 시간	1교시-50분
학습 자료	동영상
학습 단계	교수·학습 활동

▶ 드라마 〈프로듀사 11화〉중의 한 장면을 보여준다.

후배 작가: **안녕하세요.**
선배 작가: 이거 누가 **뗐니?**
후배 작가: 아니, **저희** 회의가 잡혀 있어서…
다른 후배 작가: 우리도 잡혀 **있어요.** 우리도. 우리도 지금 회의 **급하거든요.**
후배 작가: **죄송합니다.**
선배 작가: 아니, 요즘 버라이어티 군기가 왜 **이러니?** <u>선배한테</u> 얘기도 안하고 남의 회의실 막 차지하구 그래도 **되는거니?**
선배 선배 작가: **지연아.**
선배 작가: 네?. 아 **언니.**
선배 선배 작가: 왜 무슨 문제 **있어?**
선배 작가: **저희가** 결방이라 저번 주에는 회의 **안했거든요.** 근데 이번 주에는 다시 방송인데…
선배 선배 작가: **야 너네 없어진대.**
피디: 편성이 아직 공식적으로 결정 난 상황이 아닌데 그렇게 **얘기하시는 건** 좀…
다른 후배 작가: **피디님, 저희가** 원래 먼저 여기 예약 **했는데요.** 이 팀이 종이를 먼저 막 다 뜯어놓고…
선배 피디: **야 백승찬.**
피디: 아. **예예 선배님.**
선배 피디: **뭐야?** 너네 회의실 **없어?** 빨리 딴 데 **찾아봐.** 우린 지금 정규편성 얘기중이라 발등에 불 **떨어졌어.**
피디: 회의실 예약을 **저희가** 먼저 했다고 **합니다.** 회의실 앞문에 이걸 먼저 붙이는 게 예능국의 불문예같은 예약 시스템이라면 그 룰을 따라야 한다고 **생각합니다.**
선배 피디: 야 너 뭔 말이 그렇게 **많아?** 그냥 빨리 딴 데 알아보라고 좀. 너 위에 **누구야?**
선배 선배 피디: **나다!** 야, 그냥 **가라.** 내가 **너랑** 지금 싸울 힘까진 **없거든.**

(1) 교사: 여기서 주체대우법이 있습니까? 어떻게 실현되었습니까?
(2) 교사: 여기에 청자대우법이 있습니까? 어떻게 실현되었습니까?
(3) 교사: 여기에 객체대우법이 있습니까? 어떻게 실현되었습니까?

도입
(5분)

설명 (20분)	▶ 주체대우법, 청자대우법, 객체대우법을 각각 어떻게 사용하나요? ▶ 주체대우법이란 주체대우법이란 화자가 문장의 주체를 언어로써 높이거나 낮추어 표현하는 문법이다. 주체를 존대할 경우에는 주어와 호응하는 서술어의 어간에 존대소 '-시-'를 붙여서 표현하지만 주체를 존대하지 않을 경우에는 어떤 특정한 형태소를 첨가하지 않고 표현한다. 존대소 '-시-'가 결합된 서술어와 호응하는 주어에 붙는 격조사는 '-께서'이다. 　　예: 동생이 학교에 간다. 　　예: 어머니께서 백화점에 가신다. 　　예: 어머님께서 시장에 가셨다. 　　예: 선생님께서는 안경이 많으십니다. 主体待遇法에 대하여 중국어로 다시 설명. ▶ 청자대우법이란 청자대우법이란 화자가 청자를 언어로써 존대하거나 비존대하여 표현하는 법이다. 청자란 직접적인 청취자나 독자 등을 포함해서 일컫는 말이다. 곧 말하는 사람이나 글을 쓰는 사람에 대응하는 상대자를 뜻한다. 청자대우법에서는 주로 화계와 그 격식성 문제가 논의되는데 지위, 나이, 친밀, 성별 등에 따라 다양한 양상을 보인다. 존대는 '합니다체', '해요체', 비존대는 '해체', '한다체'로 나뉜다. 합니다체: 듣는 이를 가장 높여서 대우하는 것이다. 　　예: 아버지, 진지 잡수십시오. 　　예: 선생님, 안녕하셨습니까? 　　예: 할아버지, 저는 지금까지 독서를 하였습니다. 해요체: 합니다체보다 덜 높여 대우하는 것. 　　예: 아주머니 지팡이 어디서 샀어요? 　　예: 고객님, 너무 잘 어울리세요. 　　예: 선배, 밥 먹었어요? 해체: 청자를 비존대하여 대하는 것. 　　예: 영희야 공부 열심히 해. 　　예: 오늘 영화보러 갈래? 　　예: 네시까지 보내줘.

한다체: 청자를 '해체'보다 더 비존대하여 대하는 것.

     예: 청소 다 해놓고 가라.
     예: 밥 맛있냐?
     예: 꽃은 아름답다.

听者待遇法에 대하여 중국어로 다시 설명.

▶ 객체대우법이란
객체대우법이란 화자가 객체를 언어로써 높이거나 낮추어 표현하는 대우법이다. 객체란 동사로 실현되는 행위가 직접적으로 미치는 대상, 즉 주체의 행위가 미치는 대상을 뜻한다. 객체 대우는 특별한 형태소가 없는 대신에 객체 존대를 나타내는 조사 '께'와 동사 '드리다, 여쭙다, 뵙다, 모시다' 등이 있다.

     예: 이 책을 선생님께 드려라.
     예: 이 분을 모시고 가거라.
     예: 이 문제는 선생님께 여쭤보세요.

客体待遇法에 대하여 중국어로 다시 설명.

연습 (20분)	1. 아래 문장에서 주체대우법, 청자대우법, 객체대우법이 어떻게 사용되었는지 설명해 보세요. (1) 선생님, 제가 선생님께 드릴 말씀이 있습니다. (2) 선배가 너보고 교수님 연구실로 오래. (3) 사장님, 사모님께서 사장님을 모시러 직접 오시겠다고 저더러 전해달라고 말씀하셨습니다. (4) 고객님, 저쪽에 앉으신 고객님께서 고객님께 이 케익을 드리라고 하셨습니다. (5) 영숙아, 오늘 시간 돼? 같이 영화 보러 가자. 내가 영화표 살게. 2. 다음 문장을 한국어로 말하고 주체대우법, 청자대우법, 객체대우법들이 각각 어떻게 실현되었는지 말해보세요. (1) 对你的老板说: '老板，我有重要的事对你说，我什么时候去见你好？' (2) 对你的妈妈说: '爷爷说不吃饭了，让我们先吃。' (3) 对你的朋友永哲说: '金鹏前辈问你教授在课上说作业交到什么时候？' (4) 对你的妹妹说: '你看看你的桌子，你去把桌子擦干净了。' (5) 对你的教授说: '教授，刚才朴教授来找你了，我说你出去了，一 会儿回来。'

	3. 아래 주제의 내용들이 다 들어가게 당신의 오빠 혹은 형에게 편지를 써보세요. 그리고 주체대우법, 청자대우법, 객체대우법이 어떻게 실현되었는지 설명해보세요. (1) 유학 생활을 잘하고 있는지 안부를 묻고 식구들은 다 잘 있다고 알려준다. (2) 할아버지는 요즘 운동을 열심히 하고 있다. 그래서 밥도 예전에 비해 맛있게 먹는다. (3) 할머니는 친구들과의 모임에 자주 간다. 그래서 늦을 때면 내가 데리러 간다. (4) 아버지 친구가 어제 집으로 놀러왔는데 요즘 너 건강한지, 공부가 힘들지 않는지, 밥 잘 챙겨서 먹고 건강하고 공부도 잘해서 빨리 졸업하여 귀국하라고 했다. 그래서 내가 너에게 말해주겠다고 했다. (5) 어머니가 너의 걱정을 제일 많이 한다. 어머니는 네가 겨울에 추위를 많이 탄다고 스웨터를 떠서 너에게 보내주겠다고 한다. 1. 先问候你的哥哥, 然后再告诉他家里都很好。 2. 爷爷最近喜欢上了运动, 所以饭量大了, 吃的也很美味。 3. 奶奶经常去参加朋友们的聚会, 有的时候晚了, 我就会去接她。 4. 昨天爸爸的朋友李叔叔来家里了, 问我你最近身体好不好, 学习累不累, 让你一个人在国外多保重身体, 好好学习, 早点学业有成回来。我说我会跟你说的。 5. 妈妈最担心你了。她说冬天那边冷, 所以最近给你织毛衣。
정리 (5분)	대우법을 현실 생활에서 정확하게 활용하여 사용하도록 권장한다.

비교 집단의 대우법 교수·학습안은 1교시와 2교시 모두 문법-번역식 교수법을 활용하여 도입 → 설명 → 연습 → 정리 4단계로 분류하여 설계하였다. 수업은 1교시, 2교시 각각 50분으로 구성하였으며 교육 대상은 한국어를 학습하는 중국인 중급 학습자 30명이다.

도입 단계는 5분으로 실험 집단의 교수·학습안과 마찬가지로 실험 집단과 같은 영상 자료를 제시하여 학습자들의 흥미를 유발시킨다. 다음 이 수업의 학습 목표와 내용을 제시한다.

설명 단계는 20분으로 먼저 주체대우법, 청자대우법, 객체대우법의 개념에 대해 설명하고 다음 주체대우법, 청자대우법, 객체대우법의 실현형식 등 문법 설명과 함께 예문을 들면서 구체적으로 설명한다. 이때 먼저 한국어로 하고 다음 중국어로 한다.

연습 단계는 20분으로 질의응답의 방식으로 연습을 진행한다. 연습 단계는 모두 세 가지의 연습 문제를 제시하였는데 먼저 1번의 연습 문제는 각 문제에서 주체대우법, 청자대우법, 객체대우법이 각각 어떻게 사용되었는지 학습자들로 하여금 찾아보게 한다. 다음 2번의 연습 문제는 중국어 문장들을 먼저 한국어로 말해보게 하고 그 문장들 속에서 다시 주체대우법, 청자대우법, 객체대우법을 찾아내게 한다. 마지막 연습 문제는 글쓰기 문제로 주제에 맞게 주체대우법, 청자대우법, 객체대우법이 모두 사용되게 짧은 글을 짓고 발표하게 한다. 이때 교사는 한국어로 질문한 문제에서 학습자들이 잘 이해를 못했을 경우 중국어로 다시 질문한다.

정리 단계는 5분으로 이 수업의 교수 내용에 대해 평가하고 정리하며 또한 실제 언어생활 속에서 주체대우법, 청자대우법, 객체대우법에 대해 정확히 사용할 수 있도록 권장하며 마무리한다.

[표 69] 비교 집단의 대우법 2교시 교수·학습안

학습 목표	대우법을 현실 생활에서 정확하게 활용하여 사용한다.
학습 내용	대우법의 실현 요인에 대한 설명과 연습.
교육 대상	중국인 한국어 중급 학습자
교육 시간	2교시-50분
학습 자료	PPT자료
학습 단계	교수·학습 활동

도입 (5분)	▶ 지난 시간에 배운 내용을 다시 끌어낸다. 교사: 주체대우법이란 무엇입니까? 교사: 청자대우법이란 무엇입니까? 교사: 객체대우법이란 무엇입니까? ▶ 이번 시간에는 대우법을 결정짓는 여러 요인에 의해 학습하도록 하겠습니다.

설명
(20분)
	▶ 교사는 대우법 요인의 규칙도를 PPT로 제시한다.
	
	절대적 상위자-존대법
	
	+지위
	  ↗ -친-존대법
	  ↘ +친 ↗ +나이-존대법/비존대 (친밀 정도에 의해 결정)
	        ↘ =나이 혹은 -나이 ↗ 공적-존대
	                        ↘ 사적-비존대
	
	=지위
	  ↗ -친-존대법
	  ↘ +친 ↗ +나이-존대법/비존대 (친밀 정도에 의해 결정)
	        ↘ =나이 혹은 -나이 ↗ 공적-존대
	                        ↘ 사적-비존대
	
	-지위
	  ↗ -친-존대법
	  ↘ +친 ↗ +나이-존대법/비존대 (친밀 정도에 의해 결정)
	        ↘ =나이 혹은 -나이 ↗ 공적-존대
	                        ↘ 사적-비존대
	
	▶ 규칙도에 대해 한국어로 설명하고 다시 중국어로 설명한다. 예문을 들 때에도 먼저 한국어로 설명하고 다시 중국어로 설명한다.
	
	[+지위]
	예: -회장님, 제가 댁까지 잘 모셔다 드리겠습니다.
	예: -사장님께서 말씀하신대로 인천공항까지 지금 출발하면 너무 이른 것 같습니다. 한 시간 뒤에 출발하시면 어떻겠습니까?

예: -교수님, 제가 오늘 퇴원해서 교수님께서 수업에 내주신 과제를 오늘까지 제출
  못할 것 같습니다.
예: -선배님, 선배님께서 빌린 책을 내일 갖다 드려도 될까요?/드리면 안 될까요?

[-친밀]
예: -안녕하십니까? 처음 뵙겠습니다.
예: -김지원 씨, 과장님께서 부르십니다.
예: -최선생님, 늦었는데 제가 태워다 드릴까요?
예: -저기요, 길 좀 물어도 될까요? 중앙대학교 가려면 여기서 어떻게 가면 가깝나요?

[+나이]
예: -아주머니, 저희 주문할게요.
예: -선배님, 혹시 내일 시간 괜찮으시면 저희 동아리에 참석할 수 있으세요?
예: -준기 씨, 교과서 잠깐 빌려주시면 안 될까요?
예: -강모연 씨, 오실 때 커피 한잔 부탁드려도 될까요?

[공적]
예: -여러분 안녕하십니까? 오늘 행사에 참석해주셔서 너무 감사드립니다.
예: -박팀장님, 이번 계획안은 중국 마케팅을 중심으로 하는 게 수익 면에서 훨씬 유
  리하지 않을까요?
예: -제가 왕명 씨에게 질문을 드리겠습니다. 혹시 이러한 방안은 실제적인 사용에
  있어서 소비자들에게 어떤 유리한 점들이 있습니까?
예: -이지훈 씨, 저희 회사에 지원하게 된 동기가 무엇인지 말씀해 보세요. 앞으로
  이 회사의 비전은 어떻게 될 거라 생각합니까?

[-지위]
예: -이영 씨, 이 자료 복사 좀 해줄래? 다 해서 사장님께 드리면돼.
예: -민정아, 이거 조교님 오시면 조교님께 드려.
예: -장명, 선생님이 너보고 사무실로 오래. 빨리 가봐.
예: -김 비서, 차 대기시켜.

[+친밀]
예: -안녕? 오랜만이야.
예: -지원아, 과장님께서 부르셔.
예: -최선생, 늦었는데 내가 태워다 드릴까?
예: -철수야, 길 좀 물어도 될까? 중앙대학교 가려면 여기서 어떻게 가면 가까워?

[-나이]
예: -아가야, 너 몇 살이니?
예: -지연아, 내일 나랑 영화 보러 가자.

	예: -준기야, 책 좀 잠깐 빌려줘. 예: -모연 씨, 올 때 커피 한잔 부탁해. [사적] 예: -오늘 행사 참석해줘서 너무 고마워. 예: -김팀장, 이번 계획안은 중국 마케팅을 중심으로 하는 게 수익 면에서 훨씬 유리해. 예: -왕명아, 혹시 이러한 방안이 실제적인 사용에 있어서 소비자들에게 어떤 유리한 　　점들이 있어? 예: -지훈아, 왜 우리 회사에 지원했어?
연습 (20분)	▶ 역할놀이(3명이 한 조)-주체대우법, 청자대우법, 객체대우법이 모두 사용되게 역할놀 이를 만들어보세요. 상황1. 인물1: 교수 / 인물 2: 사모 / 인물 3: 학생 스승의 날을 맞아 학생이 교수 집에 놀러간다. 그런데 교수가 잠시 할 일이 있어 방에 있고 학생은 사모랑 대화를 한다. 그러다가 교수가 할 일을 다 마치고 나와서 셋이 같이 대화를 나눈다. 주로 학생의 가족과 한국 생활에 대해 이야기를 나눈다. 상황2. 인물1: 3학년 대학생 / 인물2: 3학년 대학생 / 인물3: 2학년 대학생 (인물1과 인물2는 친하지 않은 동기, 인물1이 인물 2보다 나이가 많음, 인물1은 인물3과 친하지 않음, 인물2는 인물3과 친함) 셋이 같이 팀 과제를 하게 되어 일요일 셋이 모이기로 했다. 그런데 인물1이 일이 있어 늦게 온다고 인물2에게 연락했고 이를 인물2가 인물3에게 알려준다. 먼저 인물2와 인물3 이 대화를 한다. 한참 후 인물3이 등장한다. 그 다음 셋이 대화를 한다. 과제에 대해 논의한다. 상황3. 인물1: 할아버지 / 인물2: 며느리 / 인물3: 손자/손녀 며느리가 집에 있는데 할아버지가 일보고 들어왔다. 할아버지와 며느리가 함께 식사를 하며 대화를 한다. 다음 손자/손녀가 들어와서 셋이 함께 대화를 한다. 주로 대화 현장에 없는 아버지에 대해 대화를 나눈다. 상황4. 인물1: 사장 / 인물2: 과장 / 인물3: 회사원 밤 12시, 사장이 과장에게 전화해서 과장의 부하 직원이 이번 프로젝트를 잘못 처리된 것에 관해 대화를 한다. 다음 과장이 부하 직원에게 전화를 하여 사장이 전화 온 내용에 대해 말해주며 둘이 대화를 한다. 다음 부하 직원이 사장에게 다시 전화해서 사과한다.

	상황5. 인물1: 언니 / 인물2: 친한 동생 / 인물3: 친한 동생 (인물2의 친구) 인물1, 2, 3이 함께 집에 가는 길이다. 인물1이 주말에 셋이 같이 여행 가자고 한다. 인물2와 인물3은 각자의 이유를 대면서 다 안 된다고 한다. 인물1이 둘을 설득하면서 여행 계획에 대해 대화를 한다.
정리 (5분)	대우법을 현실 생활에서 정확하게 활용하여 사용하도록 권장한다.

도입 단계는 5분으로 1교시의 내용을 다시 끌어내어 이번 2교시의 수업에 대한 흥미도를 끌어내고 2교시 수업의 학습 목표와 내용 그리고 학습 활동에 대해 간단히 제시한다.

설명 단계는 20분으로 대우법의 요인에 대해 설명한다. 교사는 먼저 PPT로 대우법 요인의 규칙도를 제시하고 다음 그 규칙도에 대해 설명한다. 이때 먼저 한국어로 설명하고 다음 중국어로 다시 설명한다. 그리고 각 요인에 의해 실현되는 대우법을 예문으로 제시하고 설명하여 학습자들에게 대우법의 요인에 대해 이해시키고 그 규칙에 대해 파악하게 한다. 그리고 질의응답으로 대우법의 각각의 요인에 의해 대우법이 어떻게 실현되는지 학습자들에게 질문하고 이러한 요인들이 복합적으로 나타났을 때 대우법이 어떻게 실현되는지 학습자들에게 질문하고 간단한 예문을 정확하게 구사하도록 유도한다. 학습자들의 사용 오류는 피드백을 주어 수정해준다.

연습 단계는 20분으로 역할놀이 교수법을 활용하여 연습을 진행하는데 교사는 학습자 3명을 한 조로 만들어준다. 다음 각 조마다 가상의 상황을 주어 그 상황과 역할에 맞게 주체대우법, 청자대우법, 객체대우법을 모두 사용하여 연습 활동을 진행하게 한다. 이때 교사는 먼저 한국어로 연습 활동을 설명하고 학습자들이 이해를 못할 시에

는 중국어로 설명해 준다. 그리고 교사는 조별로 돌아다니면서 각조
마다 연습 활동이 어떻게 이루어지는지 살펴보고 오류를 범하여 발
화하는 학습자들에게는 피드백을 주어 수정하게 한다. 다음 잘하는
몇 조를 선발하여 나와서 역할극을 재연하게 한다.

정리 단계는 5분으로 이 시간에 배운 내용에 대해 평가하고 최종
피드백을 주어 이 시간 수업에서의 대우법의 교수 내용과 교수 활동
을 정리하여 마무리한다.

4.2.2 검증과 논의

실험 연구를 진행하기 전, 학습자들이 대우법에 대한 지식 수준을
테스트하기 위하여 실험 집단과 비교 집단으로 나누어 먼저 사전 평가
를 진행하였다. 다음 실험 연구를 진행한 후, 교육 방안의 효과성을
검증하기 위하여 다시 실험 집단과 비교 집단을 대상으로 하여 사후
평가를 실시하였다. 그리고 두 집단의 평균 점수를 요인으로 대응표본
T-검정(Pairwise T-test)과 공분산 분석(Analysis of convariance
: ANCOVA)을 하여 결과를 검증하였다. 사후 평가를 진행한 후 실험
집단의 수업에 대한 만족도를 조사하기 위하여 5개의 설문 문항을
설정하여 그 결과를 분석해보았다. 아래 구체적으로 논의하도록 한다.

사전 평가 문제는 모두 10개 문항으로 객관식 문항 5개와 주관식
문항 5개로 나누었는데 객관식 문항의 매 문항에는 2개 이상의 사지
선다형 문제들로 구성하여 객관식 문항에 모두 20개의 사지선다형
문제로 출제하였다. 주관식 문항은 학습자들이 대우법의 종결어미의
사용에 있어서 공손성에 의한 완곡 표현의 사용을 평가하기 위한 문

항으로 구성하였다. 객관식 문항은 대우법의 형태적 특성의 사용을 평가하기 위해서, 주관식 문항은 대우법의 의미적 특성의 사용을 평가하기 위해서 출제하였다. 사후 평가 문제도 문항 10개로 출제하였는데 사전 평가 문제와는 다른 문제들로 구성되었으며 객관식 다섯 문항과 주관식 다섯 문항으로 출제하였다. 하지만 객관식 문항에서는 사지선다형 문제 25개를 출제하였다.

이 연구에서는 이 실험 연구를 통하여 유의한 결론을 얻고자 아래와 같은 두 가지 가설을 세웠다.

H1: 실험 집단과 비교 집단에 대해 수업을 진행한 후 사후 평가에서 실험 집단과 비교 집단의 성적이 모두 유의한 향상을 얻을 것이다.
H2: 대우법을 존대법, 비존대법의 체계로 분류하여 절충식 교수법으로 수업을 진행한 실험 집단이 대우법을 주체, 청자, 객체의 전통적 체계로 분류하여 문법-번역식 교수법으로 수업을 진행한 비교 집단에 비해 유의한 향상을 얻을 것이다.

이상의 H1, H2 두 가설을 검증하기 위하여 대응표본 T-검정(Pairwise T-test)과 공분산 분석(Analysis of covariance : ANCOVA)를 시행하였다.

이 연구에서는 유의수준(α)을 0.05로 정하고($\alpha=0.05$), 유의확률인 p값은 유의수준인 0.05보다 작을 때($p<\alpha(0.05)$) 통계적으로 유의미한 결과로 간주하였다.

실험 전(사전)과 실험 후(사후)의 실험 집단과 비교 집단의 기술 통계는 다음과 같다.

[표 70] 실험 집단과 비교 집단의 기술 통계(사전과 사후)

	그룹	N	평균	표준편차	평균의 표준오차
사전	실험	30	51.70	7.96	1.45
	비교	30	52.75	8.13	1.48
사후	실험	30	83.33	4.88	0.89
	비교	30	69.33	7.69	1.40

위의 [표 70]의 기술통계 결과를 살펴보면 먼저 사전조사에서 실험 집단과 비교 집단 모두 30명씩 참여하였으며 실험 집단의 평균은 51.70, 표준편차는 7.96이다. 비교 집단의 평균은 52.75, 표준편차는 8.13로 비교 집단의 평균과 표준편차 모두 높은 것으로 나타났다.

사후 조사의 결과를 보면 실험 집단의 평균은 83.33, 표준편차는 4.88 비교 집단의 평균은 69.33, 표준편차는 7.69로 실험 집단의 평균이 비교 집단보다 높은 값을 갖는 것으로 나타났다. 사전 조사와 사후 조사를 비교해보았을 때 실험 집단과 비교 집단 모두 평균이 증가하였으나 실험 집단의 증가폭이 더 큰 것을 확인할 수 있다.

실험의 효과를 검증하기 위해 대응표본 T-검정(Pairwise T-test)과 공분산 분석(Analysis of covariance :ANCOVA)을 진행하였다. 먼저 대응표본 T-검정(Pairwise T-test)을 통해 사전 평가와 사후 평가에서 두 집단의 평균 점수가 어떤 차이를 보이는지 분석하였으며 그 결과는 [표 71]과 [표 72]와 같다.

[표 71] 실험 집단과 비교 집단의 대응 표본 통계량(사전과 사후)

		N	평균	표준편차	평균의 표준오차
실험	사전	30	51.70	7.96	1.45
	사후	30	83.33	4.88	0.89
비교	사전	30	52.75	8.13	1.48
	사후	30	69.33	7.69	1.40

위의 [표 71]과 같이 실험 집단의 사전평가 평균 점수는 51.70이고 사후 평가 점수는 83.33으로서 처치 후 31.63점의 향상을 보인다. 비교 집단의 사전 평가 평균 점수는 52.75이고 사후 평가 점수는 69.33으로서 처치 후 16.58점의 향상을 보인다. 실험 집단과 비교 집단의 평균 성적으로 알 수 있다시피 사후 평가에서 실험 집단의 평균 성적이 비교 집단에 비해 확연한 성적 차이를 볼 수 있는데 실험 집단의 사후 평가 평균 성적이 비교 집단의 사후 평가 평균 성적에 비해 14.0점 높은 것을 알 수 있다. 실험 집단과 비교 집단에서 모두 사전조사에 비해 사후조사에서 평균은 증가했고 표준편차는 감소하였다.

[표 71]의 이러한 결과가 통계적으로 유의한지를 검증하기 위하여 검증한 결과, 아래 [표 72]와 같은 결과를 얻었다.

[표 72] 실험 집단과 비교 집단의 대응 표본 검정(사전과 사후)

		대응차					t	자유도	유의확률(양쪽)
		평균	표준편차	평균의 표준오차	차이의 95% 신뢰구간 하한	상한			
실험	사전 사후	-31.63	9.51	1.74	-35.18	-28.08	-18.224	29	.000
비교	사전 사후	-16.58	12.51	2.28	-21.26	-11.91	-7.258	29	.000

위의 [표 72]에서 보여주는 것처럼 실험 집단의 사전사후 평균 대응 차는 −31.63이고, 비교 집단의 경우 −16.58로 실험 집단의 사전사후 평균차가 훨씬 크다는 것을 알 수 있다. 그리고 실험 집단의 t값은 −18.224, 비교 집단의 t값은 −7.258로 그리고 두 집단 모두 유의확률이 0.05보다 작은 값을 가져 사전 사후평가 점수 평균이 통계적으로 유의한 차이가 있는 것이 확인되었다. 이는 교육의 효과가 실험집단과 비교 집단 모두에게 나타날 것이라고 가정한 가설1이 적합하다는 것을 보여준다.

[표 73] 실험 집단 사후 공분산 분석

ANCOVA	소스	제Ⅲ 유형 제곱합	자유도	평균제곱	F	유의확률	부분에타제곱
	수정모형	3005.631	2	1502.816	36.612	.000	.562
	절편	9338.040	1	9338.040	227.494	.000	.800
	사전	65.631	1	65.631	1.599	.211	.027
	그룹	2866.755	1	2866.755	69.840	.000	.551
	오차	2339.702	57	41.047			
	합계	354952.000	60				
	수정합계	5345.333	59				

위의 [표 73]은 사전에 실험 집단과 비교 집단 간의 차이를 통제하기 위해 사전 점수를 공변인(covariate)으로 두고 실시한 공분산 분석(Analysis of covariance :ANCOVA)의 결과를 보여준다. 사전 평가 점수를 통제한 상태에서 실험 집단과 비교 집단의 사후 점수를 비교해보았을 때 그룹 간 F값은 69.840, 유의확률은 p(=0.000)<α(=0.05)로 나타나 두 집단 간에 통계적으로 유의한 차이가 있음을

알 수 있다. [표 72]에서 보여주는 사후의 실험 집단과 비교 집단의
평균과 견주어볼 때 새로운 교육을 적용한 실험 집단이 기존의 교육
방법을 유지한 비교 집단보다 성적 향상이 높다는 것을 보여준다. 이
는 절충식 교수법으로 진행한 대우법 교육 수업이 효율적임을 함의
한다.

절충식 교수법을 활용한 대우법의 수업에 대한 만족도를 조사하기
위하여 실험 집단을 대상으로, 수업 후 간단한 설문 조사를 진행하였
다. 조사 내용과 결과는 아래 [표 74], [표 75], [표 76], [표 77], [표
78] 등과 같다.

[표 74] 대우법 수업의 흥미도에 대한 조사

[문항 1] 대우법 교육의 수업이 흥미로웠습니까?	
① 아주 흥미로웠다.	20(66.7%)
② 조금 흥미로웠다.	7(23.3%)
③ 보통이었다.	3(10%)
④ 조금 흥미롭지 않았다.	0
⑤ 아주 흥미롭지 않았다.	0

대우법의 수업에 대한 흥미도에 대한 조사를 보면 30명의 학습자
중 20명의 학습자가 '아주 흥미로웠다'고 답했으며 이는 전체 학습자
의 66.7%를 차지한다. '조금 흥미로웠다'고 답한 학습자는 7명으로
23.3%를 차지하고 '보통이었다'고 답한 학습자는 3명으로 10%를 차
지하였는데 전반적으로 보았을 때 실험 집단의 대부분의 학습자가
대우법의 수업에 대해 흥미를 가지고 수업하였음을 알 수 있다.

[표 75] 절충식 교수법의 흥미도에 대한 조사

[문항 2] 절충식 교수법을 활용하여 더 흥미로웠습니까?	
① 아주 흥미로웠다.	18(60.0%)
② 조금 흥미로웠다.	9(30.0%)
③ 보통이었다.	2(6.7%)
④ 조금 흥미롭지 않았다.	1(3.3%)
⑤ 아주 흥미롭지 않았다.	0

　절충식 교수법의 흥미도에 대한 조사에서는 실험 집단의 30명의 학습자 중 18명의 학습자가 대우법의 수업이 절충식 교수법으로 수업하여 더 흥미로웠다고 답하였다. 이는 전체 학습자의 60%를 차지한다. '조금 흥미로웠다'고 답한 학습자는 9명으로 전체 학습자의 30%를 차지하였다. 그리고 '보통이었다'고 답한 학습자는 2명으로 6.7%를 차지하였으며 '조금 흥미롭지 않았다'고 한 학습자는 1명으로 3.3%를 차지하였다. 결과적으로 봤을 때 실험 집단의 전체 학습자들이 절충식 교수법에 대해 흥미로웠다는 의견을 주어 절충식 교수법이 대우법의 학습에 흥미를 유발시키는 효과가 있음을 알 수 있다.

[표 76] 절충식 교수법의 효과성에 대한 조사

[문항 3] 절충식 교수법을 활용한 문법 수업이 예전에 들었던 수업에 비해 효과적이라고 생각합니까?	
① 아주 그렇다.	16(56.7%)
② 그렇다.	10(33.3%)
③ 보통이다.	2(6.7%)
④ 별로 그렇지 않다.	2(6.7%)
⑤ 전혀 그렇지 않다.	0

절충식 교수법의 효과성에 대한 조사에서는 56.7%를 차지하는 학습자 16명이 절충식 교수법을 활용한 이번 수업이 전에 들었던 수업에 비해 '아주 효과적이다'고 답하였으며 10명의 학습자가 '그렇다'고 답하였는데 이는 전체 학습자의 33.3%를 차지한다. '보통이다'라고 답한 학습자와 '별로 그렇지 않다'고 한 학습자는 각각 2명으로 6.7%씩 차지한다. 실험 집단의 80%에 달하는 24명의 학습자가 절충식 교수법이 효과적이라는 반응을 보였는데 이는 절충식 교수법이 문법 수업을 함에 있어서 효과적이라는 긍정적인 답이 되어 준다.

[표 77] 절충식 교수법의 선호도에 대한 조사

[문항 4] 앞으로 절충식 교수법을 활용한 수업을 계속 받고 싶습니까?	
① 아주 그렇다.	18(60.0%)
② 그렇다.	8(26.7%)
③ 보통이다.	3(10.0%)
④ 별로 그렇지 않다.	1(3.3%)
⑤ 전혀 그렇지 않다.	0

절충식 교수법의 선호도에 대한 조사를 보면 18명의 학습자가 '아주 그렇다'고 답하였고 8명의 학습자가 '그렇다'고 답하였는데 모두 26명의 학습자가 앞으로도 계속 절충식 교수법을 활용한 수업을 받고 싶다고 하였다. 이는 전체 학습자의 86.7%를 차지한다. 3명의 학습자는 '보통이다'라고 답하였는데 이는 전체 학습자의 10%를 차지하며 1명의 학습자가 '별로 그렇지 않다'는 답을 하였다. 결과적으로 대부분의 학습자들이 절충식 교수법으로서의 수업을 선호함을 알 수 있다.

[표 78] 절충식 교수법의 신장도에 대한 조사

[문항 5] 이 수업을 통해 대우법의 사용 능력이 제고되었다고 생각합니까?	
① 아주 그렇다.	19(63.3%)
② 그렇다.	9(30.0%)
③ 보통이다.	1(3.3%)
④ 별로 그렇지 않다.	1(3.3%)
⑤ 전혀 그렇지 않다.	0

절충식 교수법으로의 수업을 통하여 대우법의 사용 능력 신장도 조사를 보면 30명의 학습자중 63.3%에 달하는 19명의 학습자가 '아주 그렇다'고 답하였으며 30%에 달하는 9명의 학습자가 '그렇다'고 답하였다. '보통이다'와 '별로 그렇지 않다'고 답한 학습자는 각각 1명으로 3.3%씩을 차지하였다. 이는 대우법 수업에 참여한 전체 학습자들이 이 수업을 통하여 대우법의 실제 사용 능력이 제고되었다는 긍정적인 결과를 나타내며 절충식 교수법을 활용한 대우법 교육 수업이 전반적으로 학습자들이 실제 생활에서 대우법을 사용함에 있어서 효과적이라는 결과를 얻었다.

절충식 교수법을 활용한 대우법의 수업을 진행한 후 실험 집단의 학습자를 대상으로 이 수업에 대한 흥미도, 효과성, 선호도, 신장도 등의 조사를 하였는데 모두 긍정적인 결과를 얻었다. 예전에 문법－번역식 교수법으로 수업을 받았던 중국인 학습자들이 수업에서 모국어를 사용하지 않고 시청각 교수법, 의미 중심 형태 교수법, 역할극 교수법, 상황 중심 교수법, 과제 중심 교수법 등 여러 가지 효과적인 교수법을 적절하게 절충하여 진행한 수업에 학습자들은 도입 부분에서부터 흥미를 가지고 적극적으로 참여하였으며 모국어를 사용하지

않고서도 교사의 설명과 수업 내용을 잘 이해하였으며 교사와의 상호 작용을 통해 대우법의 지식을 터득하였다. 그리고 2교시에서는 상황을 중심으로 한 역할극 활동을 통해 학습자들끼리 서로 적극적으로 협동하여 바람직한 학습 분위기를 조성하였으며 효과적인 학습효과를 나타낸 것으로 보인다. 이 연구에서 제시한 대우법의 교육 방안은 실험 연구를 통한 검증에서도 긍정적인 결과를 얻었으며, 수업 후 학습자들이 수업에 대한 조사에서도 만족도가 높은 것으로 나타나 이는 중국인 중국 학습자들에게 효과적인 교육 방안임을 설명한다.

제5장

맺는 말

이 연구는 중국인 중급 학습자를 대상으로 하는 대우법 교육을 위한 효과적인 교육 방안을 도모하고자 대우법을 존대법과 비존대법의 체계로 분류하여 절충식 교수법으로 교육 방안을 모색하였다.

지금까지 대우법은 국어학에서 주체대우법, 청자대우법, 객체대우법의 체계로 분류되어 연구되었으며 중국인 한국어 학습자들이 많아진 현 상황에서도 한국어 교육에서의 대우법을 주체, 청자, 객체로 분류하여 교육하곤 한다. 하지만 이는 실제적인 사용에 있어서 학습자들에게 도움이 되지 않는다고 판단하여 이 연구에서는 대우법을 존대법과 비존대법의 체계로 분류하여 한국어 교육에 적용하고자 하였다.

제2장에서 이에 대한 이론연구를 구체적으로 제시하였는데 먼저 중국인 학습자를 대상으로 하는 대우법의 정의와 대우법을 존대법과 비존대법으로 분류한 체계에 대하여 구체적으로 제시하였다. 지금까지의 대우법은 주체, 청자, 객체의 체계로 분류되어 학습자들이 의사소통 과정에서 문장을 구사함에 있어서 주체와 객체에 해당하는 문법 사항들을 일일이 분석하여 적용하기는 어렵다. 이는 또한 학습자

들이 대우법을 사용하면서 오류를 범하는 가장 큰 원인이기도 하다. 그리하여 이 연구에서는 중국인 학습자들에게 대우법을 교육함에 있어서 존대하여야 하는 대상에게는 존대 호칭어, 1인칭 겸손 표현, 존대 조사, 존대 어휘, 선어말어미 '-시-', 존대 종결어미 등을 사용하는 존대법을, 비존대하여야 하는 대상에는 일반 호칭어, 일반 조사, 일반 어휘, 일반 종결어미 등을 사용하는 비존대법의 체계로 분류하였다. 다음 대우법의 구사는 규범적 용법과 전략적 용법으로 나뉘는데 규범적 용법에 있어서 대우법을 실현하는 여러 요인에는 주요하게 [지위], [친밀], [나이], [성별], [공적 상황과 사적 상황], [제3자의 유와 무]와 화자의 의도와 대화 목적에 따른 [화행]이 있다. 전략적 용법은 화자가 자신의 목적을 이루고자 규범적인 용법 이외의 예측 불가한 대우법의 사용 방식으로 발화하는 것으로 전략적 용법에는 수혜자 공손 전략, 비꼼 전략, 칭찬 전략, 고무적 격려 전략, 위협 전략, 달램 전략, 불평 전략과 완곡 전략 등이 있다.

완곡 전략은 이 연구에서 중국인 중급 학습자를 대상으로 하는 대우법 교육 내용에서의 가장 주요한 연구 목적으로 의사소통 과정에서 상대방에 대한 예의와 공손성을 토대로 하는 대우법은 언어예절을 중요시하는 한국의 언어 문화와 직접적인 관계를 갖고 있기 때문에 완곡 표현은 대우법 교육에서 필수적인 항목이다. 중국인 중급 학습자들에게 대우법의 용법과 종결어미에서의 완곡 표현을 교육하기 위하여 이 연구에서는 중국인 고급 학습자를 대상으로 대우법에 대한 설문 조사를 진행하여 중국인 고급 학습자들의 대우법 사용 실태와 완곡 표현의 사용 실태를 요인과 상황에 따라 조사 분석하였다.

중국인 고급 학습자들의 대우법 사용 실태를 조사하고 분석한 결

과, 먼저 대우법에 대한 의식 조사에서 학습자 대부분은 주체대우법
과 객체대우법에 대해 정확하게 알고 있는 학습자가 적었으며 대다
수의 학습자들이 주체대우법, 청자대우법, 객체대우법에 대한 정확
한 개념을 '모른다'고 답하였다. 이는 중국인 고급 학습자들이 대우법
을 사용함에 있어서 주체대우법, 청자대우법, 객체대우법의 체계를
파악하고 사용하는 것이 아니라 단지 존대하여야 하는 대상에게 존
대법을 사용하고 존대하지 않는 대상에게는 비존대법을 사용함을 알
수 있다. 대우법의 규범적 용법에서 중국인 고급 학습자들은 지위,
친밀, 나이, 성별, 공적 상황과 사적 상황, 제3자의 유와 무에 따라
존대법과 비존대법의 사용 양상이 달리 나타났으며 특히 종결어미의
사용에 있어서 직접 표현을 많이 사용하는 것을 알 수 있는데 직접
표현의 사용은 상대에게 공손하지 못하고 무례를 범할 수 있으며 실
제 생활에서 사람들과의 우호적인 교류에도 영향을 미칠 수 있다. 이
는 한국어 대우법의 교육에서 바로 잡아야 할 과제이다.

　이러한 실태 조사를 바탕으로 제4장에서는 한국어 대우법의 체계
를 존대와 비존대로 분류하고 실제 생활에서의 여러 상황들을 설정
하여 대우법의 종결어미 사용에 있어서 직접 표현보다는 한국의 언
어 문화를 대표하는 대우법의 언어예절에 맞게 완곡 표현을 사용하
게끔 교육 방안을 작성하였다. 교육 방안은 절충식 교수법(Eclectic
Approach)을 적용하여 작성하였다. 이러한 교육 방안을 수업 현장
에 적용하여 실험 연구를 진행하였고, 대응표본 T-검정(Pairwise
T-test)과 공분산 분석(Analysis of covariance : ANCOVA) 등 두
가지 통계 기법을 통해 그것의 유효성을 검증하였다. 실험 연구 결과
는 다음과 같다.

1) 대응표본 T-검정(Pairwise T-test)에서는 절충식 교수법을 활용한 실험 집단이나 문법-번역식 교수법을 활용한 비교 집단 모두 처치 후 사후 평가가 사전 평가 평균 점수보다 통계적으로 유의하게 나왔으며 실험 집단의 사후 평가가 비교 집단의 사후 평가에 비해 더 높은 성적을 얻었으며 그 결과도 유의하게 나왔다. 실험 집단과 비교 집단에 대해 교육한 후 사후 평가에서 실험 집단의 성적이 비교 집단에 비해 유의한 향상을 얻을 것이라는 가설1이 입증되었다.

2) 두 집단 간의 차이에 대한 유의성을 검증하기 위해 공분산 분석(Analysis of covariance : ANCOVA)을 하였다. 이때 사전에 존재하는 두 집단 간의 차이를 통제하기 위해 사전 점수를 공변인(covariate)으로 삼았다. 그 결과 유의한 것으로 나왔다. 따라서 절충식 교수법으로 실험을 진행한 실험 집단이 문법-번역식 교수법으로 실험을 진행한 비교 집단에 비해 유의한 향상을 얻을 것이라는 가설2도 입증되었다.

절충식 교수법을 활용한 대우법의 수업을 진행한 후 실험 집단의 학습자를 대상으로 이 수업에 대한 흥미도, 효과성, 선호도, 신장도 등의 조사를 하였는데 모두 긍정적인 결과를 얻었다. 예전에 문법-번역식 교수법으로 수업을 받았던 중국인 학습자들이 수업에서 모국어를 사용하지 않고 시청각 교수법, 의미 중심 형태 교수법, 역할극 교수법, 상황 중심 교수법, 과제 중심 교수법 등 여러 가지 효과적인 교수법을 적절하게 절충하여 진행한 수업에 학습자들은 도입 부분에서부터 흥미를 가지고 적극적으로 참여하였으며 모국어를 사용하지 않고서도 교사의 설명과 수업 내용을 잘 이해하였으며 교사와의 상호 작용을 통해 대우법의 지식을 터득하였다. 그리고 2교시에서는 상황을 중심으로 한 역할극 활동을 통해 학습자들끼리 서로 적극적으로 협동하여 바람직한 학습 분위기를 조성하였으며 효과적인 학습효과를 나타낸 것으로 보인다. 이 연구에서 제시한 대우법의 교육 방안은 실험 연구를 통한 검증에서도 긍정적인 결과를 얻었으며, 수업 후 학습자들이 수업에 대한 조사에서도 만족도가 높은 것으로 나타나 이는 중국인 중급 학습자들에게 효과적인 교육 방안임을 설명한다.

대우법은 한국의 언어 문화를 가장 잘 반영하는 문법으로 이는 여러 가지 사회적 요인이 복잡다다하게 작용되어 모어 화자에게도 어려운 생활언어이다. 또한 대우법은 사회의 변화에 따라 급속도로 사용 변화가 나타나는 화법으로 이러한 대우법의 사용 변화에 따라 외국인 학습자에게 교육을 하기에는 어려운 과제가 아닐 수 없다. 앞으로 대우법에 관한 연구는 계속될 것이며 이 연구가 앞으로의 대우법 연구에 조금이나마 기여를 했으면 하는 바람이다.

【부록 1】한국어 설문지

대우법 사용 실태 조사 설문지

1. 국적: 중국 (   ), 기타(   ) 민족: (   )
2. 성별: 남자 (   )   여자 (   )
3. 나이: (   )세
4. 한국어능력시험(TOPIK) 등급: (   )급
5. 한국어 학습기간: (   )개월
6. 당신은: 어학원생(   ), 대학생(   ), 대학원생(   ) 기타(   )

예시: 당신은 대학생입니다. 당신은 당신과 친하지 않은 선배에게 '**나한테 중앙한국어 1권을 빌려달라**'는 말을 부탁하여 말하려고 합니다. 당신은 어떻게 말합니까? (앞의 두 개는 선택형이고 뒤의 (   )는 주관식으로 평소 말하는 대로 적어주십시오.)

답: (②   ), (②)한테 중앙한국어 1권을 (*빌려주실 수 있으세요?*)

    ①선배   ①나   (*빌려줄래요?*)

    ②선배님   ②저   (*빌려주세요*)

                               (*빌려줘요*) …… 등등

기타: 제시된 선택 사항에 당신이 원하는 답안이 없을 시 여기에 적어주십시오.

A. 주체대우법이란? (   )

    ① 선어말어미 '-시-'를 사용하는 것이다.

    ② 문장의 주어를 높이거나 낮추는 방법이다.

    ③ 술어의 동작이나 상태를 나타내는 대상을 높이거나 낮추는 방법이다.

    ④ 모르겠다.

B. 청자대우법이란? (   )

 ① 듣는 사람을 높여서 말하는 방법이다.
 ② 듣는 사람을 대접하여 말하는 방법이다.
 ③ 듣는 사람을 존대하거나 비존대하여 말하는 방법이다.
 ④ 모르겠다.

C. 객체대우법이란? (   )

 ① 제3자를 높이거나 낮추는 방법이다.
 ② 문장의 서술어의 대상을 높이거나 낮추는 방법이다.
 ③ 문장의 목적어나 부사어가 지시하는 대상을 높이거나 낮추는 방법이다.
 ④ 모르겠다.

1. 당신은 지금 당신의 교수에게 **'시간이 되면 나와 같이 밥을 먹자'**는 말을 청유하여 말하려고
   합니다. 당신은 어떻게 말합니까? 당신은 어떻게 말합니까?
   (앞의 네 개는 선택형이고 뒤의 (   )는 주관식으로 평소 말하는 대로 적어주십시오.)

   답: (____), 혹시 시간이 (____) ( )와 같이 (____) (_____).

| ①교수 | ①되면 | ①나 | ①밥 |
| ②교수님 | ②되시면 | ②저 | ②식사 |

   기타: _____.

2. 당신은 당신과 친하지 않은 선배에게 **'조별 과제를 나와 같이 하자'**고 청유하여 말하려고
   합니다. 당신은 어떻게 말합니까?
   (앞의 두 개는 선택형이고 뒤의 (   )는 주관식으로 평소 말하는 대로 적어주십시오.)

   답: (_____) 조별 과제를 (____)와 같이 (_____)

| ①선배 | ①나 |
| ②선배님 | ②저 |

   기타: _____.

2-1. 당신은 2번의 이 선배에게 **'내가 내일 팀플 못 간다'**고 말하려고 합니다. 당신은 어떻게 말합니까? (앞의 두 개는 선택형이고 뒤의 (   )는 주관식으로 평소 말하는 대로 적어주십시오.)

답: (_____), 죄송한데 (____)가 내일 팀플 (_____)

①선배   ①내
②선배님   ②제
기타: _____.

2-2. 당신은 당신과 평소에 친한 선배(동성)에게 **'갑자기 급한 일이 생겨서 주말에 같이 영화 못 본다.'**고 말하려고 합니다. 당신은 어떻게 말합니까?
(첫 번째와 세 번째(   )는 선택형이고 두 번째와 네 번째의 (   )는 주관식으로 평소 말하는 대로 적어주십시오.)

답: (___), 미안한데 갑자기 급한 일이 생겨서 주말에 같이 영화(_____),

①언니/형
②형님
③선배님
④선배
기타: _____.

3. 당신은 당신과 친한 동기 김유진(동성)에게 **'수업 끝나고 도서관에 나랑 같이 가자'**고 청유하여 말하려고 합니다. 당신은 어떻게 말합니까? (앞의 두 개는 선택형이고 뒤의 (   )는 주관식으로 평소 말하는 대로 적어주십시오.)

답: (_____), 수업 끝나고 도서관 (____)랑 같이 (_____)

①유진아   ①나
②김유진   ②저
③유진 씨
④김유진 씨
기타: _____.

3-1. 당신은 당신보다 나이가 많고 친하지 않는 동기 김유진에게 **'이 책을 철수(동기)에게 주라'**고 말하려고 합니다. 당신은 어떻게 말합니까? (앞의 (   )는 선택형이고 뒤의 (   )는 주관식으로 평소 말하는 대로 적어주십시오.)

답: (_____), 이 책을 철수에게 (_____)

　　①유진아
　　②김유진
　　③유진 씨
　　④김유진 씨
　　⑤유진언니/유진형
　　기타: _____.

3-2. 당신은 당신보다 나이가 어리고 친하지 않은 동기 김유진에게 동기 바로 옆에 있는데 **'(거기 연필을 주라)'**고 말하려고 합니다. 당신은 어떻게 말합니까? (앞의 (   )는 선택형이고 뒤의 (   )는 주관식으로 평소 말하는 대로 적어주십시오.)

답: (_____), 거기 연필 좀 (_____)

　　①유진아
　　②김유진
　　③유진 씨
　　④김유진 씨
　　기타: _____.

3-3. 만약 3-2번의 동기 김유진이 이성이면 당신은 어떻게 말합니까? (앞의 (   )는 선택형이고 뒤의 (   )는 주관식으로 평소 말하는 대로 적어주십시오.)

답: (_____), 거기 볼펜 좀 (_____)

　　①유진아
　　②김유진
　　③유진 씨
　　④김유진 씨
　　기타: _____.

4. 당신은 친한 후배 김유진과 밥을 먹고 있습니다. 당신은 이 후배에게 **'밥 다 먹고 같이 커피 마시자'**고 말하려고 합니다. 당신은 어떻게 말합니까? 당신은 어떻게 말합니까? (앞의 (　)는 선택형이고 뒤의 (　)는 주관식으로 평소 말하는 대로 적어주십시오.)

답: (＿＿＿＿＿), 밥 먹고 같이 커피 (＿＿＿＿＿＿＿＿)

　①유진아
　②김유진
　③유진 씨
　④김유진 씨
　기타: ＿＿＿＿＿＿＿＿＿＿＿＿＿＿＿＿＿＿＿＿＿.

5. 당신은 친한 후배 김유진과 쇼핑을 하고 있습니다. 당신은 이 후배에게 **'너한테는 흰색이 더 잘 어울린다'**고 제안하여 말하려고 합니다. 당신은 어떻게 말합니까? (앞의 두 개는 선택형이고 뒤의 (　)는 주관식으로 평소 말하는 대로 적어주십시오.)

답: (＿＿＿＿＿), (＿＿＿)한테는 흰색이 더 잘 (＿＿＿＿＿＿＿＿)

　①유진아　　　①너
　②김유진　　　②당신
　③유진 씨
　④김유진 씨
　기타: ＿＿＿＿＿＿＿＿＿＿＿＿＿＿＿＿＿＿＿＿＿.

5-1. 당신은 지금 학과세미나에 참석하였습니다. 당신은 논문을 발표하는 9번의 이 후배에게 '김유진이 논문에서 제시한 이 방안이 학습자들에게 너무 어렵다'고 제안하여 말하려고 합니다. 당신은 어떻게 말합니까? (앞의 세 개는 선택형이고 뒤의 (　)는 주관식으로 평소 말하는 대로 적어주십시오.)

답: (＿＿＿＿＿), (＿＿＿＿) (＿＿＿) 제시한 이 방안이 너무 (＿＿＿＿＿＿)

　①유진아　　　①너　　　①이
　②김유진　　　②당신　　　②가
　③유진 씨　　　③유진씨　　③께서
　④김유진 씨　　④김유진 씨

⑤김유진 원생 ⑤김유진 원생

기타: _____ .

6. 당신은 지금 친한 친구 영희와 단둘이 있습니다. 당신은 친구에게 당신보다 친하지 않은
'동기 **김유진**이 이번에 미국에 교환학생으로 간다.'고 말하려고 합니다. 당신은 어떻게
말합니까? 평소 말하는 대로 호칭도 함께 적어주십시오.

답: (_____)(_____) 이번에 교환학생으로 미국 (_____)

　　①유진　　①이/가　　　　　　　　①간대
　　②김유진　②께서　　　　　　　　②가신대
　　③유진씨
　　④김유진씨
　　기타: _____ .

6-1. 만약 14에서의 동기 김유진이 당신들과 지금 같이 있을 때 당신은 어떻게 말합니까?
평소 말하는 대로

답: (_____)(_____) 이번에 교환학생으로 미국 (_____)

　　①유진　　①이/가　　　　　　　　①간대
　　②김유진　②께서　　　　　　　　②가신대
　　③유진씨
　　④김유진씨
　　기타: _____ .

7. 당신은 연구실에 있습니다. 당신은 당신의 교수가 자리를 비운 사이에 다른 교수에게서
걸려온 전화 내용을 당신의 교수에게 전달하려고 합니다. 당신은 당신의 교수에게 '금방
이교수에게서 전화가 왔는데 내가 교수님 들어오면 다시 전화하겠다고 했다'고 말하려
고 합니다. 당신은 어떻게 말합니까? (모두 선택형으로 평소 말하는 대로 선택하여 적어
주십시오.)

답: (____), 금방 (_____) (___) 전화가 (____), (____)(____)

　　①교수　　　　①이교수　①이/가　　①왔는데　　①내가　①교수

②교수님   ②이교수님 ②계서   ②오셨는데 ②제가 ②교수님

(_____) 다시 전화(_____)(_____)
①들어오면   ①하겠다고 ①하였어요.
②들어오시면   ②하시겠다고 ②하였습니다.
              ③드리겠다고 ③하셨습니다.
기타: _____.

8. 당신은 수업시간 전 출석을 부르는 교수에게 '**선배 김유진**이 어제 교통사고를 당하여 **입원했다.**'고 교수에게 알려주려고 합니다. 이 선배는 당신보다 나이가 많고 당신과 친하지 않습니다. 당신은 어떻게 말합니까? (모두 선택형으로 평소 말하는 대로 선택하여 적어주십시오.)

답: (____), (_____) (____) 어제 교통사고를 당하여 (_____)
　①교수　①유진언니　①이/가　　　　①입원하였어요.
　②교수님 ②유진선배　②께서　　　　②입원하셨어요.
　　　　　③김유진선배　　　　　　　③입원하였습니다.
　　　　　④김유진선배님　　　　　　④입원하셨습니다.
　기타: _____.

9. 당신은 지금 당신과 친한 선배 김유진과 단둘이 있습니다. 선배가 당신에게 리포트 언제까지 제출하는지 묻자 당신은 '교수가 이번 주까지 리포트를 제출하라고 말했다.'고 선배에게 알려주려고 합니다. 당신은 어떻게 말합니까? 평소 말하는 대로 호칭도 함께 적어주십시오.

답: (_____)(____)이번 주까지 제출하라고 (_____)
　①교수　①이　　　　　①했어
　②교수님②께서　　　　②하셨어.
　　　　　　　　　　　③했어요
　　　　　　　　　　　④하셨어요
　　　　　　　　　　　⑤했습니다
　　　　　　　　　　　⑥하셨습니다.
　기타: _____.

【부록 2】중국어 설문지

待遇法使用调查问卷

---

1. 国籍: 中国 (   ), 其他(_____) 民族: (_____)
2. 性别: 男 (   )   女 (   )
3. 年龄: (____)岁
4. 韩国语能力测试(TOPIK) 等级: (____)级
5. 韩国语 学习期间 (____)个月
6. 你是: 语学堂学生(   ), 大学生(   ), 大学院生(   ) 其他(_____)

例文：你是大学生, 你想拜托平时跟你不熟的前辈, 想跟他说：'**借我中央韩国语第一册吧。(나한테 중앙한국어 1권을 빌려주라.)**' 你会怎么说这句话？(前面两个是选择题, 请在下面的选项中选择并填写号码, 最后一个是填空题, 请按照你平时说的韩国语来填写完成句子。)

답: (___②___), (__②__)한테 중앙한국어 1권을 (*빌려주실 수 있으세요?*).

     ①선배   ①나   或者(*빌려줄래요?*)

     ②선배님   ②저   或者(*빌려주세요*)

                                          或者(*빌려줘요*) …. 等等

기타: <u>如上面的选项中没有你想回答的答案, 请在这里填写。</u>

A. 主体待遇法是什么？(   )

    ① 是使用先语末语尾'–시–'的语法。

    ② 用语言来尊敬或贬低文章主语的语法。

    ③ 用语言来尊敬或贬低用谓语所表现的动作和状态的对象。

    ④ 不知道。

B. 听者待遇法是什么？(   )

    ① 用语言来尊敬听者的语法。

    ② 用语言来尊重听者的语法。

    ③ 用语言来尊敬或贬低听者的语法。

    ④ 不知道

C. 客体待遇法是什么？（   ）
　　① 用语言来尊敬或贬低第三者的语法。
　　② 用语言来尊敬或贬低谓语所指示的对象。
　　③ 用语言来尊敬或贬低宾语和状语所指示的对象。
　　④ 不知道

1. 你是大学生，你想请求你的教授，想对他（她）说：'**有时间的话和我一起吃饭吧。（시간 되면 나와 같이 밥을 먹자）**'你会怎么说这句话？(前面四个是选择题，请在下面的选项中选择并填写号码，最后一个是填空题，请按照你平时说的韩国语来填写完成句子。)

답：(_____)，혹시 시간 (_____) (___)와 같이 (___) (_____).
　　①교수　　　　①되면　①나　　①밥
　　②교수님　　　②되시면 ②저　　②식사
　　기타：_____

2. 你想请求平时跟你不熟的前辈，想跟他（她）说：'**跟我一起做课题小组吧。（조별 과제를 나와 같이 하자.）**'你会怎么说这句话？(前面两个是选择题，请在下面的选项中选择并填写号码，最后一个是填空题，请按照你平时说的韩国语来填写完成句子。)

답：(_____) 조별 과제를 (_____)와 같이 (_____).
　　①선배　　　　　①나
　　②선배님　　　　②저
　　기타：_____

2-1. 你想对刚才上面第二题的前辈(平时跟你不熟的前辈)说：'**明天的组会我去不了了。（내가 내일 팀플 못 간다.）**'你会怎么说这句话？(前面两个是选择题，请在下面的选项中选择并填写号码，最后一个是填空题，请按照你平时说的韩国语来填写完成句子。)

답：(_____)，죄송한데 (___)가 내일 팀플 (_____)
　　①선배　　　　　①내
　　②선배님　　　　②제
　　기타：_____

2-2. 你想请求平时跟你很亲的前辈并对他（她）承诺：'**周末看不了电影了。(주말에 영화 못 본다.)**'你会怎么说这句话？(1、3是选择题，请在下面的选项中选择并填写号码，2、4是填空题，请按照你平时说的韩国语来填写完成句子。)

답: (___), 미안한데 갑자기 급한 일이 생겨서 주말에 같이 영화(_____),
　　①언니/형
　　②형님
　　③선배님
　　④선배
　　기타: _____.

3. 你想请求平时跟你很亲的同学김유진，想跟他（她）说：'**下课后跟我一起去图书馆吧。(수업 끝나고 나랑 같이 도서관에 가자)**'你会怎么说这句话？(前面两个是选择题，请在下面的选项中选择并填写号码，最后一个是填空题，请按照你平时说的韩国语来填写完成句子。)

답: (_____), 수업 끝나고 (___)랑 같이 도서관 (_____).
　　①유진아　　　　　　　①나
　　②김유진　　　　　　　②저
　　③유진 씨
　　④김유진 씨
　　기타: _____.

3-1. 你想对平时跟你不熟但比你大几岁的同学김유진说：'**把这本书给철수吧。(이 책을 철수에게 주라).**'你会怎么说这句话？(前面的是选择题，请在下面的选项中选择并填写号码，最后的是填空题，请按照你平时说的韩国语来填写完成句子。)

답: (_____), 이 책을 철수에게 (_____).
　　①유진아
　　②김유진
　　③유진 씨
　　④김유진 씨
　　⑤유진언니/유진형
　　기타: _____.

3-2. 你想对平时跟你不熟但比你小几岁的同学김유진（同性）说：'**把那铅笔给我吧。**
(거기 볼펜 주라).' 你会怎么说这句话？(前面的是选择题，请在下面的选项中选择
并填写号码，最后的是填空题，请按照你平时说的韩国语来填写完成句子。)

답: (＿＿＿＿＿), 거기 볼펜 좀 (＿＿＿＿＿＿＿＿).
   ①유진아
   ②김유진
   ③유진 씨
   ④김유진 씨
   기타: ＿＿＿＿＿＿＿＿＿＿＿＿＿＿＿＿＿＿＿.

3-3. 如果(3-2)的김유진是异性，你会怎么说刚才那句话？(前面的是选择题，请在下面
的选项中选择并填写号码，最后的是填空题，请按照你平时说的韩国语来填写完成
句子。)

답: (＿＿＿＿＿), 거기 볼펜 좀 (＿＿＿＿＿＿＿＿).
   ①유진아
   ②김유진
   ③유진 씨
   ④김유진 씨
   기타: ＿＿＿＿＿＿＿＿＿＿＿＿＿＿＿＿＿＿＿.

4. 你正在跟平时跟你很亲的后辈김유진吃饭，你想跟他（她）说：'吃完饭一起喝咖啡吧。
(밥 다 먹고 같이 커피 마시자.)' 你会怎么说这句话？(前面的是选择题，请在下面的选
项中选择并填写号码，最后的是填空题，请按照你平时说的韩国语来填写完成句子。)

답: (＿＿＿＿＿), 밥 먹고 같이 커피 (＿＿＿＿＿＿＿＿).
   ①유진아
   ②김유진
   ③유진 씨
   ④김유진 씨
   기타: ＿＿＿＿＿＿＿＿＿＿＿＿＿＿＿＿＿＿＿.

5. 你正在跟平时跟你很亲的后辈김유진逛街，你想建议他（她）说：'**你更适合穿白色的。(너한테는 흰색이 더 잘 어울린다)**' 你会怎么说这句话？(前面两个是选择题，请在下面的选项中选择并填写号码，最后的是填空题，请按照你平时说的韩国语来填写完成句子。)

답: (_____), (_____)한테는 흰색이 더 잘 (_____).
　　①유진아　　①너
　　②김유진　　②당신
　　③유진 씨　　③유진 씨
　　④김유진 씨　④김유진 씨
　　기타: _____.

5-1. 你正在参加专业研讨会，刚才上面第八题里的(跟你很亲的)后辈김유진发表了论文，你想建议他（她）说：'**김유진你写的这方案对学习者来说太难。(김유진, 네가 논문에서 제시한 이 방안은 학습자들에게 너무 어렵다)**' 你会怎么说这句话？(前面三个是选择题，请在下面的选项中选择并填写号码，最后的是填空题，请按照你平时说的韩国语来填写完成句子。)

답: (_____), (____) (____) 제시한 이 방안은 너무 (_____).
　　①유진아　　①네　　　①이
　　②김유진　　②당신　　②가
　　③유진 씨　　③김유진씨　③께서
　　④김유진 씨　④김유진 원생
　　⑤김유진 원생
　　기타: _____.

6. 你现在跟你的好朋友在一起，就你们两个人旁边没有人，你想跟这个朋友说：'**(平时跟你不熟的同学)김유진被选为这次的交换生去美国。(동기 김유진이 이번에 미국에 교환학생으로 간다.)**' 你会怎么说这句话？(都是选择题，请在下面的选项中选择并填写号码)

답: (_____)(____) 이번에 교환학생으로 미국 (_____).
　　①유진　　①이/가　　　　①간대
　　②김유진　②께서　　　　②가신대

③유진씨

④김유진씨

기타: _____.

6-1. 如果这位**(平时跟你不熟的)**同学现在跟你们在一起, 你会怎么说刚才那句话?(都是选择题, 请在下面的选项中选择并填写号码)

답: (_____)(_____) 이번에 교환학생으로 미국 (_____).

①유진   ①이/가   ①간대

②김유진 ②께서   ②가신대

③유진씨

④김유진씨

기타: _____.

7. 你现在在你的教授的办公室, 正好你的教授不在的时候李教授打来了电话, 你接了。教授回来之后, 你想把这情况转达给你的教授。你想说:'**刚才李教授来了电话, 我说教授你来了之后再给他打电话。(금방 이교수에게서 전화가 왔는데 내가 교수님 들어오면 다시 전화하겠다고 했다.)**' 你会怎么说这句话?(都是选择题, 请在下面的选项中选择并填写号码)

답: (_____), 금방 (_____) (_____) 전화가 (_____), (_____)(_____)

①교수   ①이교수   ①이/가   ①왔는데 ①내가 ①교수

②교수님   ②이교수님 ②께서   ②오셨는데 ②제가 ②교수님

(_____) 다시 전화(_____)(_____).

①들어오면   ①하겠다고   ①했어요.

②들어오시면   ②하시겠다고 ②했습니다.

③드리겠다고 ③하셨습니다.

기타: _____.

8. 你现在在准备上课, 你想告诉正要点名的教授:'**前辈김유진昨天出车祸住院了。(선배 김유진이 어제 교통사고를 당하여 입원했다.)**' 你会怎么说这句话?(都是选择题, 请在下面的选项中选择并填写号码)

답: (_____), (_____) (_____) 어제 교통사고를 당하여 (_____).

①교수   ①유진언니   ①이/가   ①입원했어요.

②교수님 ②유진선배   ②께서   ②입원하셨어요.

            ③김유진선배   ③입원했습니다.

            ④김유진선배님   ④입원하셨습니다.

기타: _____.

9. 你现在跟你很亲的前辈在一起，就你们两个人旁边没有人，前辈问你作业交到什么时
   候，你想告诉她：**教授说作业交到这周为止。(교수가 이번 주까지 리포트를 제출하라
   고 말했다.)** 你会怎么说这句话？(都是选择题，请在下面的选项中选择并填写号码)

답: (_____)(_____)이번 주까지 제출하라고 (_____).

①교수   ①이   ①했어

②교수님 ②께서   ②하셨어

                                  ③했어요

                                  ④하셨어요

                                  ⑤했습니다

                                  ⑥하셨습니다

기타: _____.

【부록 3】 사전 평가

1. 선택 문제

(1) 당신은 당신의 선생님에게 '점심 맛있게 먹었는지' 물어보려고 합니다. (5점)

답: (_____), 점심 맛있게 (_____)

①선생	①먹었어?
②선생씨	②먹었어요?
③선생님	③드셨어?
	④드셨어요?

(2) 당신은 당신보다 나이가 많고 친하지 않은 김유진 선배에게 '문법책을 빌려줄 수 있는 지.'고 말하려고 합니다. (5점)

답: (_____), 문법책 빌려(_____)

①김유진 씨	①줄 수 있어?
②김유진 선배	②주실 수 있어?
③김유진 선배씨	③주세요.
④김유진 선배님	④주실 수 있어요?

(3) 당신은 당신의 선생에게 '선생님이 수업에 말한 숙제 언제까지 제출하는지' 물어보려고 합니다. 여기서 정확한 것을 고르십시오. (12.5점)

답: (____), (____)(____) 수업에 (____) 숙제 언제까지 제출(_____)

①선생	①선생	①이	①말한	①해?
②선생씨	②선생씨	②께서	②말씀한	②합니까?
③선생님	③선생님		③말씀하신	③하십니까?

(4) 길을 가는데 교수님이 무거운 책을 들고 가는 것을 보고 당신은 '내가 들어 주겠다.'고 말하려고 합니다. (7.5점)

답: (____), (____)가 (_____)

①교수	①내	①들어줄게.
②교수씨	②제	②들어주실게요.
③교수님		③들어드릴게요.
		④들어드리실게요.

(5) 당신은 당신의 교수에게 '이교수가 왔는데 교수가 없어서 내가 지금 수업 중이라고 말해줬다.'고 말하려고 합니다. (20점)

답: (_____), 아까 (_____) (____) (_____) (____) (_____)

①교수	①이교수	①이	①왔는데	①교수	①없어서
②교수씨	②이교수씨	②가	②오셨는데	②교수씨	②안 계셔서
③교수님	③이교수님	③께서		③교수님	

(___)가 지금 수업 중이라고 (_____)

①내   ①말해줬습니다.
②제   ②말씀해줬습니다.
                       ③말씀해주셨습니다.
                       ④말씀해드렸습니다.
                       ⑤말씀해드리셨습니다.

2. 빈자리에 써넣기

(1) 당신은 오늘 아파서 수업에 못 갑니다. 그래서 이 상황을 당신의 '교수'에게 문자로 '오늘 수업에 못 간다.'고 말하려고 합니다. 당신은 어떻게 말하겠습니까? (10점)

답: 교수님, 죄송합니다. 제가 오늘 아파서 _____.

(2) 당신은 당신의 교수와 함께 지하철을 탔습니다. 이때 목적지에 도착하여 당신은 '교수'에게 '같이 내리자.'고 말하려고 합니다. 당신은 어떻게 말하겠습니까? (10점)

답: 교수님, 도착하였습니다. 같이 _____.

(3) 당신의 '교수'가 당신에게 사무실에 출석부를 놓고 왔다고 합니다. 당신은 '교수'에게 '내가 금방 가져다주겠다.'고 말하려고 합니다. 당신은 어떻게 말하겠습니까? (10점)

답: 교수님, 제가 금방 _____.

(4) 당신은 학생회의 일원으로 지금 학생회 회의에 참석하였습니다. 회의 중 당신은 당신보다 나이가 많고 당신과 친하지 않은 선배에게 'A계획안보다 B계획안이 낫다.'고 제안하려고 합니다. 당신은 어떻게 말하겠습니까? (10점)

답: 선배님, A계획안보다 B계획안이 _____.

(5) 당신보다 나이가 많고 선배이며, 당신과 친하지 않은 학과 조교가 이번 세미나에 관련된 사항을 단체 메일로 보냈다고 하는데 당신은 받지 못하였습니다. 당신은 조교에게 '메일을 다시 보내 달라.'고 말하려고 합니다. 당신은 어떻게 말하겠습니까? (10점)

답: 조교님, 제가 메일을 못 받아서 그러는데 메일을 다시 _____.

【부록 4】사후 평가

1. 선택 문제

(1) 당신은 백화점에서 일하는 직원입니다. 당신은 '고객'에게 '개별 주문한 원피스 도착했다.'고 전화하여 말하려고 합니다. (6점)

답: (_____), 주문(_____) 원피스 (_____)

　①고객　　　　①한　　　　①도착했습니다.
　②고객님　　　②하신　　　②도착하셨습니다.

(2) 당신은 당신의 남편(혹은 아내)와 길을 가는데 우연히 회사의 '사장'을 만났습니다. 당신은 당신의 남편(혹은 아내)를 '사장'에게 소개하려고 합니다. (8점)

답: (_____), 이 (_____)은 (____) 아내(_____)

　①사장아　　①분　　①내　　①이세요.
　②사장씨　　②사람　②제　　②입니다.
　③사장님　　　　　　　　　③이십니다.

(3) 당신은 회사원입니다. 당신은 과장에게 '과장이 말한 서류 내가 부장에게 줬다.'고 말하려고 합니다. (12점)

답: (____) (____) (____) 서류 (____) (____)에게 (_____)

　①과장　　①이/가　①말한　　①내가　①부장　　①주셨어요.
　②과장씨　②께서　②말하신　②제가　②부장씨　②드렸어.
　③과장님　　　　　③말씀하신　　　　③부장님　③드리셨습니다.
　　　　　　　　　　　　　　　　　　　　　　　④드렸습니다.

(4) 당신은 대학생입니다. 당신은 이번에 있을 학교 축제 때문에 동기들과 함께 축제준비를 하고 있습니다. 그런데 축제장에 의자 하나가 부족합니다. 하여 당신은 당신보다 나이가 많고 친하지 않은 동기 김영희에게 '의자 하나가 부족한데 강의실에 가서 가져오라.'고 말하려고 합니다. (6점)

답: (____), 의자 하나가 부족한데 강의실에 (____) (_____)

　①영희야　　　　　　　　①가서　①가져올 수 있니?
　②영희씨　　　　　　　　②가서서②가져오라.
　③김영희야　　　　　　　　　　　③가져오실 수 있으세요?
　④김영희님　　　　　　　　　　　④가져오세요.

(5) 당신은 회사 사장의 운전기사입니다. 당신은 사장에게 '사장이 자리를 비운 사이에 사모가 왔는데 내가 사모를 집에 데려다줬다.'고 말하려고 합니다. (18점)

답: (_____) (____) 자리를 비운 사이에 (_____) (____) (_____)

①사장	①이/가		①사모	①이/가	①왔는데
②사장씨	②께서		②사모씨	②께서	②오셨는데
③사장님			③사모님		

(____)가 (____)을/를 (____)에 (_____)

①내	①사모	①집	①데려다줬습니다.
②제	②사모씨	②댁	②데려다주셨습니다.
	③사모님		③모셔다줬습니다.
			④모셔다드렸습니다.
			⑤모셔다드리셨습니다.

2. 빈자리에 써넣기

(1) 당신은 아르바이트생입니다. 그런데 오늘 아파서 아르바이트를 못 갑니다. 그래서 이 상황을 당신의 '사장'에게 문자로 **'오늘 아르바이트 못 간다.'**고 말하려고 합니다. 당신은 어떻게 말하겠습니까? (10점)

답: 사장님, 죄송한데 제가 오늘 아파서 아르바이트를 _____.

(2) 당신은 회사원입니다. 당신은 저녁 회식자리에 가는 길에 회사의 '부장'을 만났습니다. 그래서 당신은 '부장'에게 **'같이 가자.'**고 말하려고 합니다. 당신은 어떻게 말하겠습니까? (10점)

답: 과장님, 회식자리 가는 길이면 같이 _____.

(3) 당신은 대학생입니다. 당신은 저녁 7시까지 당신보다 나이가 많고 친하지 않은 이성 선배에게 팀 과제를 보내주겠다고 했는데 아직 다 완성하지 못했습니다. 당신은 이 '선배'에게 **'9시까지 꼭 보내주겠다.'**고 말하려고 합니다. 당신은 어떻게 말하겠습니까? (10점)

답: 선배님, 죄송한데 제가 팀 과제를 9시까지 꼭 _____.

(4) 당신은 회사원입니다. 당신은 지금 회사의 중국마케팅 관련 회의에 참석하였습니다. 그런데 '과장'이 제기한 방안이 중국 사람들이 받아들이기에는 너무 어려워 당신은 '과장'에게 **'이 방안이 좋기는 하지만 아직 중국 사람들이 받아들이기에는 어렵다.'**고 말하려고 합니다. 당신은 어떻게 말하겠습니까? (10점)

답: 과장님, 이 방안이 중국 사람들이 받아들이기에는 너무 _____.

(5) 당신은 레스토랑에서 일하는 직원입니다. 당신이 일하는 레스토랑은 주문을 하고 계산을 먼저 해야 합니다. 하여 당신은 70대 손님에게 **'계산을 먼저 해 주라.'**고 말하려고 합니다. 당신은 어떻게 말하겠습니까? (10점)

답: 손님, 죄송한데 계산 먼저 해 _____.

【부록 5】 실험 연구에 관한 설문

1. 대우법 교육의 수업이 흥미로웠습니까? (   )
   ① 아주 흥미로웠다.
   ② 조금 흥미로웠다.
   ③ 보통이었다.
   ④ 조금 흥미롭지 않았다.
   ⑤ 아주 흥미롭지 않았다.

2. 절충식 교수법을 활용하여 더 흥미로웠습니까? (   )
   ① 아주 흥미로웠다.
   ② 조금 흥미로웠다.
   ③ 보통이었다.
   ④ 조금 흥미롭지 않았다.
   ⑤ 아주 흥미롭지 않았다.

3. 절충식 교수법을 활용한 문법 수업이 예전에 들었던 수업에 비해 효과적이라고 생각합
   니까? (   )
   ① 아주 그렇다.
   ② 그렇다.
   ③ 보통이다.
   ④ 별로 그렇지 않다.
   ⑤ 전혀 그렇지 않다.

4. 앞으로 절충식 교수법을 활용한 수업을 계속 받고 싶습니까? (   )
   ① 아주 그렇다.
   ② 그렇다.
   ③ 보통이다.
   ④ 별로 그렇지 않다.
   ⑤ 전혀 그렇지 않다.

5. 이 수업을 통해 대우법의 사용 능력이 제고되었다고 생각합니까? (   )
   ① 아주 그렇다.
   ② 그렇다.
   ③ 보통이다.
   ④ 별로 그렇지 않다.
   ⑤ 전혀 그렇지 않다.

_ 참고문헌

【 논문 】

강창석(1987), 「국어 경어법의 본질적 의미」, 『울산어문논집』 3, 울산대학교.

강현화(2007), 「한국어 표현문형 담화기능과의 상관성 분석 연구 –지시적 화행을 중심으로–」, 『이중언어학』 34, 이중언어학회.

고영근(1974), 「현대 국어의 존비법에 관한 연구」, 『어학연구』 10-2, 서울대학교 어학연구소.

권길호(2015), 「한국어 완곡 표현 연구」, 부산대학교 박사학위논문.

김려연(2015), 「한국어 교육에서의 선어말어미 '–시–'의 확장된 사용에 대하여」, 『한국어 교수와 연구』 2015-1, 중국 흑룡강조선민족출판사.

김미형(2000), 「국어 완곡 표현의 유형과 언어 심리 연구」, 『한말연구』 7, 한말연구학회.

김석득(1968), 「현대 국어 존대법의 일치와 확대구조」, 『국어국문학』 41, 국어국문학회.

김연강(2003), 「현대 국어 청자 대우법 연구의 사적 고찰」, 경남대학교 대학원, 박사학위논문.

김재은(2010), 「애니메이션 '大头儿子和小头爸爸'를 활용한 고등학교 중국어 수업지도방안」, 이화여자대학교 석사학위논문.

김정남(2008), 「한국어 담화 교육을 위한 논의 –한국어 경어법 관련 표현을 중심으로–」, 『한국어 교육』 19-2, 국제한국어교육학회.

김정수(1984), 「17세기 한국말의 높임법과 그 15세기로부터의 변천」, 서울대학교 박사학위논문.

김정숙(1997), 「외국어로서의 한국어 교육 원리 및 방법」, 『한국어학』 1, 한국어학회.

김종택(1981), 「국어 대우법 체계를 재론함–청자대우를 중심으로」, 『한글』 172,

한글학회.

김태엽(1992), 「청자 대우법의 형태 구조」, 『나랏말쌈』 7, 대구대학교 국어교육과.

_____(2005), 「현대 국어의 대우법 체계 -화자대우법의 설정을 위해-」, 『어문학』 90, 한국어문학회.

김형규(1947), 「경양사의 연구」, 『한글』 12-4, 한글학회.

_____(1960), 「경양사와 '가'주격토 문제」, 『한글』 126, 한글학회.

_____(1962), 「경양사 문제의 재론」, 『한글』 129, 한글학회.

_____(1975), 「국어 경어법 연구」, 『동양학』 5, 단국대학교 동양학연구소.

김혜숙(1983), 「존대법 변천사」, 『한성어문학』 3, 한성대학교 한성어문학회.

_____(1987), 「현대 국어의 대우법 체계 연구-설문 조사 분석을 바탕으로」, 동국대학교 박사학위논문.

_____(1987), 「현대 국어의 청자대우법 체계」, 『동국어문학』 2, 동국어문학회.

김희숙(1990), 「현대국어의 공손표현 연구 : 경어법과 관계 지어」, 숙명여자대학교 박사학위논문.

_____(1991가), 「현대 국어 경어법과 공손 관계」, 『어문논집』 1-1, 숙명여자대학교 국어국문학과.

남기심(1981), 「국어 존대법의 기능」, 『인문과학』 45, 연세대 인문과학연구소.

남미정(2008), 「근대국어 청자경어법 연구」, 서강대학교 박사학위논문.

민찬규(2002), 「형태 초점 의사 소통 접근 방법: 교수법적 특징과 영어교육에 적용방안」, 『외국어교육』 9-1, 한국외국어교육학회.

민현식(1984), 「개화기 국어의 경어법에 대하여」, 『관악어문연구』 9, 서울대 국어국문학과.

_____(2003), 「국어 문법과 한국어 문법의 상관성」, 『한국어 교육』 14-2, 국제한국어교육학회.

박경래(1999), 「청원 방언의 경어법에 대한 사회언어학적 연구 - 청자대우법에서의 힘과 유대를 중심으로」, 『개신어문연구』 16, 개신어문학회.

박석준(2002), 「현대국어 선어말어미 '-시-'에 대한 연구」, 연세대학교 박사학위논문.

박성일(2013), 「인칭범주에 기반한 한국어 경어법 교육 연구-중국어권 한국어학습자를 대상으로」, 서울대학교 박사학위논문.

박영순(1976), 「국어 경어법의 사회언어학적 연구」, 『국어국문학』 72-73, 국어국문학회.

박지순(2014), 「한국어 상대높임법 실현의 영향 요인 연구」, 『새국어교육』 98, 한국국어교육학회.

_____(2015), 「현대 국어 상대높임법의 맥락 분석적 연구-일상적 준구어 자료의 분석을 바탕으로」, 연세대학교 박사학위논문.

배규범·주옥파(2009), 「중국인 학습자를 위한 대우법 교육 현황과 과제」, 『언어학연구』 15, 한국중원언어학회.

서덕현(1992), 「학교문법의 경어법 기술에 관한 연구」, 서울대학교 박사학위논문.

서상준(1994), 「현대 국어 상대높임법 연구」, 전북대학교 박사학위논문.

서정수(1972), 「현대 국어의 대우법 연구」, 『어학연구』 8-2, 서울대 어학연구소.

_____(1979), 「존대말은 어떻게 달라지고 있는가?(1)-부름말과 가리킴말-」, 『한글』 167, 한글학회.

_____(1980), 「존대말은 어떻게 달라지고 있는가?(2)-청자 대우 등급의 간소화」, 『한글』 167, 한글학회.

성기철(1970), 「국어 대우법 연구」, 『충북대학교 논문집』 4, 충북대학교.

손경애(2015), 「한국어 연결어미의 교육 방안에 관한 연구-연결어미 '-아도'와 '-(으)ㄴ데'를 중심으로-」, 중앙대학교 박사학위논문.

송석중(1967), 「Some Transformational Rules in Korea」, 미국 인디아나대 박사학위 논문.

안병희(1961), 「15세기 공손법의 한 연구-2인칭대명사 '그듸'와 관련하여-」, 『국어국문학』 28, 국어국문학회.

안주호(2004), 「한국어교육에서의 어미 제시순서에 대한 연구」, 『배달말』 34, 배달말학회.

양영희(2010), 「국어 높임법의 올바른 교육을 위한 몇 가지 제언」, 『학습자중심교과교육연구』 10-1, 학습자중심교과교육학회.

양명희·김려연(2013), 「한국 학생과 중국 유학생의 경어법 사용 비교·연구: 선후배 간 호칭, 인사말, 상대경어법을 중심으로」, 『사회언어학』 21-1, 사회언어학회.

엄경옥(2008), 「현대 한국어 청자대우법의 사회언어학의 연구」, 중앙대학교 박사학위논문.

오광근(2013), 「한국어 교재의 경어법 대화문 제시의 문제와 그 해결 방안」, 『새국어교육』 94, 한국국어교육학회.

오미정(2007), 「외국인을 위한 한국어 존대법 교육」, 『한국어 의미학』 22, 한국어의미학회.

왕한석(1986), 「국어 청자 존대어 체계의 기술을 위한 방법론적 검토」, 『어학연구』
　　22-3, 서울대학교 어학연구소.

유송영(1994), 「국어 청자대우법의 힘과 유대」, 『국어학』 24, 국어학회.

＿＿＿(1996), 「국어 청자 대우 어미의 교체 사용과 청자 대우법 체계 : 힘과유대의
　　정도성에 의한 담화 분석적 접근」, 고려대학교 박사학위논문.

윤정희(2001), 「초등영어 교재에 나타난 역할놀이 비교분석 연구 : 5, 6학년 교재
　　를 중심으로」, 대구교육대학교 석사학위논문.

이경우(1990), 「최근세국어 경어법 연구: 개화기 신소설 자료를 중심으로」, 이화
　　여자대학교 박사학위논문.

이규창(1991), 「현대 국어 존대법 연구」, 전주대학교 박사학위논문.

＿＿＿(1991), 「현대국어 존대법의 본질과 기능에 관한 고찰」, 『국어학 연구』 14,
　　원광대학교.

이맹성(1973), 「Variation of Speech Level and Interpersonal Social Rela-
　　tionship in Korea」, 한산 이종수 박사 송수 논총.

＿＿＿(1975), 「한국어 종결어미와 대인 관계의 상관관계에 관한 연구」, 『인문과학』
　　33-34, 연세대 인문과학연구소.

이숭녕(1964), 「경어법 연구」, 『진단학보』 25-27, 진단학회.

이승희(2004), 「국어의 청자높임법에 대한 통시적 연구」, 서울대학교 박사학위
　　논문.

이용주(1991), 「한국어 대우법과 그 교육 1 ; 대우법의 원리」, 『선청어문』 19, 서
　　울대학교 국어교육학과.

이익섭(1974), 「국어 경어법의 체계화 문제」, 『국어학』 2, 국어학회.

＿＿＿(1993), 「국어 경어법 등급의 재분 체계」, 『해양문학과 국어국문학－양전
　　이용욱 교수 환력 기념 논총』, 형설출판사.

이정복(1992), 「경어법 사용에 대한 사회언어학적 연구: 하동 지역의 한 언어 공
　　동체를 대상으로」, 서울대학교 석사학위논문.

＿＿＿(1998), 「국어 경어법 사용의 전략적 특성」, 서울대학교 박사학위논문.

＿＿＿(2001), 「복수 인물에 대한 경어법 사용 연구」, 『어문학』 74, 한국어문학회.

이종희(2004), 「국어 종결어미의 의미 체계 연구」, 연세대학교 박사학위논문.

이주행(1994), 「청자대우법의 화계 구분에 대한 고찰」, 『어문논집』 23, 중앙어문
　　학회.

이주행(2003), 「외국어로서의 한국어 교재의 개선 방안에 대한 고찰」, 『이중언어학회·북경외국어대학 공동 개최 제11회 국제학술대회 논문집』, 이중언어학회.

_____(2003), 「한국어 대우법 교육」, 『국제한국어교육학회 국제학술대회 논문집』, 국제한국어교육학회.

_____(2006), 「한국어 청자경어법의 교육 방안에 관한 고찰」, 『국어 교육』 119, 한국어교육학회.

이태환(2008), 「한국어 경어법의 역사적 변천에 관한 연구」, 경원대학교 박사학위논문.

이해영(2006), 「한국어 교육에서의 대우 표현 연구」, 『국어학』 47, 국어학회.

이홍배(1970), 「A Study of Korean Syntax」, 미국 Brown대학교 박사학위논문.

임동훈(1996), 「현대 국어 경어법 어미 '-시-'에 대한 연구」, 서울대학교 박사학위논문.

_____(2000), 「국어 문법(1)」, 『국어문화학교』 4, 국립국어연구원.

임지룡(2015가), 「청자대우법의 화계와 해석」, 『언어과학연구』 72, 언어과학회.

_____(2015나), 「학교문법 상대 높임법의 새로운 이해」, 『한민족어문학』 69, 한민족어문학회.

임홍빈(1985), 「{-시-}와 경험주 상정의 시점」, 『국어학』 14, 국어학회.

_____(1985), 「청자 대우법상의 '해체'와 '해라체'」, 『국어학논총』, 형성출판사.

_____(1986), 「청자 대우 등급의 명령법에 대하여」, 『국어학 신연구』, 탑출판사.

장석진(1972), 「A generative Study of Discourse with Special Reference to Korea and English」, University of Illinois at Urbana-Champain 박사학위논문.

장희은(2008), 「드라마 대본 말뭉치로 알아본 현대국어 상대높임법 체계 연구」, 영남대학교 석사학위논문.

정세란(2012), 「시청각 매체를 활용한 한국어 듣기·말하기 교수 방안-시트콤 '거침없이 하이킥'을 중심으로」, 청주대학교 석사학위논문.

조준학(1976), 「화용론의 기술」, 『어학연구』 12-2, 서울대학교 어학연구소.

_____(1980), 「화용론과 공손의 규칙」, 『어학연구』 16-1, 서울대학교 어학연구소.

채춘옥(2014), 「한중 대조를 통한 완곡 표현 연구」, 서울대학교 박사학위논문.

허봉자(2008), 「중국어권 학습자를 위한 한국어 경어법 교육 방안 연구」, 고려대학교 박사학위논문.

허상희(2010), 「한국어 공손표현의 화용론적 연구」, 부산대학교 박사학위논문.

홍정은(2006), 「과제중심 한국어 교재의 과제 분석」, 고려대학교 석사학위논문.

황병순(1994), 「청자 대우 문법의 원리, 우리말의 연구」, 『외골 권재선 박사 화갑 기념논문집』, 우골탑.

황적륜(1976나), 「국어의 존대법」, 『언어』 1-2, 한국언어학회.

Brown, H. D. (1994), *Teaching by principles: An Interactive Approach to Language Pedagogy*, Prentice Hall Regents.

Celce-Murcia, M. (Ed.) (1991), *Teaching English as a second or foreign language*, Heinle & Heinle Publishers.

Doughty, C. & Williams, J. (1998), Pedagogical choices in focus on form, In C. Dorghty. & J. Williams. (Eds.), *Focus on form in classroom second language acquisition*, Cambridge University Press.

Ellis, R. (2001), Introduction: Investigating form-focused instruction, Language Learning 51-1.

Finocchiaro, M. & Brumfit, C. (1983), *The Functional-notional approach: From theory to practice*, Oxford University Press.

Gale, J. S.(1894), *Korean Grammatical Forms*, Trilingual Press.

Geddes,M.&R.White(1978), The use semiscripted stimulated authentic speech and listening comprehension", Audio-visual Language Journal, 16(3).

Jakobovits, L. A.(1970), Foreign Language Learning: A Psycho-Linguistic Analysis of the Issues, Rowley, MA: Newbury House.

Ladousse, G. (1987), Role Play, Oxford University Prss.

Larsen-Freeman, D. (2000), Techniques and Principles in Language Teaching, Oxford University Press.

Long, M. H. (1991), Focus on form: A design feature in language teaching methodology, In K. de Bot., R. B. Ginsberg. & C. J. Kramsch. (Eds.), Foreign Language Research in Cross-cultural Perspective, John Benjamins Publishing Company.

Richards, J. C. & Rodgers, T. S. (1986), Approaches and Methods in Language Teaching, Cambridge University Press.

Spada, N. (1997), Form-focussed instruction and second language acqui-
    sition: A review of classroom and laboratory research, *Language
    Teaching* 30-2.

【 단행본 】

고영근(1990), 『국어문법론』, 탑출판사.
고영근·남기심(1993), 『개정판 표준국어문법론』, 탑출판사.
국립국어원(2005), 『외국인을 위한 한국어 문법 1』, 커뮤니케이션북스.
김규식(1912), 『유인 대한문법』, 역대한국문법대계 15.
김근수(1947), 『중학국어문법책』, 문교당출판부, 역대한국문법대계 71.
김두봉(1916), 『조선말본』, 신문관, 역대한국문법대계 22.
김민수(1960), 『국어문법론』, 통문관, 역대한국문법대계 98.
김선철(2005), 『국어 억양의 음운론』, 경진문화사.
김정렬(2001), 『영어과 교수 학습 방법론』, 한국문화사.
김종훈(1984), 『국어경어법 연구』, 집문당.
김태엽(2007), 『한국어 대우법』, 역락출판사.
김형규(1972), 『증보판 국어학개론』, 일조각.
_____(1974), 『한국방언연구』, 서울대학교출판사.
_____(1975), 『국어사개요』, 일조각.
김희상(1911), 『조선어전』, 보급서관, 역대한국문법대계 19.
민현식(1997), 『국어사연구』, 태학사.
_____(1999), 『국어 문법 연구』, 역락출판사.
박영순(1985), 『한국어 통사』, 집문당.
백봉자(2006), 『외국어로서의 한국어 문법 사전』, 도서출판 하우.
서덕현(1996), 『경어법과 국어교육연구』, 국학자료원.
서울대학교 국어교육연구소(2002a), 『고등학교 문법』, 두산.
서정수(1984), 『존대법의 연구 현행대우법의 체계와 문제점』, 한신문화사.
_____(1994), 『국어문법』, 뿌리깊은나무.
성광수 외(2005), 『한국어 표현 문법』, 한국문화사.
성기철(1970), 『현대 국어 대우법 연구』, 민음사.

성기철(1985), 『현대 국어 대우법 연구』, 개문사.

_____(2007), 『한국어 대우법과 한국어 교육』, 글누림.

안경화(2007), 『한국어교육의 연구』, 한국문화사.

안병희·윤용선·이호권(2003), 『중세 국어 연습』, 한국방송통신대학출판부.

유동석(1995), 『국어의 매개 변인 문법』, 신구문학사.

이규창(1992), 『국어 존대법론』, 집문당.

이승희(2007), 『국어 청자높임법의 역사적 변화』, 태학사.

이윤하(2001), 『현대 국어의 대우법 연구』, 역락출판사.

이익섭(1994), 『사회 언어학』, 민음사.

_____(2005), 『한국어 문법』, 서울대학교출판부.

이익섭·임홍빈(1983), 『국어문법론』, 학연사.

이정복(2008), 『한국어 경어법, 힘과 거리의 미학』, 소통.

_____(2012), 『한국어 경어법의 기능과 사용 원리』, 소통.

이주행(1992), 『현대국어문법론』, 대한교과서주식회사.

_____(2000), 『한국어 문법의 이해』, 월인출판사.

_____(2006), 『한국어 문법』, 월인출판사.

_____(2013), 『알기 쉬운 한국어 문법론』, 역락출판사.

이희승(1949), 『초급 국어 문법』, 박문출판사, 역대한국문법대계 85.

조명원·이흥수(2004), 『영어교육사전』, 피어슨에듀케이션코리아.

주시경(1910), 『국어 문법, 경성: 박문서관』, 역대한국문법대계 11.

_____(1913), 『조선어 문법, 경성: 신구서림』, 역대한국문법대계 12.

최현배(1937), 『우리말본』, 연희전문학교 출판부.

_____(1971), 『우리말본 네번째 고침』, 정음사.

_____(1980), 『우리말본』, 정음사

한국어 교육학 사전(2014), 『서울대학교 국어교육연구소』, 하우출판사.

한 길(1991), 『국어 종결어미 연구』, 강원대학교출판부.

_____(2002), 『현대 우리말의 높임법 연구』, 역락출판사.

한재영 외(2005), 『한국어 교수법』, 태학사.

한철우 외(2014), 『고등학교 독서와 문법』, 교학사.

허 웅(1954), 『존대법사: 국어 문법사의 한 토막』, 성균학보 1, 성균관대학교.

_____(1975), 『우리 옛말본』, 샘문화.

_____(1999), 『20세기 우리말의 통어론』, 샘문화사.

Anita Woolfolk(2004), 김아영·백화정·정명숙 역(2004), 『교육심리학』, 박학사.

A. S. Hornby(1995), *Oxford Progressive English course for Adult Learners*, Oxford university press.

Brown, H. D. (2007), *Principles of Language Learning and Teaching*, 이홍수 외 공역, 2007, 『외국어 학습·교수의 원리』, 피어슨에듀케이션코리아.

Brown, H. D. (2007), *Teaching by Principles: An Interactive Approach to Language Pedagogy*, 권오량·김영숙 공역, 2008, 『원리에 의한 교수: 언어 교육에의 상호작용적 접근법』, 피어슨에듀케이션코리아.

H.G. Underwood(1891), *An Introduction to Spoken Korean Language* (韓英文法).

Littlewood, W. (1981), *Communicative Language Teaching: An Introduction*, 안미란 역, 2007, 『의사소통적 교수법』, 한국문화사.

Moor, M. G.&G. Kearsley.(1996), *Distance Education: A System's View*, Belmont, CA: Wadsworth.

Richards, J. C. & Rodgers, T. S. (2001), *Approaches and Methods in Language Teaching*, 전병만 외 역, 2008, 『외국어교육 접근 방법과 교수법』, 케임브리지.

Thornbury, S. (1999), *How to Teach Grammar*, 이관규 외 역, 2004, 『문법을 어떻게 가르칠 것인가』, 한국문화사.

_ 찾아보기

‖ 김려연 金麗妍

문학박사. 한국어교육학 전공
중국 연변대학교 조선어문학부 졸업
한국 중앙대학교 대학원 국어국문학과 석사 과정 수료, 석사 학위 취득
한국 중앙대학교 대학원 국어국문학과 박사 과정 수료, 문학박사 학위 취득

논문
「한국어 선어말어미의 교육 방안에 관한 연구」
「한국 학생과 중국 유학생의 경어법 사용 비교·연구」
「한국어교육에서의 선어말어미 '-시-'의 확장된 사용에 대하여」
「국어 대우법 체계에 대한 일고찰」
「중국인 중급 학습자를 위한 대우법 교육에 관한 연구」

외국어로서의 한국어 대우법 교육 연구

2016년 10월 28일 초판 1쇄 펴냄

지은이 김려연
펴낸이 김흥국
펴낸곳 보고사

책임편집 이유나
표지디자인 손정자

등록 1990년 12월 13일 제6-0429호
주소 경기도 파주시 회동길 337-15 보고사 2층
전화 031-955-9797(대표)
    02-922-5120~1(편집), 02-922-2246(영업)
팩스 02-922-6990
메일 kanapub3@naver.com / bogosabooks@naver.com
http://www.bogosabooks.co.kr

ISBN 979-11-5516-604-8 93710
ⓒ 김려연, 2016

정가 16,000원

이 도서의 국립중앙도서관 출판예정도서목록(CIP)은 서지정보유통지원시스템 홈페이지
(http://seoji.nl.go.kr)와 국가자료공동목록시스템(http://www.nl.go.kr/kolisnet)에서 이
용하실 수 있습니다.(CIP제어번호 : CIP2016024229)